此项研究得到国家“985工程”二期“经济转型和发展创新基地”资助

经济转型期公有产权制度的演化与解释

葛 扬/著

人民出版社

丛 书 序

献给读者的是南京大学经济学科以中国经济转型与经济发展前沿问题为主题的系列整体研究成果。我国目前正在推进的经济转型或转轨主要涉及三个方面:经济体制由计划经济向市场经济的转型;增长方式由粗放型向集约型转型;经济发展阶段由传统向现代转型。由此发生了多个层面的变化:市场态势由卖方市场转向买方市场;宏观经济不均衡的主要特征由通货膨胀转向通货紧缩;经济结构正在发生重大变动,工业化、城市化、信息化成为结构变动的重要推动力。与此同时,转型中的摩擦和矛盾正在显现、市场秩序的混乱、信用的缺失、失业和下岗人员的剧增等等无序现象又成为经济转型的阻力。对转型内容和目标的研究及转型期摩擦和矛盾的分析就成为我国经济转型理论的重点。

当今世界上进行经济转型的国家较多,各国转型的具体目标和路径不尽相同,转型的结果明显不同。西方价值观推荐的经济转型模式——"华盛顿共识",认为:转型有三大支柱:1、价格自由化;2、私有化;3、宏观经济稳定化。转型应该是大爆炸型的、激进的、休克式的。所有的重大改革都应该同时进行,不能有先后顺序。实践"华盛顿共识"的典型国家是俄罗斯等苏联国家,重点在私有化,都采用了大猛击(big bang)式的"休克疗法"战略。

我国市场化改革实际上比其他国家早,我国的经济转型模式可以称为“北京共识”。转型的目标是建立社会主义市场经济体制，也就是在国家宏观调控下市场机制对资源配置起基础性作用的体制。经济转型的战略是渐进(gradualism)式的。其特征是：一方面中国首先推进经济改革而没有首先进行政治改革，中国的经济改革是首先进行经济运行机制的改革，而后推进所有制改革，即使是经济运行机制的改革也是首先实行计划内和计划外的双轨制。再一方面是就所有制改革来说，也是先发展多种非公有制经济，而后推进公有制企业的改革。所有这些渐进式的改革在中国经济市场化中起着重要的作用，也是我国经济转型较为稳定的重要说明因素。

虽然，进行经济转型的国家无一例外地出现了通货膨胀等宏观经济不稳定的状态，但是，实行“休克疗法”的国家的通货膨胀率显著的高，经济增长率显著的低，甚至多年处于负增长。与此相反，实行渐进式改革的中国，在转型阶段经济增长率持续处于高水平，通货膨胀率也比这些国家低得多。特别是中国的市场化进程进展也比其他国家顺利。实践证明，渐进式的经济转型不但不会破坏生产力，还会由于市场化改革的顺利进展而产生明显的推动经济增长的效应。

美国经济学家热若尔·罗兰依据各个转型国家的实践总结了“华盛顿共识”的失败原因：“转型不仅仅是自由化、私有化和稳定化，还有更多的东西，一个成功的市场经济应该有充分的制度基础作为支持。转型不仅是向“华盛顿共识”所侧重的价格与市场的转轨，还必须关注更加微观的方面，比如说合同，同时更加注重合同的制定和履行，法制、社会和政治环境。”①这就提出了经济转型在

① 热若尔·罗兰：《转型与经济学》，《比较》2002年第3期，中信出版社2002年版，第37页。

围绕合同(契约)的制度和秩序建设方面的课题。

经济转型理论把转型分为两个阶段:第一个阶段是各个原先的计划经济国家推进自由化、市场化的改革(在苏联和东欧国家还包含着放弃社会主义);第二个阶段是针对各个转型国家普遍出现的经济波动、通货膨胀、通货紧缩、失业、腐败等问题,推进以追求经济稳定和经济增长为内容的改革。如果说通过放开的途径推进市场化和经济自由化是经济转型第一阶段的特征,那么第二阶段的经济转型则以建设新体制为主要特征。具体包括以下论题:

第一个论题是,建立保证经济稳定增长的机制。经济转型国家大都面临严重的通货膨胀等宏观经济问题。而且,经济转型过程中出现的不稳定因素,不仅仅是通货膨胀,通货紧缩也可能出现。现实中一些转型国家已经出现了经济的停滞或衰退,甚至是经济停滞与通货膨胀并存。

应该说,中国的渐进式改革,由于其制度摩擦较少,能够避免生产力的破坏,因而在转型阶段能够保持持续的经济增长。但是,不容忽视的是,由于两种体制交织,旧体制下单纯追求产值增长而不顾效益的行为仍然顽强地在起作用。有了投资自主权的企业由于决策能力差,由此既可能产生经济过热,也可能产生经济过冷,反映在市场上就是通货膨胀或就业不足。也可能是通货膨胀和经济停滞结合在一起。而且无论是哪一种宏观问题都可能伴有严重的市场秩序混乱。

面对转型国家通货膨胀严重和经济增长停滞的状况,研究经济转型的经济学家开了各种稳定和推动经济增长的药方。在世界银行进行的关于第二次转型的讨论中,国际货币基金组织的斯坦利·费希尔(Stanley Fischer)把旨在实现稳定和增长的第二次转型的重点概括为三个方面:(1)改革财政制度;(2)改革金融制度;(3)改革汇率制度。这涉及宏观调控体制的改革和完善。

第二个论题即建设现代企业。在市场化改革的初期，市场化是在制度外发展多种非国有经济。与非国有经济欣欣向荣相比，国有企业的低效率问题越来越明显，其竞争力与非国有企业相比明显不足。由此牵动了国有企业的改革。国有企业的改革并不都是改制为私营企业，很大一部分是通过企业重组，建设现代企业。中国在市场化改革20多年后提出企业重组，意在明晰企业产权，对包括国有企业在内的公有企业进行明晰产权为内容的改革，将其改制为多元股权的公司制企业，现在已经明确，股份制可以成为公有制的主要实现形式。因此除了一部分中小企业改制为私人企业外，相当部分企业通过吸收私人资本，或其他法人资本的途径形成多元股权的公司制企业。即使是改革开放以后所产生的私营企业同样也有个建设现代企业问题。其路径是企业间通过产权交易进行并购和重组。与国有经济布局调整相应，私人企业进入新的发展阶段。一是私人企业的发展在许多地区已经不是增加企业个数，而是扩大规模，提高竞争力。二是市场准入，拆除私人企业进入领域的各种政策壁垒。

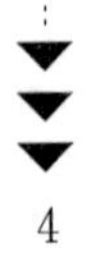

第三个论题是通过法制建设克服转型阶段的腐败。经济转型时期造成不稳定的另一个问题是腐败问题。腐败可能破坏稳定甚至延缓改革的进程。因为它可能降低政治的可信度和对政府的信心。其实，在原有的计划经济制度中也盛行腐败，其原因是：计划经济阻碍商品和服务的自由流动。它通过分配稀缺的物品和服务为“寻租”提供刺激。计划经济制度崩溃后，本来预计合法的自由市场的规则将普遍实行，不合法的“寻租”和其他的腐败将减少，但在现实中这种效应并没有出现。腐败成为转型国家的共同问题。为什么？有人说，盛行腐败是转型国家增长的痛苦，但是腐败盛行将毁灭转型本身。耶鲁大学教授苏珊·罗斯·阿克曼(Susan Rose Ackerman)认为，主要原因在于国家继续保持着对钱袋的控制,它们可能有“寻租”问题和其他内部交易。虽然市场化过程会因最终减少政府对经济的干预而减少腐败,但在现实中腐败没有因政府作用的减少而减少。人们可能试图在新的制度中创造新的“寻租”路径。就腐败与市场秩序混乱的关系来说,两者是互动的。政府官员的腐败必然推动和加剧市场秩序的混乱,市场秩序越是混乱,腐败的机会就越是多。基于上述产生腐败的原因,克服腐败的途径,不仅要求减少政府对经济的干预,还要求建立相应的法律制度。国家应该尽可能有节制地管理经济。

第四个论题是克服市场秩序混乱问题。渐进式改革会使经济转型期拉长,并且使转型期中两种体制交织产生体制的摩擦,甚至使由此产生的秩序混乱作为一种稳态而长期存在。现在突出市场秩序建设从一定意义上说,就是要防止市场秩序的混乱成为一种稳定态。在经济转型阶段实际上存在着各种无序现象,以及逐步显示的潜伏的体制矛盾,表明已有的改革也不是都成功的。因此,实事求是地研究已经和正在进行的市场化改革的无序现象,从中寻求由无序走向有序的路径,应该是十分有意义的。

在我国,市场经济的起点不是自然经济,而是计划经济。我国是在自然经济没有被市场经济打破就直接进入了计划经济阶段。因此,自然经济的残余还会起作用。这种状况必然会影响我国市场化进程。经济转型的各个变量有快变量和慢变量之分。例如,在经济主体自由化中,发展私人经济是快变量,但国有企业的改革改制就是慢变量。再如在生产要素市场化中,要素进入市场是快变量,要素市场的建设就是慢变量。再如在金融参数合理化中,发展多元化的金融机构是快变量,国有专业银行商业化和人民币可自由兑换是慢变量。恰恰是这些慢变量最终决定了我国市场化的进程。因此,我国还会在相当长的一段时间中处于经济转型期。转型期中两种体制交织产生体制的摩擦,甚至使由此产生的秩序混乱作为一种稳态而长期存在。这正是需要我们要努力防止和克服的。

第五个论题是改革和发展相协调。这是中国前一时期的市场化改革取得成功的经验。它也将成为今后一个时期的经济转型所要坚持的准则。对我国这样的发展中国家来说,经济发展是主题,结构调整是发展的主线。与经济发展相关的结构性变化的主要过程包括四个方面:(1)工业化过程;(2)城市化过程;(3)信息化过程;(4)发展现代服务业过程。就我国目前来说,结构调整内容更为丰富。其中包括产业结构调整,其主题是产业升级;企业结构调整,其主题是资本向优势企业集中;所有制结构调整,其主题是发展多种所有制经济;国有经济的战略性调整,其主题是优化国有资本的分布结构;贸易结构调整,其主题是创造国际竞争优势;区域结构调整,其主题是区域间协调和共同发展。

针对经济转型和发展中已经出现和可能面临的矛盾,有必要研究经济转型和发展的秩序,以保证较少摩擦较低成本地实现转型和发展。主要涉及以下问题:

第一,关注转型的路径依赖。经济体制所依存的历史的、社会的、技术的、经济的环境,现存的制度会造成经济体制的路径依赖,使改革路径偏离目标。这种状况一方面说明了改革的艰巨性,另一方面也说明了需要解决改革路径所依赖的各种环境的改变。根据罗纳德·麦金农的“经济市场化的次序”理论,需要依据各个经济子系统之间的相互联系,解决好市场化改革的次序,防止因次序颠倒而产生的经济系统的混乱。

第二,发展是实现转型的动力。经济发展有多方面要求,改革的效应不可能同时满足发展的所有要求,某项改革措施的效应对某种发展要求可能有利,但对另一些要求可能不利,这就要从发展方面衡量改革的成本和效益。特别要注意的是,虽然从理论上说改革能解决生产力，但不等于说每一项改革措施都会立即带来发展效应。因此协调改革和发展关系的一个重要内容是，一切有利于经济发展的改革应该先行。

理论创新是社会发展和变革的先导，同时也是实现经济转型并在转型期稳定发展的根本保证。理论创新的基本要求是，在坚持马克思主义基本理论作为指导的基础上，总结实践的新经验，借鉴当代人类文明的有益成果，不断拓展新视野，做出新概括。特别要求作为指导思想的理论基础的政治经济学的与时俱进。

上述关于经济转型与经济发展内容及路径的介绍，同时也简述了本丛书所涉及的主要内容。需要说明的是本丛书都是本学科学术骨干呕心沥血的力作，因此，本丛书也可从一个侧面反映南京大学经济学科的学科建设成果。

南京大学党委书记、教授、博士生导师

2003年12月

前　言

中国经济改革取得了举世瞩目的成就，以成功者的姿态走进21世纪。在中欧和东欧转型过程的初期，对转型改革的"华盛顿共识"(Washington Consensus)的观点明显占据主流地位，并影响着绝大多数转型国家的经济改革决策，而中国是最大的例外。在经济体制转型的国家中，实现计划经济到市场经济的平稳过渡，这在全世界是绝无先例的。

经过30年的经济改革，中国的市场化程度已经大大加深，市场化的范围也日益广泛，这不仅是改革的实绩，也是社会主义市场经济体制逐步建立和完善的重要标志。可以说，没有所有制改革的成功就没有经济改革的成功。中国所有制改革的内在动力源于我们对传统公有制理论的种种误解和实践的种种误区。中国传统的公有产权制度，基本上是按照计划经济模式建立的，因而必然在市场化进程中发生重大变革。

无论何种性质的所有制，都存在一个实现形式的问题。社会主义公有制是社会主义制度的核心和基础，因此，如何选择公有制的实现形式，直接关系到公有制的存在和发展。孤立地看待一种经济成分对经济发展的作用并不科学，而应当从系统论的角度分析多元所有制结构优化与资源配置优化的相关性，建立开放、互补、竞争的所有制结构系统。实际上，中国所有制改革包括两个方面的内容：一是所有制结构的改革；一是所有制实现形式的改革。我国的所有制改革起步于所有制实现形式的改革，这具体表现为农村的承包责任制和城市的放权让利，成功地对所有制结构做了调整和完善，这具体表现为多种所有制经济成分的并存，更表现为各种非公有制经济在市场经济中的适应力和竞争力，以及对保持国民经济高速成长所做出的重要贡献。

中国的公有产权制度改革是一个历史演化的过程。它不仅包括人们对公有产权制度认识的演化，也包括公有产权制度本身的演化，当然，还包括随着公有产权制度的演化而引发的其他相关制度方面的演化，上述方方面面的变化构成中国公有产权制度的整体演化。这个演化过程是逐步的、长期的。本书正是沿着公有产权制度演化的逻辑线索，进行了系统的探讨和分析。本书共分九章，主要内容介绍如下：

第一章系统回顾了马克思主义公有产权制度的经典理论，特别是马克思对资本主义私有制本质及其运行的深刻揭示和对社会主义公有制历史必然性的逻辑论证。马克思主义经典作家对社会主义美好生活的描述是与公有制分不开的，公有制是社会主义的历史起点和基本前提，没有公有制也就没有社会主义制度的建立。虽然公有制并非是一个社会的唯一选择，但却必然是社会主义的最终选择和唯一选择。由于历史的原因，现实的社会主义国家在公有产权制度的实现过程中，出现了这样那样的问题，于是东欧社会主义国家的经济学家们从时代与实践双重角度进行了创造性的研究。因此，第一章也对相关的研究著述进行了回顾。同时，还就20世纪30年代之后出现的西方新制度经济学的相关内容进行了介绍。

第二章描述了我国30年来公有产权制度演化的历史过程，并在此基础上就中国公有产权制度演化的经验进行了归纳和分析。对公有产权制度的认识有一个不断发展的过程，这是认识图式的演化。随着认识图式的演化，不仅有力地推动了马克思主义公有产权理论的发展，而且在政府推动下公有产权制度的演化也因此不断展开。在公有产权制度演化的过程中，公有制的实现问题是一个非常重要的问题，这直接关系到公有制的存在和发展。作为一种成功的经济转型模式，不仅表现在政府推动和渐进的方式上，还表现在公有产权制度演化的阶段性上。

第三章分析了公有产权制度演化的必然结果是混合经济的形成和发展，同时，也是市场经济演进的必然趋势。混合经济是在市场经济演进中逐步形成的，这不仅具有理论的依据，而且具有历史与现实的基础。20 世纪中叶后，混合经济得到了较快的发展，已经成为西方国家一种较为完善的经济产权制度。股份制是混合经济发展的基本路径。实际上，中国公有产权制度的演化是由承认非公有制经济、到发展混合经济、再到鼓励和支持混合所有制经济的发展不断演化的过程。由中国特殊的经济条件所决定，混合经济发展的路径必然是一个从宏观到微观不断民营化的过程。混合所有制经济在推动中国经济的迅速发展，提高人民生活水平及促进国有企业改革方面都发挥了不可替代的作用。

第四章研究了国有企业产权制度的演化和路径选择。国有企业是公有制的微观基础。公有产权制度演化的核心问题在于国有企业产权制度改革，这是我国经济体制改革的重要组成部分和中心环节，也是中国经济体制改革 30 年来全国上下孜孜求索的一项艰巨复杂的系统工程。本章在马克思公有产权理论指导下，运用西方产权理论，在分析传统国有企业产权制度弊端基础上，借鉴西方国家国有企业发展模式，探讨了经济转型期与中国国情相吻合的国有企业产权形式和国有资产管理体制。

第五章分析了国有企业产权制度演化与企业家的产生及其职能。随着我国国有企业产权制度的改革，企业家的地位和功能不断显现。国有资本人格化的目的是使得国有资产的责任主体明确，这样就会促进国有企业家的产生。在现代经济条件下，企业家的经营管理能力是市场中最有价值的经济资源，是现在和未来产出与收入流的源泉之一，企业家是一种特殊而稀缺的人力资本。企业作为市场经济的主体，是通过企业家的主体地位体现出来的。作为企业的主导，一个没有企业家地位的企业，其经济主体地位是不可能建立起来的。当然，在委托—代理制度下，为了减少企业家的机会主义行为，必须以企业家人力资本产权特征为基础，以企业家效用为依据，建立起使企业家有足够的动力将自身人力资本价值全部实现的一系列激励与约束的制度安排。

第六章分析了公有产权制度演化条件下的国有企业治理问题。随着国有企业产权改革的推进,国有企业治理问题也逐渐将其作为微观经济研究的中心问题之一。近几年来,随着国有企业公司化改造,其法人治理结构形同虚设,收效甚微。究其原因,是因为政府与企业之间关系刚性的存在,导致政府与企业的异质性博弈,结果引起国有企业治理的形式化。实际上,国有企业的法人治理结构不过是一种悖论。国有企业治理结构无论怎样设计都只有形式上的意义而不能产生法人治理结构的实际效果。因此,中国国有企业治理模式的选择与构建,必须基于中国国有企业改革的基本思路及其治理环境的动态发展乃至世界公司治理运动的总体趋势而进行设计、建构。

第七章从理论和实证两个角度分析了所有制、产权制度变迁与经济增长的相互关系。制度成为经济增长的一种资源,在很大程度上决定着其他因素的投入及其效率。因此,制度对经济增长具有促进作用，是经济增长的间接动力。为了研究的方便特别是数据获得的方便，本章选择中国经济发展最快的区域之一——长三角地区作为研究的对象，研究了长三角地区各种所有制企业对经济增长的影响。同时，本章还就外商投资引发的制度变迁对长三角地区的经济增长的推动作用进行了分析。

第八章从理论和实证两个角度分析了公有产权制度演化过程中产业结构的变迁。随着30年来公有产权制度的改革，我国产业结构也因此发生了很大的变化。我国产业结构变迁与公有产权制度的演化是一致的。在体制转轨时期，产权制度与产业结构变动有密切关系。产权制度及其结构是一种制度安排，由于不同的产权构成、产权主体目标以及竞争比较优势等，因此，会对产业资源配置的方式及效率产生显著影响，从而推动产业结构的调整和升级。这也是转型经济的一个重要特征。

第九章不仅分析了公有产权制度演化条件下我国分配制度的变迁，而且着重分析了现代服务业发展过程中的分配效应。分配机制是由生产方式决定的，或者说是由资源配置方式决定的，反过来要素分配机制也影响着资源配置方式。资源配置也就是生产要素的配置，是通过一定的产业结构实现的。生产要素的配置是通过向不同产业部门的具体投入来体现的。在产权制度改革之后，生产要素的配置主要是通过市场进行的。在不同的产业部门，配置怎样的生产要素以及以怎样方式进行配置，直接决定着生产结果的分享。随着产权制度的变迁，第三产业特别是现代服务业快速发展，产生了明显的分配效应。现代服务业主要是依托于信息技术和现代管理理念而发展起来的资本、知识和技术相对密集的行业，如信息传输、金融保险业等等。现代服务业具有高技术性、知识性和新兴性特征，所以这些服务行业需要的是具有相关专业知识的高素质人才，其劳动属于高智能的复杂劳动，因此，从理论上说，他们在收入分配中能够获得更多的份额。当然，现实中在不同的时期、不同的地区，现代服务业发展的分配效应也会出现相应的特征。

目　录

1　公有产权制度理论的经典表述

马克思从人类发展的整体角度，论证了资本主义私有产权制度产生、发展以及将被社会主义公有产权制度替代的历史逻辑，并在此基础上前瞻性地研究了公有产权制度的基本原则。不过，历史的发展常常有许多不确定性，人类社会发展的历史逻辑与马克思分析的理论逻辑并不是完全一致的。而且，在传统公有产权制度建立的过程中，出现了僵化、绝对化的做法。20 世纪 50 年代之后，一批东欧国家的经济学家开始对传统社会主义公有产权制度进行了深刻的反思和研究，推动了公有产权理论的发展。在差不多的时期内，西方主流经济学界也开始关注产权问题的研究，不仅研究私有产权问题，而且研究公有产权问题，发表了大量的研究文献。马克思公有产权理论是我国经济体制改革的基本指导理论，同时，东欧国家经济学家对传统社会主义公有产权制度的研究以及西方产权理论也都有重要的借鉴意义。

1.1　所有制与产权制度

1.1.1　所有制范畴的实质

所有制是马克思经济学说的核心范畴。马克思以前的经济学家包括斯密、李嘉图，只提出财产所有制、财产权的概念，没有提出生产资料所有制的概念。因为他们把财产只看做人与物的关系。马克思第一次把物质生活资料的生产活动从人类一切活动中抽象出来,即把生产关系从一切经济关系中抽象出来。

所有制是一个经济学范畴,必须从直接生产中的客观经济关系中去说明,而不是从人们的意志关系和法理角度去解释。马克思说:“政治经济学不是把财产关系的总和从它们的法律表现上即作为意志关系包括起来,而是从它们的现实形态即作为生产关系包括起来。”①在马克思看来,产权实质上是作为生产关系的所有制关系的意志表现或相关法权的硬化形式。马克思在分析商品交换中的产权关系时说:“这种具有契约形式的(不管这种契约是不是用法律固定下来的)法的关系,是一种反映着经济关系的意志关系。这种法的关系或意志关系的内容是由这种经济关系本身决定的。”②因此,马克思把所有制关系而不是把产权关系作为分析问题的起点,这也是马克思所有制、产权理论与西方产权理论的本质区别。

所有制与所有权是两个既相互联系又存在区别的范畴。所有制是一个经济制度范畴。而所有权则是一个法学范畴,是指财产的归属权,表明财产最终归谁所有,具有对象的排他性。所有制性质决定一个社会的生产关系的本质特征,而所有权是在一定所有制关系下产生出来的,并且在复杂的社会关系中还涉及和反映着许多派生的权利。“一定所有制关系所特有的法的观念是从这种关系中产生出来的”。③ 由于产权不仅仅是主体对客体的一种纯粹的意志关系,而主要是依赖于一定的经济关系而存在,这样,产

① 《马克思恩格斯全集》第16卷,人民出版社1964年版,第30页。

② 马克思:《资本论》第1卷,人民出版社1975年版,第102页。

③ 《马克思恩格斯全集》第30卷,人民出版社1972年版,第608页。

权在实现过程中就有着明确的经济界域，它规定主体在经济交往中行为和权利界限。当然，所有制和所有权又是相互联系的。所有权是所有制的法律表现形式，所有制的性质和内容决定所有权的性质和内容。经济关系的发展不断创造了法律上的新的财产权利关系的形式，而不是相反，“每当工业和商业的发展创造出新的交换形式，例如保险公司等等的时候，法便不得不承认它们是获得财产的新方式”。①

现实的经济活动背后必然存在所有制关系的根本作用，而且所有制关系作为经济范畴是与物质生产的一定发展阶段相适应的。“每个时代的财产关系是该时代所具有的生产方式和交换方式的必然结果。”②马克思在分析商品交换过程时说：“为了使这些物作为商品彼此发生关系，商品监护人必须作为有自己的意志体现在这些物中的人彼此发生关系，因此，一方只有符合另一方的意志，就是说每一方只有通过双方共同一致的意志行为，才能让渡自己的商品，占有别人的商品。可见，他们必须彼此承认对方是私有者。”③这意味着商品交换关系是以所有制关系为基础的。在马克思看来，撇开一定的经济交往关系，把财产及其权利仅仅理解为人对物的任意支配和处置的绝对意志关系和抽象的法律规定，这种物对主体来说根本就不成其为财产，其权利也是法律虚构的幻想而毫无意义。在马克思看来，所有制不是简单的人与物的关系，而是人与物背后的人与人的关系，是通过人对物的占有来体现的物质生产中人与人的关系。因此，所有制是生产条件与产品占有中的人与人的关系，而且是一种历史的、随着物质生产力的发展不断

① 《马克思恩格斯选集》第1卷，人民出版社1972年版，第71页。

② 《马克思恩格斯全集》第4卷，人民出版社1958年版，第303页。

③ 马克思：《资本论》第1卷，人民出版社1975年版，第102页。

变化的关系。

马克思的所有制范畴有广义和狭义之分。广义所有制是指经济主体对客体对象的占有关系。不仅包括对客观物质生产条件的占有关系,而且包括对劳动产品(物质产品和精神产品)的占有关系,还包括对主观生产条件即人的劳动能力的占有关系;狭义所有制是指生产资料所有制,是指经济主体对客观生产条件的占有关系。所有制关系不仅存在于一切社会生产中,而且是一切社会生产的前提。所有制的核心是生产资料所有制。因为任何社会都离不开生产,而要进行生产就先要有对生产条件的占有。马克思认为,生产资料所有制形式涉及生产资料归谁所有,也就是生产资料在不同人们之间的分配关系。这种分配关系"是在生产关系本身范围内,落到同直接生产者相对立的、生产关系的一定当事人身上的那些特殊社会职能的基础。这种分配关系赋予生产条件本身及其代表以特殊的社会性质。它们决定着生产的全部性质和全部运动"。①

生产资料所有制的性质是由劳动力与生产资料结合的社会方式决定的。劳动力与生产资料的结合,是人和自然界进行物质变换、生产物质财富的过程。劳动者和生产资料是最基本的物质要素。只有劳动者和生产资料有机地结合起来,互相发生作用,才能形成现实的生产能力,生产出物质产品来。马克思说:"不论生产的社会形式如何,劳动者和生产资料始终是生产的因素。但是,二者在彼此分离的情况下只在可能性上是生产因素。凡是进行生产,就必须使它们结合起来。实行结合的特殊方式和方法,使社会结构区分为各个不同的经济时期。"②

---

① 马克思:《资本论》第 3 卷,人民出版社 1975 年版,第 994 页。

② 马克思:《资本论》第 2 卷,人民出版社 1975 年版,第 44 页。

1.1.2　所有制内部结构与产权制度

所有制是马克思从社会经济基础中高度抽象出的、具有一般意义的经济学范畴，它具有相对稳定的性质，比如，它可以以私有制、公有制等形式存在。随着经济关系的变迁和经济条件的变化，所有制与产权关系也在不断地变化和发展着，不同的社会生产和经济运行，要求有不同的产权制度与它相适应。人们对一定所有制关系的意志反映的权利观念或法权形式，不仅在不同性质的生产关系中表现为不同社会性质的产权关系，而且即使在同一性质的生产关系中也因条件和环境的不同而表现为不同的产权形式。

在所有制内部，随着生产经营活动的发展，所有权衍生出占有权、支配权和使用权等产权，其主体不仅有所有者，还有占有者、支配者和使用者等。不同的产权主体作用于生产资料而体现出不同的职能，由此出现了不同的产权结构，并反映着相应的经济关系。因此，如果从上述分析的角度给所有制下个较为完整的定义，那就是：所有制是在社会生产中由于人们对生产要素的不同作用而产生的所有关系、占有关系、支配关系和使用关系等的总和。

在资本主义制度下，土地所有者出租土地给租地农场主——农业资本家，生息资本家把货币资本贷放给产业资本家，等等，都是所有权和占有权分属于不同主体的不同形式的分离。在这里，所有者和占有者的对立表现为平等的买卖双方的相互关系，所有权和占有权则表现为土地、资本法律上的所有权同经济上的所有权的分离。马克思说，“事实上，贷款人卖给产业资本家的，即在这次交易中发生的，不过是贷款人把货币所有权让给产业资本家一段时间。他在一定期间让渡自己的所有权，也就是产业资本家在一定期间购买这个所有权”。所以，“他们实际上是伙伴：一个是法律上的资本所有者，另一个，当他使用资本的时候，是经济上的资本所有者。”[①]正是由于资本的法律上的所有权同它的经济上的所有权的分离，物质生产过程中劳动者创造的剩余价值发生相应的分割：利息是资本法律上所有权的实现，企业主收入则是资本经济上所有权的实现，前者保持着资本的永久所有权，后者只有使用资本的时候，才拥有经济上的所有权。可见，资本的法律上的所有权同它的经济上的所有权的分离，只不过是同一资本在所有权上的不同表现形式，或者说是同一资本在所有权上的分割。

随着信用制度、股份公司的高速发展，产权主体出现了复杂多变的情况。根据产权主体的不同，可以区分为三种类型的产权制度。

(1)合一型产权制度

合一型产权制度是指产权主体为同一所有者产权制度。生产资料的所有者同时也是占有者、支配者、使用者，具有四权合一的特点。马克思说，“劳动者对他的生产活动的资料的所有权，只有在劳动者是自己使用的劳动条件的自由所有者……才获得完整的典型形式”。[②]“在这种生产方式中，耕者(小土地所有者)……总是独立地作为孤立的劳动者”。[③]在小块土地所有制条件下，“土地是他的主要生产工具，是他的劳动和他的资本的不可缺少的活动场所”。[④]“土地的占有是最直接生产者的生产条件之一，而他对土地的所有权是他的生产方式的最有利条件，即他的生产方式得以繁荣的条件”。[⑤]当然，对产品的完全所有权是它的经济利益实现的前提。因此，在小块土地所有制下，“不支付任何租金，……

① 马克思：《剩余价值理论》Ⅲ，人民出版社 1975 年版，第 510 页、565 页。

② 马克思：《资本论》第 3 卷，人民出版社 1975 年版，第 830 页。

③ 马克思：《资本论》第 3 卷，人民出版社 1975 年版，第 909 页。

④ 马克思：《资本论》第 3 卷，人民出版社 1975 年版，第 906 页。

⑤ 马克思：《资本论》第 3 卷，人民出版社 1975 年版，第 694 页。

地租也不表现为剩余价值的一个单独的形式”。[①]

(2)分离型产权制度

分离型产权制度是指所有权、占有权、支配权和使用权的主体是彼此分立的产权制度。这种产权结构存在于一切私有制社会里。在分离型产权结构中,生产资料的所有者、占有者和支配者及使用者,是不同的经济利益主体,各自都取得独立的经济地位。不同职能所对应的经济权益,都取得相应的经济形式,如利息、地租、企业主收入、利润等。在私有制条件下,所有者和占有者既然是利益不同主体,就必然要求以一定的形式实现自己的权益。因为“单纯法律上的土地所有权,不会为土地所有者创造任何地租。但这种所有权使他有权不让别人去经营他的土地,直到经济关系能使土地的利用给他提供一个余额”[②],所以,“不论地租有什么独特的形式,它的一切类型有一个共同点:地租的占有是土地所有权借以实现的经济形式”。[③] 同样,借贷资本家手中的借贷资本,是“货币索取权”,它以利息的形式实现。借贷资本贷出,“所有权名义仍在贷者手中,但其占有权过渡到产业资本家手里了”[④],货币所有者“不能支配本金”,[⑤]而且他“在把借贷资本的支配权移交给产业资本家的时间内,也就把货币作为资本的这种使用价值——生产平均利润的能力——让渡给产业资本家”。[⑥] 取得货币的职能资本家,成为“经济上的资本所有者”,当他实际支配,使用资本时,就获

① 马克思:《资本论》第 3 卷,人民出版社 1975 年版,第 906 页。

② 马克思:《资本论》第 3 卷,人民出版社 1975 年版,第 853 页。

③ 马克思:《资本论》第 3 卷,人民出版社 1975 年版,第 714 页。

④ 马克思:《剩余价值理论》Ⅲ,人民出版社 1975 年版,第 521 页。

⑤ 马克思:《资本论》第 3 卷,人民出版社 1975 年版,第 416 页。

⑥ 马克思:《资本论》第 3 卷,人民出版社 1975 年版,第 393 页。

得“生产利润即剩余价值的权力”。[1]

(3)联合体型产权制度

联合体型产权制度是指所有者、占有者、支配者、使用者是同一主体的不同部分产权制度。这是公有制度下的产权结构。马克思说:“每一个单个的人,只有作为这个共同体的一个肢体,作为这个共同体的成员,才能把自己看成所有者或占有者。”[2]生产资料的所有权、支配权归唯一的最高的所有者——联合体。联合体本身具有经济职能,它以分配的形式把生产资料的占有权和使用权提交给占有者,使占有者相对独立并有自己的经济利益。在马克思看来,未来社会所有制和原始共同体下的所有制一样,都是联合体型产权结构。不同的是,原始共同体下的产权结构,生产力十分低下,人们的联系和生存必须以对自然的共同所有和不同占有为纽带。未来社会条件下的联合体型产权结构,生产力十分发达,人们的联系和发展必须以社会化的生产资料的共同所有和不同占有为基础。

1.2　公有制与公有产权

马克思从人类发展的整体逻辑角度,论证了资本主义私有制产生、发展以及将被社会主义公有制替代的历史命运。从某种意义上说,马克思在《资本论》中不仅是对资本主义私有制本质及其运行的深刻揭示,也是对社会主义公有制历史必然性的逻辑论证。当然,公有制及其理论是经济学中一个较为复杂的理论问题,它给人们留下许多值得进一步探索的理论空间。

---

① 马克思:《资本论》第3卷,人民出版社1975年版,第318页。

② 《马克思恩格斯全集》第46卷(上),人民出版社1979年版,第472页。

1.2.1 公有制替代私有制的历史必然

马克思认为，资本主义私有制被社会主义公有制替代，是所有制关系内在逻辑发展的必然结果。马克思说，“社会经济形态的发展是一个自然历史过程”，①资本主义生产方式是一种特殊的、具有独特历史规定性的生产方式，它和任何其他生产方式一样，把社会生产力及其发展形式的一定阶段，作为自己的历史条件和由以生产的现成基础。资本主义私有制是对小生产个人所有制的否定，但随着生产力的发展和所有制关系演化，资本主义私有制内部产生自我否定的因素，直到被新的所有制关系所替代。

资本主义私有制是以资本家占有生产资料和剥削工人的剩余劳动为基础的所有制形式，是从小生产个人所有制内部产生的。一方面是由小商品生产者的分化而来的，另一方面则是通过高利贷和商业的货币资本转化而来的。随着商品市场的形成及市场竞争的日趋激烈，贫富差别拉大，财富逐步集聚到少数人手里。从本质上说，不同私有制的更替过程就是土地商品化和劳动者商品化的演化过程。资本家采取剥夺小生产者和掠夺殖民地的方式把生产资料集中起来之后，所获得的新的生产条件，是小生产者不可比拟的。资本主义的社会化大生产和市场经济实现了对自然经济的小生产方式的否定。

生产的社会化是一把双刃剑，它战胜了众多的个体小生产者，集中了能够集中到的生产资料，推动了机器的发展和作用，创造了过去无法达到的劳动生产率。“只有资本主义的商品生产，才成为一个划时代的剥削方式，这种剥削方式在它的历史发展中，由于劳动过程的组织和技术的巨大成就，使社会的整个经济结构发生变

① 马克思：《资本论》第1卷，人民出版社1975年版，第12页。

革，并且不可比拟地超越了以前的一切时期”。[①] “资本的文明面之一是，它榨取剩余劳动的方式和条件，同以前的奴隶制、农奴制等形式相比，都更有利于生产力的发展，有利于社会关系的发展，有利于更高级的新形态的各种要素的创造”。[②] 然而，生产资料和生产实质上已经变成社会化的了。但是，它们仍然服从于这样一种占有形式，这种占有形式是以个体的私人生产为前提，所以这个新的生产方式具有资本主义性质的矛盾，已经包含着现代的一切冲突的萌芽，而且随着资本主义生产方式愈来愈加剧其统治地位，社会化生产和资本主义占有的不相容性，也必然愈加鲜明地表现出来。生产的社会化是资本主义私有制走向否定的内在动因。马克思认为，“一旦生产关系达到必须改变外壳的程度，……一种有经济上和历史上的存在理由的、从社会生活的生产过程产生的源泉，就会消失”。[③] 这就是资本主义私有制发展的必然规律。

1.2.2　公有制的基本特征及形式

马克思认为，公有制的公有对象只能是生产资料，因此，公有制是公共的生产资料所有制。在生产资料公有制条件下，“除了自己的劳动，谁都不能提供其他任何东西，另一方面，除了个人的消费资料，没有任何东西可以成为个人的财产”。[④] 所以，从本质上说，生产资料公有制就是杜绝人们以占有生产资料为手段而获取消费资料的可能性。马克思不仅在一般的逻辑推论基础之上，而且还在生产力高度发展的现实基础之上，提出了公有制形式的基本设想。

① 马克思:《资本论》第 2 卷，人民出版社 1975 年版，第 44 页。

② 马克思:《资本论》第 3 卷，人民出版社 1975 年版，第 925～926 页。

③ 马克思:《资本论》第 3 卷，人民出版社 1975 年版，第 874～875 页。

④ 《马克思恩格斯选集》第 3 卷，人民出版社 1972 年版，第 11 页。

(1)单一的全社会公有制

马克思以当时发达和比较发达的资本主义国家为背景,仔细考察和分析了资本主义社会的生产社会化和资本主义私人占有制之间的矛盾,依据生产关系一定要适合生产力性质的规律,根据生产社会化必然要求占有社会化的趋势,得出了只有全部生产资料归社会全体成员公有的全社会所有制,才能同在资本主义制度下发展起来的高度社会化的生产力相适应。设想在生产社会化高度发展的社会主义社会中,所有制应是单一的全社会所有制。马克思说:“生产资料随着社会生产的发展已不再是私人生产的资料和私人生产的产品,它们只有在联合起来的生产者手中还能是生产资料,因而还能是他们的社会财产,正如它们是他们的社会产品一样。”[①]显然,这是马克思运用抽象分析法演绎出来的一个理论模式。逻辑的起点不是某个国家所有制的现状和生产力水平,而是生产关系与生产力矛盾发展的必然趋势;逻辑的结论也不是某个国家社会主义革命变革后立即实现的所有制模式,而是成熟的社会主义形态所具有的模式。因此,马克思当时所设想的社会主义公有制,是单一的全社会占有全部生产资料的公共占有制,不仅要消灭资本主义私有制,而且要消灭一切私有制。

马克思认为,在公有制的条件下不存在商品和货币的关系。马克思说:“在社会公有的生产中,货币资本不存在了。社会把劳动力和生产资料分配给不同的生产部门。生产者也许会得到纸的凭证,以此从社会的消费品储备中,取走一个与他们的劳动时间相当的量。这些凭证不是货币。它们是不流通的。”[②]在马克思看来,在公有制的条件下,由于劳动时间的有计划的分配可以调节着

① 马克思:《资本论》第 3 卷,人民出版社 1975 年版,第 497 页。
② 马克思:《资本论》第 2 卷,人民出版社 1975 年版,第 397 页。

各种劳动职能同各种需要的适当的比例，这样就使劳动者的个别劳动在生产开始时就表现为社会劳动。“货币资本会完全消失，因而，货币资本所引起的交易上的伪装也会消失”①。劳动者的个别劳动不必通过价值形式间接地表现为社会劳动，个别劳动具有社会劳动的经济假定已成为生产的一般前提，这样，货币的使用在经济上就变成多余的了。

(2)直接的社会主义公有制

马克思通过对人类历史上生产资料占有关系的深刻分析，划分出直接占有和间接占有两种不同的所有制形式。所谓直接占有形式，是指生产资料的所有者同时也是实际上的占有者、生产资料支配者、生产活动的自主决策者，集三者于一身。所谓间接占有形式，是指经济活动主体对某些生产资料(如土地)具有实际占有权，但在其上还有一个最高的占有者，由它来限定经济活动主体在一定范围内的生产资料的占有权。马克思认为，社会主义所有制应该是生产资料的直接占有制。马克思说，社会主义社会应该将资产阶级的全部生产资料转变为“联合起来的生产者的财产，即直接的社会财产”②。直接的社会主义公有制，实际上是劳动者与生产资料的直接结合。“是劳动条件作为直接社会的、社会化的劳动条件，或作为生产过程内直接协作的条件起作用的结果”③。联合了的劳动者既是生产资料占有的主体，同时又是生产与经营管理的主体，在全社会范围内直接占有劳动成果；联合劳动者按照全社会的利益和统一的经济计划进行管理，在社会主义生产、分配和交换中有着充分的自主决策自由。

① 马克思：《资本论》第2卷，人民出版社1975年版，第350页。

② 马克思：《资本论》第3卷，人民出版社1975年版，第494页。

③ 马克思：《资本论》第3卷，人民出版社1975年版，第119～120页。

单一的社会主义公有制与直接的社会主义公有制之间并不存在本质的区别，它们都要求消灭私有制，实行对生产资料的统一占有，统一组织生产。不过，直接的社会主义公有制是一种更为成熟的社会主义公有制形式。

(3)重新建立的个人所有制

生产资料的公共占有，首先表现为社会的每个人都同等地拥有对生产资料的所有权，从这个意义上说就是个人所有制，但这种个人所有制不是孤立的，而是一个联合起来的个人所共同拥有的所有制。所以，马克思称生产资料公有制是“在协作和对土地及靠劳动本身生产的生产资料的共同占有的基础上，重新建立个人所有制”①。马克思把自由个性概括为公有制社会的基本特征之一。在未来全面社会化的生产形式中，个体的人在社会关系中成为社会化的主体，完全能够“用那种把不同社会职能当做互相交替的活动方式的全面发展的个人，来代替只是承担一种社会局部职能的局部个人”②。“重新建立个人所有制”是从历史事实和发展过程中得出的基本结论，是建立在非常严格的前提条件的基础之上的。

“重新建立个人所有制”是社会生产力高度发展、生产高度社会化的“自然过程”的必然结果。“重新建立个人所有制”作为资本主义私有制的对立物，是在资本主义发展成就的基础上建立起来的。生产的社会化既包括劳动过程中协作形式的社会化，也包括生产资料使用形式上的社会化。马克思认为，只有全社会占有全部生产资料，人人都是生产资料的所有者，才可能具备真正的基础。从所有制主体的角度来看，劳动者自身也得到了全面的发展，这就是说，社会获得解放，个人也获得解放。此时的社会就是“自

---

① 马克思:《资本论》第1卷，人民出版社1975年版，第832页。

② 马克思:《资本论》第1卷，人民出版社1975年版，第535页。

由人联合体”。

社会主义公有制是个人所有制的基础，而个人所有制是公有制的内容和实质。在社会主义条件下，由于实现了生产资料的公有制，实现了“由劳动人民‘实际占有’一切劳动工具”①的个人所有制。这是一种联合占有、共同占有基础上的个人所有制。因此，这种个人所有制实际上是社会主义公有制的同义语。正是通过劳动者对生产资料的“实际占有”这一方式来实现的。可见，与资本主义私有制相对立的“重新建立个人所有制”，是马克思对公有制的又一种表述。

(4)走向全社会公有制的所有制过渡形式

马克思关于公有制的设想，不仅通过理论逻辑推演提出了公有制的完备形式，而且还联系当时的实际提出了公有制的过渡形式。马克思在《资本论》中曾经论述到合作工厂、消费合作社等，认为这是对资本主义占有方式的积极扬弃。在这些合作工厂和组织中证明资本家作为单纯的资本的所有者已成为多余的，资本家可以被改造为单纯的经理。马克思还把资本家集团所有制、资本家国家所有制也看做是对资本主义私人所有制的消极扬弃。马克思说，资本主义生产极度发展的这个结果，既是资本再转化为联合起来的生产者的财产，即直接的社会财产“所必需的过渡点”；同时也是“所有那些直到今天还和资本所有权结合在一起的再生产过程中的职能转化为联合起来的生产者的单纯职能，转化为社会职能的过渡点”。②

实际上，马克思关于公有制过渡形式的设想具有重要的方法论意义。公有制不仅有完备的形式，而且有过渡形式，或者说，公

① 《马克思恩格斯全集》第18卷，人民出版社1964年版，第315页。

② 马克思：《资本论》第3卷，人民出版社1975年版，第494页。

有制不仅具有一般形式，还具有实现形式。马克思关于公有制的设想，从理论逻辑上讲是合理的、科学的。然而，至于"在将来的某个特定的时刻，应该做些什么，应该马上做些什么，这当然完全取决于人们将不得不在其中活动的那个特定的历史环境"①。"所谓'社会主义'不是一成不变的东西，而应当和任何其他社会制度一样，把它看成是经常变化和改革的社会"②。社会主义公有制的实现形式，其实就是社会主义的公有财产在经济运行过程中的具体经营方式和组织形式。公有制实现形式可以而且应当多样化。如果说社会主义公有制的一般形式从总体上静态地概括了生产资料的占有性质，那么，社会主义公有制则是从微观上动态地说明了生产资料的运动方式。公有制在典型形态的社会主义社会与非典型形态的社会主义社会分别有着不同的实现形式。

1.3 东欧经济学派关于公有产权理论的拓展

第二次世界大战以后，一批东欧国家建立了社会主义制度，由于历史的原因，苏联模式成为当时唯一的社会主义经济模式，所有社会主义国家纷纷仿效。尽管苏联高度集中统一的经济体制和公有制框架在一段时间内发挥了重要的作用，但是，随着经济的发展，这种经济模式的弊端和矛盾越来越明显地暴露出来。因此，一批社会主义经济学家自 20 世纪 50 年代以来，对于一些带有普遍性的、关系到社会主义公有制前途和命运的问题进行研究和探索，推动了公有产权理论的发展。当然，这些探索也受到 20 世纪 20

① 《马克思恩格斯全集》第 35 卷，人民出版社 1971 年版，第 154 页。

② 《马克思恩格斯全集》第 37 卷，人民出版社 1969 年版，第 443 页。

年代列宁的新经济政策和30年代著名的"兰格—米塞斯论战"的直接影响。

1.3.1 卡德尔的社会所有制与自治理论

自20世纪50年代初开始，以卡德尔为代表的南斯拉夫经济学家根据本国社会主义建设的实践，对马克思公有制与公有产权理论进行新的理解，逐步形成了一套别具一格的社会主义所有制和自治理论。

卡德尔等人反对将国家所有制与公有制相等同。尽管国有制曾经发挥过巨大的作用，但是它不过是社会主义公有制的初始形式。卡德尔说："斯大林为代表的社会主义经济理论之所以把国家所有制等同于社会所有制，把国家所有制看作是社会主义的高级形式，在很大程度上与他们对马克思主义公有制范畴的曲解有关。他们总是把国家与社会等同起来，从而把国家占有与社会占有等同起来。而马克思并没有把国家所有制同公有制等同起来。"①在卡德尔看来，国家所有制存在着内在矛盾和历史局限。第一，国家所有制"表现为把工人及其劳动同对社会资本和劳动的其他客观条件的直接管理相分离"。"就会造成使劳动者同公有制生产资料相异化的一定形式再生产的条件"。② 结果，就不能解决劳动者进行生产的动力和效率问题；第二，国家所有制集权形式不是生产力发展的有机表现，而是国家采取的政治行动，这种集权形式使劳动组织彼此隔绝和分散化，从而增强了经济的粗放经营程度，阻碍了生产集约化的发展。这样，"国家所有制的集中在越来越大的程度

---

① 卡德尔：《公有制在当代社会主义实践中的矛盾》，中国社会科学出版社1980年版，第19页。

② 卡德尔：《公有制在当代社会主义实践中的矛盾》，中国社会科学出版社1980年版，第8页。

上变成了现实的经济和工艺一体化的障碍”①；第三，在国家所有制条件下，还会带来滋生严重的官僚主义的危险，使革命的行动上的集中越来越蜕化为行政官僚的中央集权制，使对国有化生产资料的管理，亦即对社会资本的管理，变为某种国家所有制和专家治国论管理者的垄断权，党和国家管理机构可能使公有制由劳动者解放的条件变为奴役劳动者的工具。

卡德尔认为，公有制的历史含义在于克服劳动同社会资本的异化，从而克服在私有制条件下，由于经济需要和外部强制所造成的劳动条件和成果同劳动者相分离的现象。根据卡德尔的观点，马克思的公有制实质上是社会所有制。社会所有制的体质特征可以概括为：劳动者与生产资料直接结合；劳动是占有生产资料的唯一基础，排斥任何脱离劳动过程的所有者来垄断地占有生产资料；劳动成果由劳动者根据经营状况和社会利益进行分配。在社会所有制条件下，“每个劳动者实际上在进行个人占有，但不以生产资料和私人所有制为基础，而是以自己的劳动为基础”。② 马克思之所以强调社会所有制是社会劳动条件下个人所有制的特殊形式，是因为社会所有制本身并不是目的，而是为了克服劳动条件、劳动产品同劳动相脱节的产物。因而，社会所有制下没有“所有者”与“非所有者”之间的关系，而是共同支配生产资料、劳动者占有自己劳动果实的关系。社会所有制也不是集体或集团所有制，法律制止在生产资料和剩余劳动方面采取任何形式的垄断。

卡德尔所理解的社会所有制，具有财产关系体的工人自治的

① 卡德尔:《公有制在当代社会主义实践中的矛盾》，中国社会科学出版社1980年版，第19页。

② 卡德尔:《卡德尔论文选》，外语教学与研究出版社1986年版，第192页。

特征。“自治是劳动者的统治权，而不是像目前许多国家中实行的工人参加管理企业的形式之一。自治本身既是经济制度，同时又是政治制度，自治是社会主义范畴的反映”。[①]“只有在生产资料社会所有制的基础上，只有工人阶级在社会上拥有能够使整个社会经济机制和社会政治机制与建立和保持社会主义关系的利益相适应的政治力量时，自治才能有所发展。”自治企业是一个自由人联合体，劳动者能够民主地、自由地决定整个社会再生产，是每一个劳动者不可剥夺的权利。工人管理劳动和管理经营活动的权利并不局限于他们工作所在的联合劳动组织内，还延伸到他们进行劳动和资金联合的所有组织内。社会主义公有制的自治内容可以概括为：在使用社会所有的生产资料进行联合劳动的基础上，联合劳动基层组织的工人在相互联系和依赖、互相负责的关系中，共同地、平等地行使一系列极为重要的自治权利。

1.3.2 布鲁斯的所有制及其改革理论

波兰经济学家W.布鲁斯对以国家所有制为典型形态的公有产权制度的研究，是在其提出的著名的含有市场机制的计划经济分权模式中阐发的，实际上是一种所有权与企业经营管理权相分离的产权改革思路。

根据布鲁斯的研究，“在国家社会主义模式中，社会化归结为把生产资料转变为社会主义国家所有”[②]。但是，布鲁斯认为，“公有制”并非社会主义的唯一存在，有了“公有制”也并不意味着就有了真正的科学的社会主义，因为“公有制”如果存在于资本主义经济中，是不能被看做“社会所有制”的。因为“在对国家社会主义模

---

① 卡德尔：《卡德尔论文选》，外语教学与研究出版社1986年版，第532页。

② W.布鲁斯：《社会主义的所有制与政治体制》，华夏出版社1989年版，第34～35页。

式的分析中，我们还未能从经济本身的角度揭示区别于公有制的生产资料社会所有制的客观必然性。相反，实际上的普遍国有化、合作社的国家社会主义化以及运行体制的高度集权，合起来构成了一种不利前提——不利于由社会实际支配生产资料，不利于展现反映着共同所有者态度的创造精神和奇迹”。[①] 在布鲁斯看来，公有制意义上的生产资料的社会所有制必须有前提条件，他说：“生产资料的社会所有制必须满足两条标准：(1)生产资料必须用于满足社会利益；(2)社会必须对其占有的生产资料具有有效的支配权。”[②]所有制概念与所有者利益紧密相连，因此，社会利益与社会对公有生产资料的有效支配之间存在内在联系。只有生产资料必须为社会利益而使用并且由社会处置，所有制才可称为社会所有制。社会利益是一个表面看起来很容易衡量的因素，但是，如果不能确保社会对生产资料的支配，社会利益的满足就是一句空话。

问题是，在国家社会主义模式中，“社会已被剥夺了直接在经济领域中支配生产资料的先决条件，仅仅保持了一种靠政治手段来控制或影响的可能性”。[③] 国家是一个占绝对支配地位的雇主，而且是许多部门雇员的唯一雇主。“实际上，全部经济的剩余产品集中到它的手中（‘社会主义剩余产品’），这样，它便决定了生产和就业的未来发展方向，换言之，即职业供给结构、人员训练方向和程度以及职业需求结构。国家对所生产的商品和劳务具有绝对的

---

① W. 布鲁斯：《社会主义的所有制与政治体制》，华夏出版社 1989 年版，第 42 页。

② W. 布鲁斯：《社会主义的所有制与政治体制》，华夏出版社 1989 年版，第 28 页。

③ W. 布鲁斯：《社会主义的所有制与政治体制》，华夏出版社 1989 年版，第 43 页。

支配权，而且同时，国家决定着将这些商品传送到消费者手中的条件(首先是价格)，因此它不仅控制了正常的收入水平，而且还控制这种收入的实际价值，并且，国家通过控制价格和成本之间的差额获取剩余产品的基本部分，直接税只是作为一种辅助性手段来使用"。[①] 因此，国有制把财产支配权高度集中在国家手里，从收入分配关系上来看，是对社会大多数成员的剥夺；从运行机制上看，一方面国家是社会化过程中的重要推进器，而另一方面，国家又必须借助强制手段进行管理，经济的发展必然会受到官僚主义的阻碍，严重时甚至存在变为私有制的危险；从企业发展的内在要求看，企业在经济上的完全独立性与国有制形式是不相容的，这是由于国有产权结构内部权、责、利之间的界区模糊，实际上隐含了国家的最终所有权与企业完全独立的控制权的内在矛盾。

可见，生产资料社会化问题不仅是一个经济体制问题，而且涉及政治体制。经济效率的提高无论在微观企业还是在宏观管理的层次都和政治民主化有密切关系。因此，在经济体制改革的同时，必须推进政治体制改革。要解决这个问题，一是必须彻底改革国有制，实现国家作为资产所有者、行政管理者和宏观经济调控者的职能分离；二是要通过改造宏观所有制结构，扩大私有产权制度比重，只有这样才能在社会主义社会中建立起市场机制，从而不是在公有产权制度的内部而是从其外部来解决公有产权制度与市场经济相矛盾的问题。要达到上述目的，布鲁斯认为，根本在于实行民主化和信息化。他说，"基本条件是政治体制的民主化，即创造一种政治压力和类似的控制，使决策中心必须把它的选择建立在充

---

① W. 布鲁斯:《社会主义的所有制与政治体制》，华夏出版社 1989 年版，第 42 页。

分的信息来源的基础上，建立在真正地综合利用不同的分析方法以解决计划的关键问题和次要问题的基础上”。① 这样，“那种迫使私人企业或按照类似原则经营的企业利用所有信息来源进行竞争的外部压力不存在了：根据不完整的、片面的信息作出的错误决策不能也不可能产生像珍惜自己的金钱那样的责任感；对各个企业来说，许多外在成本和收益的内在化确实显示出了较高的社会经济合理化标准的效力”②。

1.3.3 锡克的资本中立化与所有制理论

在20世纪60年代初期，捷克斯洛伐克著名经济学家奥塔·锡克就对传统社会主义所有制理论提出了大胆的批评，并对公有制在实践中的问题作了进一步深入的分析。

锡克认为，长期以来，人们深受简单化、教条化的传统所有制理论的影响和束缚，把社会主义所有制问题简化为仅仅是生产资料的隶属问题，而完全忽视了社会主义公有制经济的实现问题。锡克分析道：“人们用关于社会主义所有制形式的抽象论断推导出一切，而不是去研究生产力的一定发展决定怎样的协作、分工，生产资料和消费资料的分配与交换等形式，不是真正具体地、科学地分析各种经济过程发展之间的联系（不仅是标明社会主义生产关系的质的特点的本质联系，而且也包括引起它们的量的变化的互相联系），从而不是分析社会主义占有的具体过程，而是把社会主义所有制简单地看成不言而喻的东西，看成某种无需加以分析而被先验地假定的东西，并由此推导出具有同样抽象的不言而喻的

① W.布鲁斯：《社会主义的所有制与政治体制》，华夏出版社1989年版，第193页。

② W.布鲁斯：《社会主义的所有制与政治体制》，华夏出版社1989年版，第193页。

社会主义分配、社会主义商品生产等等。”①因此，必须要从现实的经济活动和生产关系中研究社会主义所有制形式的特征。锡克说：“整个生产关系，即在其不可分割的联系中的生产、分配和交换的总过程，不断地产生具有一定特点的所有者和一般社会阶级，并构成各种所有制形式的本质特征。而谁要是看不到正是整个经济过程的特点构成所有制关系的特点，谁就不能说明这种特点，从而不能说明各种不同的所有制形式。”②

锡克在研究社会主义经济运行问题时，较早地意识到了企业独立经营和所有制改革的重要性。与布鲁斯不同的是，锡克认为公有产权制度可以和市场经济相容，“在长期形成的劳动性质和劳动分工的条件下，没有市场就不能保证有效的经济发展，而要使生产结构的改变服从于社会的需要和利益，则要求对经济发展实行宏观经济的有计划的调节，包括对市场发展的有计划的施加影响”。③ 锡克从以下三个方面分析了公有产权制与市场经济相容的可能性。第一，他认为商品生产是社会主义的内在属性，坚持了社会主义商品货币关系的内因论，从而得出了市场机制可以从公有产权内部培育起来的结论；第二，他认为必须彻底改变国家所有制形式，因为国有制既不符合商品经济的要求，也不符合社会主义本质的要求，造成了企业无自主权和生产者与生产资料相分离的严重弊端；第三，他提出培育市场机制必须以企业产权改革为前提的观点，企业要具有真正的独立性，这实际上说明重构公有产权制度是解决国有制与市场经济相容性的关键。

① 奥塔·锡克：《经济·利益·政治》，中国社会科学出版社 1980 年版，第 214 页。

② 奥塔·锡克：《经济·利益·政治》，中国社会科学出版社 1980 年版，第 214 页。

③ 奥塔·锡克：《第三条道路》，中国社会科学出版社 1984 年版，第 167 页。

锡克创造性地提出了公有产权与市场机制的相容形式——"中立资本制度",也称为社会主义股份所有制模式。锡克认为,"通过资本的中立化可以找到克服工资收入者的资本异化,然而不会同必需的劳动力的转移发生冲突的形式"。在锡克看来,"资本财产的中立化就是建立这样一种财产形式,这种形式使一个企业的资本财产不再同单个人发生联系,也不再能在单个人之间进行分配。财产的承担者是某个已有的或新建立的公司的当时的生产集体。这个叫做财产管理机构的集体无权在自己内部分配资本。这个集体只是由选出的委员会对资本进行由法律(章程)规定的管理的利益基础。财产管理机构以委托方式来管理财产,把它交给企业经营管理机构来有效地生产地使用。单个人对资本的占有权,以及个人的资本积累和与此相联系的影响不可能再发生。依靠这样中立化的资本来发挥职能的企业,我们称为合作公司。"① 具体地说,中立资本制度包括下面主要内容:(1)企业职工都是该企业资本的股份所有者,其收入除工资外,还可以得到一定的资本份额,即获得了相应的利益分红的证券和其他有价证券;(2)职工作为企业资产所有者,"都自动地既是财产管理机构又是企业经营管理机构的成员"②,拥有企业决策权;(3)职工既对现有的资本收益分成,又拥有扩大资本投资额的价值额,分红方式以职工在企业工作的年限等为依据,采取级差式方法;(4)证券不能买卖,职工离开企业或退休时,不再取得新的股份,不过,仍可按原有股份获得相应的资本收益。

锡克认为,中立资本制度"是不剥夺至今的所有制而形成的所

① 奥塔·锡克:《一种未来的经济体制》,中国社会科学出版社 1989 年版,第 125 页。

② 奥塔·锡克:《一种未来的经济体制》,中国社会科学出版社 1989 年版,第 128 页。

有制形式"①。中立资本制度是一种财产关系内化的公有产权制度，实际上是一种以内部股权为基础的股份制。在这种体制中，每个职工都是企业的共同占有者，资本是"集体制资本"，它既脱离了私有制轨道，又脱离了传统国有制轨道，因为国家失去了对企业资产的所有权；也不同于传统观念中的"集体所有制"，因为在这种所有制企业中，资本以分成形式直接掌握在生产者手中，实行生产资料与劳动者的直接结合。

1.3.4 科尔奈的所有制及其转型理论

亚诺什·科尔奈是匈牙利著名经济学家。多年来他致力于社会主义经济运行机制的研究，积极主张对传统计划经济体制进行改革，论证独到，被国际经济学界公认为社会主义经济学的权威。

科尔奈认为，社会主义国有制的低效率来源于它的所有制的非个人化：国有财产属于每一个人，同时又不属于任何人。国有部门的组织框架、管理和协调，必须是从顶层以中央调控手段加以人力推动的。而私有部门则是自身不断地发展，在最基层，也不需中央指令。私有部门不需激励、鼓动或指令以遵循市场的路线，因为这是他们自然的生存方式。科尔奈还研究了其他三种所有制形式：其一是合作社，这种合作社事实上是一种特殊类型的私人合伙企业，它不是一个独立的经济"大部门"，而是私有部分的一部分；其二是地方国家所有制，这是属于县、市或乡政府（在目前国家结构中是理事会）所有的经济单位；其三是工人管理，这种所有制的形式是由雇员选举企业的管理机构和最高管理部门。他们对企业的日常管理也有发言权。②

---

① 奥塔·锡克：《一种未来的经济体制》，中国社会科学出版社 1989 年版，第 126 页。

② 科尔奈：《走向自由经济之路》，山西经济出版社 1993 年版，第 46～47 页。

科尔奈从经济协调机制的角度对社会主义经济模式进行了分类，并根据匈牙利等东欧国家经济改革的实践对经济改革的目标模式问题提出了新的见解。科尔奈把一切现实的经济体制划分为两大类型：一种是行政协调，另一种是市场协调。行政协调的特点是：在上下级机构之间存在着纵向的信息流，存在着所属与从属关系，决策集中化；市场协调的特点是：在买方与卖方之间存在着横向的信息流，二者处于同一层次，不存在所属与从属的关系，决策也是非集中化的。这两大类型的协调机制又各有两种具体形态：直接行政控制、间接行政控制；没有宏观控制的市场协调、有宏观控制的市场协调。科尔奈通过对上述四种目标模式的比较分析，认为理想的目标模式应该是有宏观控制的市场协调。

科尔奈的分析深刻揭示了苏联和东欧体制运行中存在的问题，南斯拉夫的工人自治企业存在的问题绝不是来自"市场社会主义"，而是来自南斯拉夫的企业受到地方的庇护，存在着更严重的"软预算约束"。软预算约束的伴随现象及其直接后果是：一是企业的生存并不仅仅取决于销售收入是否总能补偿它购买投入品的成本。即便后者总是超过前者，也可以用税收减免、国家补贴、软贷款等来抵消。生产收入和成本之差并不是一个生死攸关的问题；二是企业的技术进步和扩展，并不仅仅依赖于它是否能从内部资金积累中为投资筹措到资金来源。为发展和扩大企业所需要购入补充投入品的资金，可能会由国家以无偿拨款或软投资贷款的形式来提供。① 可见，预算约束软化了，企业不是价格接受者而是价格制定者。不管它们变化多大，企业将能够调整自己产品的售价以弥补成本的增加。即使由于忽视价格而尝到了亏损的苦头时，也可以由税收减免、国家补贴、推迟偿还贷款以及在软条件下

① 科尔奈：《短缺经济学》(下)，经济科学出版社 1986 年版，第 11 页。

得到额外的贷款等等来补偿。科尔纳把企业预算约束软化归因于国家对企业既管束又保护的"父爱主义",[①]这种父爱主义因国别、部门、所有制形式、企业规模不同而体现出国家对企业的保护程度上的差异。

所有权的改变是实现向市场经济过渡的关键,而要解决所有权问题,必须首先发展私有经济,给私人以充分的经济活动自由,包括外贸经营、持有及兑换外汇的自由,要在信贷、税收上给私有经济以支持等。在东欧剧变后,科尔奈的"市场取向"更加明显了,不但对原体制彻底否定,而且对西方经济学中强调国家作用的凯恩斯传统也持否定态度。在所有制方面他不仅一般地主张私有化,而且主张要形成"有血有肉的私有者"、"人格化的私有者"。他反对公众持股、法人持股、雇员持股等"人民资本主义"观念,强调私有化就是要把企业交到自然人企业家手中,而不赞成"所有权分享"。这样他自然对捷克式的全民平分资产或波兰式的雇员集体持股不以为然,而主张把企业直接卖给自然人。但另一方面,科尔奈又对国有企业的"可改造性"持悲观态度,认为不管是卖还是分很多企业肯定是搞不好的。市场化改革不能把重点放在存量上,而应当放在增量上,即不是着重于如何把现有国企私有化,而是着重于在体制外培育"新的"私有经济——在实践中这基本上就是指引进外资。

1.4 西方产权理论

马克思对所有制、产权制度的研究,主要侧重于宏观角度进行的,从发展的逻辑强调所有制与产权制度的革命,提出私有产

① 科尔奈:《短缺经济学》(下),经济科学出版社1986年版,第274页。

权被公有产权代替的必然性，是对私有产权的超越。与马克思的研究方法不同，西方产权理论侧重于微观角度的研究，从效率的角度关注产权制度的调整，提出私有产权制度本身调整的可行性。

1.4.1 产权的内涵与形式

产权(property rightes)不仅表现为主体对归自己的客体的一种意志关系，更重要的是产权对主体具有丰富的经济意义。这充分体现在产权内涵的界定上。伊特韦尔等主编的《新帕尔格雷夫经济学大辞典》对产权的定义是，“产权是一种通过社会强制而实现的对某种经济物品的多种用途进行选择的权利”。① 这个定义包括下面三层意思：第一，产权的有效性取决于对其强制性实现的可能性；第二，必须强制支付成本，因而需要进行选择；第三，这种强制性有赖于政府的权力和社会行动以及信用规范。

在产权理论看来，交换的实质不是物品、服务的交换，而是一组权利的交换，所交易的物品价值也就取决于交易中所转手的产权多寡或产权的强度。产权是可以分解的，所有权可以横向分解为使用权、收益权和让渡权等，也可纵向分解为出资权、经营权和管理权。根据财产关系的变化，每一种权利还可以进行更细致的分解，产权分解的过程，也是权利界定的过程，产权分解界定得是否合理直接关系到交易费用的高低。“当一种交易在市场上议定时，就发生了两种权利的交换，权利不常常附着在一种有形的物品或服务上，但是正是权利的价值决定了所交换的物品的价值。”② 产权是一个复合性概念，产权分解的必要性，取决于社会生产力与

---

① 约翰·伊特韦尔等主编：《新帕尔格雷夫经济学大辞典》，经济科学出版社 1996 年版，第 1101 页。

② [美]科斯：《企业、市场与法律》，上海三联书店 1990 年版，第 232 页。

生产关系的矛盾运动。从发展的角度看，随着生产社会化程度的提高，产权由合一到分解是社会分工的发展在产权权能行使方面的具体表现。因此，产权理论所要研究解决的问题，就是人对利益环境的反应规则和经济组织的行为规则。界定、变更和安排这些行为规则即利用产权降低或消除市场机制运行的社会费用来解决利益冲突，也就是通过产权的变动提高资源配置的效率，改善社会利益格局，推进经济社会发展。

产权理论认为，经济学要解决的是由于使用稀缺资源而发生的利益冲突，必须用行为规则即制度安排来解决冲突。这就需要对产权的内涵进行合理界定。产权的形式是通过产权界定进行划分的。所谓产权的界定就是把产权的各项权能界定给不同的主体。从经济学意义上来讲，不同的产权形式对资源配置的效率会产生不同的影响。界定产权的方法有两种：一是法律机制；二是协商机制。经过界定的产权主要有以下几种形式。

(1)私有产权(private property rights)，是指一个特定的个体主体享有资源的使用、转让以及收益等权利。不过，私有产权并不意味着所有的权利必须为一个主体所拥有，私有产权可以由两个或多个主体拥有。同样是一种有形资产，不同的主体可以拥有不同的权利。只要每个主体所拥有的权利互不重合，多个主体同时对某一资源或资产行使的权利仍属私有产权。私有产权的关键在于产权主体对所有权利能够行使完全的决策行为。在私有产权下，私产所有者进行决策时，会考虑未来的收益和成本倾向，并选择能使其私有权利的现期价值最大化的方式来做出资源的合理安排，获取收益所支付的成本由其自身承担。

(2)共有产权(communal property rights)，是指共同体的每一成员拥有同样的权利，但排除了共同体外的任何成员对共同体内所有权利的干扰。“公有制必须由它的所有成员来承担，没有哪个成员能取走公有制中属于自己的份额”。[①] 共有产权的特点是，在共同体内部，某个主体对某种资源或财产行使某项权利时，并不排斥其他主体行使同样的权利。因此，共同体内的每个成员都可以使用某一资源或财产为自己服务，但又不能说这种资源是属于个体自己的。不过，在共有产权下，所有成员要达成一个最优行动的谈判成本可能非常高，在最大化地追求个人价值时，由此所产生的成本可能会有部分让共同体内的其他成员来承担，而且一个共有权利的所有者无法排斥其他人来分享他努力的果实，所以常常会出现资源利用的外部效应。

(3)集体产权(collective property rights)是指行使对资源或财产的各种权利由一个集体做出，由集体的决策机构以民主程序对权利的行使做出规则和约束。这种集体产权通常采纳某些投票表决程序选出一个能够代表每个成员的“委员会”，对于如何行使产权及如何有效利用资源和财产问题，委员会将通过民主表决程序进行决策。但鉴于任何表决程序都无法真正反映每个主体的真实意见，所以完全一致的投票表决是不可能的。但多数通过规则却常常能够在重大问题上取得较满意的结果。

(4)国有产权(state-owned property rights)是指国家对企业以各种形式投入形成的权益、国有及国有控股企业各种投资所形成的应享有的权益，以及依法认定为国家所有的其他权益。国家可以通过合法的政治程序来解决谁可以使用或不能使用这些权利。在国有产权下，一方面，由于权利是由国家委托给所选择的代理人使用的，权利的使用者没有充分的对资源的使用、转让以及最后成果的分配的权益，导致代理人经营动力不足；另一方面，国家

① 阿曼·阿尔奇安:《产权经济学》,《现代制度经济学》(上卷),北京大学出版社 2003 年版,第 74 页。

要对代理人进行监督的成本极其高昂，再之行使国家权力的实体往往其目标函数是多元的，影响到企业利润最大化的追求，也会影响到代理人选择标准的确定，因此，国有产权的外部性明显。

1.4.2　产权的功能与效率

1. 产权的基本功能

人类面对的是一个资源稀缺的世界，稀缺的资源约束着人们的经济行为。因此，必须通过构建产权制度，规范人们以有效的方式获取资源并使用。当然，在产权规则能够得到有效实施的条件下，每个交易当事人都会将得到相应的权益，同时也将支付相应的成本。产权的功能是指产权作为一种社会强制性的制度安排所具有的界定、规范和保护人们的经济关系，形成经济生活和社会生活的秩序，调节社会经济运行的作用。在分工高度发展和社会生活高度复杂化的现代市场经济条件下，产权的功能是非常明显的，具体地说，有以下五个方面：

第一，激励功能。产权对人们的经济行为产生激励是产权的一个基本功能。"'产权'会影响激励和行为"。[①] 在市场经济条件下，产权交易的本质是经济利益的交换与分配。离开利益关系，产权关系就没有任何意义。在经济运行中，经济主体的利益是通过产权的明晰而得到确定和保护，主体行为的内在动力由此而产生，经济活动能够高效率运行，产权的激励功能通过利益机制得以实现。当然，产权激励并不等于行为主体的全部激励。

第二，约束功能。理论上说，约束与激励是对称的两面，从这个意义上看，约束不过是一种反面的激励。因为产权关系既是一种利益关系，又是一种责任关系。在完备的产权关系中，利益和责

---

① E. G. 菲吕博腾、S. 配杰威齐：《产权与经济理论：近期文献的一个综述》，《财产权利与制度变迁》，上海三联书店、上海人民出版社 1994 年版，第 204 页。

任二者不可缺一，而且必须是对称的，否则产权的功能是残缺的。产权的约束功能表现为产权的责任约束，这样，产权主体就会自我约束，从而形成内部约束。此外，也存在外部约束，也就是外部监督。外部监督能够强化内部的自我约束，约束产权主体遵守产权边界和产权规则。产权约束的目标与激励功能一样在于提高产权运行的效率。

第三，外部性内部化功能。所谓外部性(Externalites)，是指经济活动主体给其他主体或社会带来的利益或负面效应。德姆塞茨说："产权的一个主要功能是引导人们实现将外部性较大地内在化的激励。"①一般而言，外部性问题只有在非完全竞争的条件下才会存在。而现实世界是非完全竞争的，因而存在着大量的外部性问题。外部性最早是福利经济学家研究的范畴。在产权经济学家看来，只有当内在化的所得大于内在化的成本时，产权的发展才有利于使外部性的内部化。当然，究竟采取何种方法解决外部性问题，要看不同方式的费用孰高孰低而定。

第四，资源配置功能。产权的资源配置功能指的是产权制度的安排所具有的调节或影响资源配置状况的作用。产权总是处于不断的运行(交易)过程中，从而实现资源合理配置的过程。合理的产权安排，是生产资源得以有效使用和优化配置的先决条件。产权的资源配置功能是指产权安排或产权结构驱动资源配置状态改变或影响资源配置的调节。具体表现在以下几个方面：①相对于产权不清状况而言，明晰的产权能够减少资源浪费，提高经济效率；②产权的变动会影响资源配置状况的改变；③产权结构影响甚至决定资源配置的调节机制。

---

① H. 德姆塞茨：《关于产权的理论》，《财产权利与制度变迁》，上海三联书店、上海人民出版社 1994 年版，第 98 页。

第五，产权的收益分配功能。任何产权主体对其产权的行使，都是在收益最大化动机支配下的经济行为，没有收益的产权是不可思议的。产权的收益分配功能主要体现为以下几个方面：①产权在不同主体之间的划分本身就是收益或获取收益手段的分配；②产权是收益分配的基本依据，因为生产是各种生产要素组合的过程，所以对生产结果的分配必然由各种生产要素的不同产权的分配来决定的；③产权的界定和明晰能够有效地规范收益的分配。

2. 产权运行与效率

产权运行是产权交易的结果。产权运行的最基本单位是交易，无数次交易形成了全部制度的实际运转。产权运行包括产权界定、产权安排和产权经营。产权界定是政府用法律规定资源的归属，赋予某一主体一系列有限制性活动的权利；产权安排就是在产权界定的基础上选择一种资源配置的交易方式或几种交易方式的组合。产权安排不是一成不变的。在经济条件改变的情况下，产权就会从一种安排向另一种安排转换。与产权交易的三种方式相对应，产权安排在理论上也可以区别为三种，即市场安排、企业安排和政府安排；产权经营是产权运行的实际操作阶段。产权经营就是产权主体依法对其拥有的资产按照等价交换的原则进行有偿买卖和转让。产权经营的法律依据是产权主体对其财产的合法拥有或占有。

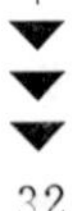

产权运行必须有投入，即支付成本。为了同生产成本相区别，将其称之为交易成本，即有效完成一次产权运行所支付的费用。交易成本是产权经济学的核心范畴。巴泽尔说："产权概念与交易成本概念密切相关。我把交易成本定义为与转让、获取和保护产权有关的成本。"[①]科斯认为，权利的一种调整比其他的调整产生

① Y.巴泽尔：《产权的经济分析》，上海三联书店、上海人民出版社1997年版，第3页。

更多的产值，但除非这是法律制度确认的权利安排，否则通过转移和合并权利达到同样后果的市场费用如此之高，以至于最佳的权利配置以及由此带来的更高的产值也许永远不会实现。[①] 科斯基于产权交易的三种方式把交易费用划分为政府交易费用、企业交易费用和市场交易费用。

交易费用对于产权运行的效率具有重要影响，交易费用高，说明产权运行的效率低，反之，产权运行的效率则高。产权运行的效率又进一步影响经济体制的效率。制度经济学研究交易费用的目的，就是找出能够减少交易费用的制度安排，以提高整个经济的效率。现代社会经济的发展趋势是，交易费用越来越高，似乎成了最主要的经济成本。诺斯曾说过："交易费用可以通过市场被预测，在美国，1970 年交易部门构成美国国民生产总值的 45%，由于合作协调和实施执行成本越来越高，目前美国的交易部门一直在生长和扩张。"[②]

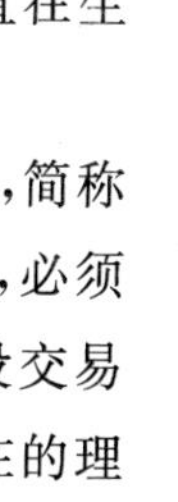

单位交易费用所实现的有效收益，即为产权运行的效率，简称产权效率。在一个存在不可分性和知识需要付费的世界上，必须分析产权的效率水平。而且，"在基本的新古典模型中，假设交易成本为零，根本就不会有诸如各类企业、货币等契约安排存在的理由，这些安排只有在交易成本加入模型之后才会出现"[③]。实现产权运行收益最大化，追求产权运行的效率，必须控制成本—收益比。[④] 产权运行收益最大化的决定可以用下图来说明。

图 1—1 中纵轴表示成本和收益，横轴表示交易量。Tc、Tv

---

① 罗纳德·哈里·科斯：《论生产的制度结构》，上海三联书店 1994 年版，第 158 页。

② 诺斯：《制度变迁理论纲要》，《改革》1995 年第 3 期。

③ 思拉恩·埃格特森：《经济行为与制度》，商务印书馆 2004 年版，第 25 页。

④ 李会明：《产权效率论》，立信会计出版社 1995 年版，第 31～32 页。

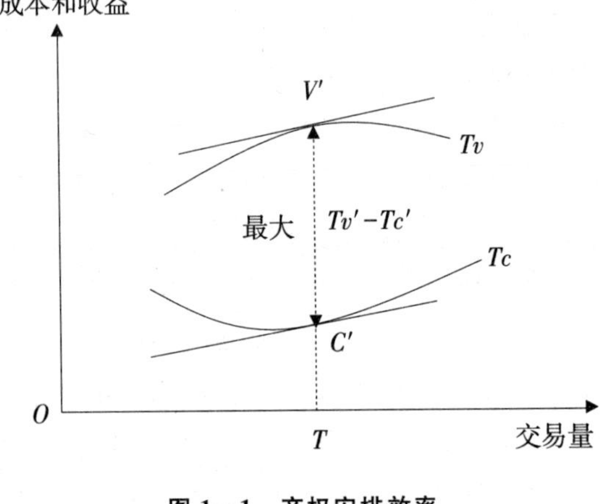

图 1—1　产权安排效率

分别表示产权运行的成本曲线与收益曲线。一般而言，对于任何一种特定的产权界定和产权安排，Tv 曲线向右上方倾斜，这表明随着交易量的增加，产权运行收益也增加，当所有有效的交易发生后，收益达到最大点 Tv。不过，从产权实际运行的情况看，其收益常常达不到最大点，这是因为产权交易需要支付成本即交易成本的。总交易成本随着交易的增加而增加，由图中 Tc 曲线所示。因而，交易主体应该使交易量达到 T，在 T 点对应的 Tv、Tc 曲线上，Tc 曲线与 Tv 曲线的斜率相等，产权运行的边际成本等于边际收益。Tv'减去 Tc'的差额最大，此时净收益最大。

产权运行效率用公式表示为：

$$产权运行效率=\frac{产权运行收益-产权运行成本}{产权运行成本}$$

可见，提高产权运行效率的前提是，明晰产权、合理安排产权、有效经营产权，产权运行的单位收益所花费的成本最小，也就是交易成本越小，产权效率越高，从而产权实现了高效运行。

1.4.3　公有产权与私有产权的比较

西方产权理论认为，在稀缺和竞争为特征的环境中，由于现代技术、信息成本以及一些不确定因素的约束，私有产权制度具有排他性和竞争性，能够满足个人理性约束及激励兼容约束，并带来最小的交易成本，从而确保经济参与者正确地按效用最大化原则做出决策，所以私有产权制度是有效率的。由此推论，公有产权制度不具有排他性和竞争性，很容易引起搭便车行为，从而导致经济行为人缺乏足够的激励从事资源配置的优化工作，同时还产生了拥挤现象，导致资源严重浪费，所以公有产权是一种低效率的产权制度。① 在西方产权理论看来，公有产权会导致资源租金的耗尽，因而是无效率的。这可以通过"戈登—张五常"经典模型进行分析。②

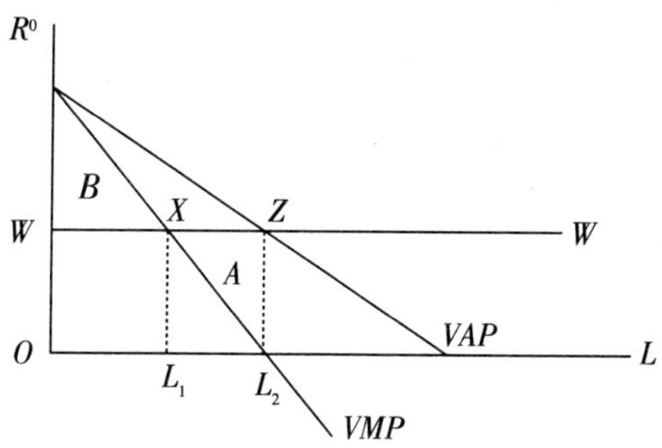

图 1—2　公有产权的租金耗尽

图 1—2 所表示的"戈登—张五常"经典模型表明，在私有产权

① 方晓利：《社会主义国家政府在制度创新中的作用》，《财经研究》2000 年第 7 期。

② 叶航、王弟海：《公有产权经济效率的再认识》，《浙江社会科学》2001 年第 4 期。

条件下，生产均衡由工资率 W 和边际产品价值 VMP 决定（图中 X 点）；而在公有产权下，生产均衡由工资率 W 和平均产品价值 VAP 决定（图中 Z 点）。因此，资源在私有产权下会产生三角形 B 的租金，而在公有产权下会产生三角形 A 的租金耗散，由于角 $B=$ 角 A，所以租金将全部耗尽。由此得出的著名结论是：只要私有产权的交易费用（如界定私有产权的成本等）不大于租金 B，公有产权与私有产权相比就是无效率或低效率的。

各种不同类型的产权安排均有其存在范围，在特定条件下，产权安排的效率并不存在差异。阿尔钦安研究了在假定一个不发达经济中大量的无主资源界定归属的问题，他认为有两种产权界定方式：一种是市场界定产权，一种是强权界定产权。阿尔钦安研究

结论得到其学生乌比克的经验研究的支持，[①]乌比克认为，如果纯粹由市场界定产权，每个人的私人利益最大化行为导致“霍布斯状态”，也就是说，社会秩序严重混乱，每个人均处于敌对状态，交易根本无法达成，此时若某个力量相对强大者通过强权制服他人，社会反而会回到有序状态，资源配置变得有效率了。[②] 当然，产权效率是随着前提条件的变化而变化的。在一定的前提条件下，公有产权结构比私有产权结构更有效率。比如，发达国家的许多合作社组织运行情况良好，比同等规模的私营企业更有效率。公有产权的优势在于它能够使国家有计划地利用稀缺资源，以确保社会福利最大化的实现，不过，这需要有较高的信息处理技术和灵活的运行机制为基础。

---

① A. A. Alchian: *Economic Force at Work*, Indianapolis: Liberty Press, pp. 127～149, 1977. Umbeck, J, Mignt Makes Kight: “A Theory of the Formation and Initial Distribution of Property Rights”, *Economic Tnquiry*, 19(1): 38～59, 1981.

② 方晓利：《社会主义国家政府在制度创新中的作用》，《财经研究》2000 年第 7 期。

在现代市场经济条件下，公有产权与私有产权具有明显的相对性，二者间的界线不再像传统理论所认为的那样明确。在这两种相互对立的产权制度之间存在着一个相当宽阔的中间地带，存在着一系列或多或少兼有二者特征的过渡性产权形式。公有产权主体范围越大，产权的外排他性越小，产权制度“私”的性质也就越小。①

无论是西方产权理论，还是马克思所有制与公有产权理论，都具有理想化的理论特征。如果以其假设与现实不符为据拒绝一种理论，其实就违背了最基本的方法论原则。科学理论是对经验的抽象，理论与经验之间的不一致性是一种常态。因此，可以把理论本身理解为一个工具性假设。尽管经济理论本身可能不完全与现实相对应，但其逻辑结论为我们提供了一种衡量现实市场的尺度，成为我们规范现实经济的理论背景。对于处于社会主义初级阶段的中国经济来说，两种理论范式都具有指导作用，西方产权理论对我国经济改革产生功能性导向作用，马克思所有制与公有产权理论对我国经济改革产生目标性导向作用，从而为我国的经济体制改革和市场经济条件下公有产权的运行提供一个基本的路径选择。

主要参考文献：

Gordon, H. S. 1954:“The Economic Theory of a Common Property Resource: the Fishery”, *Journal of political Economy*, 62 (April): 124～142.

张五常，1970:“The Structure of a Contract and the Theory of a Non-

① 荣兆梓:《现代市场经济中的公有产权与私有产权》,《经济学家》2000年第5期。

exclusive Resource", *Journal of law and Economics*, 13(April):49～70。

马克思:《资本论》第1、2、3卷,人民出版社1975年版。

马克思:《剩余价值理论》Ⅰ、Ⅱ、Ⅲ,人民出版社1975年版。

洪银兴、周晓寒等:《当代东欧经济学流派》,中国经济出版社1988年版。

刘伟、李风圣:《产权通论》,北京出版社1998年版。

石磊:《现代企业制度论》,立信会计出版社1995年版。

李会明:《产权效率论》,立信会计出版社1995年版。

罗建钢:《委托代理:国有资产管理体制创新》,中国财政经济出版社2004年版。

盛洪主编:《现代制度经济学》(上、下卷),北京大学出版社2003年版。

卡德尔:《公有制在当代社会主义实践中的矛盾》,中国社会科学出版社1980年版。

奥塔・锡克:《一种未来的经济体制》,中国社会科学出版社1989年版。

奥塔・锡克:《经济・利益・政治》,中国社会科学出版社1980年版。

奥塔・锡克:《第三条道路》,中国社会科学出版社1984年版。

W.布鲁斯:《社会主义的所有制与政治体制》,华夏出版社1989年版。

科尔奈:《短缺经济学》,经济科学出版社1986年版。

科尔奈:《走向自由经济之路》,山西经济出版社1993年版。

思拉恩・埃格特森:《经济行为与制度》,商务印书馆2004年版。

荣兆梓:《现代市场经济中的公有产权与私有产权》,《经济学家》2000年第5期。

叶航、王弟海:《公有产权经济效率的再认识》,《浙江社会科学》2001年第4期。

方晓利:《社会主义国家政府在制度创新中的作用》,《财经研究》2000年第7期。

2 公有产权制度的历史演化

中国的公有产权制度改革是一个历史演化过程。中国传统的公有产权制度，是按照计划经济模式建立的，其改革是从一种体制到另一种体制转型，是在市场化进程中的不断变革。从本质上说，中国所改革的不是公有产权的基本制度，而是其运行机制。公有制实现形式可以而且应当多样化，一切反映社会化生产规律的经营方式和组织形式都应该是公有制实现形式的现实选择。中国没有像苏联那样请出一大批诺贝尔经济学奖得主作为改革蓝图的设计者。而是完全依照中国的实际情况，在实践的基础上实行渐进式的改革。实现计划经济到市场经济的平稳过渡，在全世界是绝无先例的。中国发展模式是一个崭新的发展模式，也是一个不断被创新的新模式，甚至有西方学者将中国改革成功的经验概括为"北京共识"(Beijing Consensus)。① 当然，中国公有产权制度和经

---

① 英国著名思想库伦敦外交政策中心 2004 年 5 月发表乔舒亚·库珀·拉莫的一篇论文，题为《北京共识》，对中国 20 多年的经济改革成就作了全面理性的思考与分析，指出中国的经济发展模式不仅适合中国，也是适于追求经济增长和改善人民生活的发展中国家效仿的榜样。乔舒亚认为，中国的模式是一种适合中国国情和社会需要、寻求公正与高质增长的发展途径。他把这种发展途径定义为：艰苦努力、主动创新和大胆实验；坚决捍卫国家主权和利益；循序渐进，积聚能量。创新和实验是其灵魂；既务实，又理想，解决问题灵活应对，因事而异，不强求划一是其准则。

济转型还将不断深化和发展。

2.1 经济市场化与公有产权制度的演化图式

2.1.1 公有产权制度认识的演进

对公有产权制度的认识有一个不断发展的过程。由于长期以来囿于对马克思主义经典作家关于社会主义所有制设想的片面认识及受苏联高度集中的单一公有制经济模式的影响,再加上"左"倾错误思想的干扰,我国在所有制结构的选择与现实生产力的发展水平相脱离,在公有制实现形式上大搞"升级"、"过渡"。从而否定了除公有制以外的其他所有制经济成分的地位和作用,否定了公有制实现形式的多样性,形成了长达20年单一所有制结构和公有制一统天下的实现形式。1978年年底召开的中共十一届三中全会是我国历史上的一个重要转折点,拉开了中国改革开放的序幕。

中国共产党关于公有产权制度认识的演进可分为三个阶段:

第一个阶段:传统公有产权制度的突破。

在1979年开始引入市场机制至社会经济生活中并取得初步成效的基础上,1984年10月,中共中央举行了十二届三中全会通过的《关于经济体制改革的决定》,在总结当时初步改革的实践经验和理论界有关研讨成果的基础上,科学地阐明了改革的目标、方向、性质及基本方针政策,是指导中国全面进行经济体制改革的纲领性文件。这个文件是思想理论上的一系列突破,是社会主义经济理论和制度上的重大创新。对于明确市场化改革的大方向、纠正长期束缚人们头脑的错误观念、统一全国的思想与行动,具有划时代的意义。20世纪80年代末、90年代初,国内外形势发生了一些变化,特别改革进程受阻,有的改革出现了回潮,甚至重新肯定僵化的计划经济体制，市场经济和市场化改革被视为异端邪说，连“有计划的商品经济”也不能讲而只能讲计划经济。邓小平在1990年2月审议《关于制定国民经济和社会发展十年规划和“八五”计划的建议》的中共十三届七中全会的前夕，严肃指出，“必须从理论上搞懂，资本主义与社会主义的区分不在于是计划还是市场这样的问题”，“不要以为搞点市场经济就是资本主义道路，没有那么回事。计划和市场都得要。不搞市场，连世界上的信息都不知道，是自甘落后”。[①] 邓小平的讲话，坚定了市场化改革的认识，有力地推动了我国社会主义经济改革。

这个阶段，中国共产党的许多重要文献对公有产权制度的形式和结构都有明确的概括和表述，在认识上取得的新发展可以概括为以下几点。(1)在原有的“一大二公三纯”的所有制格局内，首先在农村初步打开了一个缺口，允许农村个别地区实行包产到户或包干到户、允许少数个体经营者的存在。(2)突破了原来纯而又纯的公有制的所有制结构，在以公有制为主体、国有经济为主导的前提下，肯定劳动者个体经济是社会主义经济的必要的和有益的补充。(3)社会主义经济的补充成分由个体经济扩大到私营经济和外资经济，明确多种经济成分长期共同发展，不同经济成分可以实行联合经营。(4)坚持公有制为主体、多种经济成分共同发展，建立产权清晰、权责明确、政企分开、管理科学的现代企业制度，转换国有企业经营机制。同时，还充分肯定了农村股份合作制经济。明确公有制为主体的含义是，公有资产占优势，国有经济控制国民经济命脉，在经济发展中起主导作用。

第二个阶段：建立社会主义市场经济体制。

1992年1月至2月间，邓小平南下巡视和考察，针对改革中

① 《邓小平文选》第3卷，人民出版社1993年版，第364页。

出现的问题和理论界的争论，发表了一系列重要讲话。他说："改革开放迈不开步子，不敢闯，说来说去就是怕资本主义的东西多了，走了资本主义道路。要害是姓'资'还是姓'社'的问题。判断的标准，应该主要看是否有利于发展社会主义社会的生产力，是否有利于增加社会主义国家的综合国力，是否有利于提高人民的生活水平"。[①] "计划多一点还是市场多一点，不是社会主义与资本主义的本质区别。计划经济不等于社会主义，资本主义也有计划；市场经济不等于资本主义，社会主义也有市场。计划和市场都是经济手段。"[②]邓小平的精辟论断，是社会主义认识史上的新的飞跃。1992 年 10 月，中共十四大根据邓小平的南巡讲话精神做出了决议，明确提出"我国经济体制改革的目标是建立社会主义市场经济体制"。1993 年 11 月，中共十四届三中全会通过了《关于建立社会主义市场经济体制若干问题的决定》，确定了社会主义市场经济体制的基本框架。1997 年 9 月，中共十五大进一步明确社会主义的基本经济制度是公有制为主体、多种所有制经济共同发展，非公有制经济是社会主义经济的有机组成部分；要寻找公有制多种有效实现形式，发展股份制和混合所有制经济以及要进一步扩大对外开放、依法治国等。

中共十五大在总结近 20 年公有产权制度改革理论与实践探索成就的基础上，形成了一个崭新的社会主义公有产权理论体系，从而使公有产权理论有了历史性的新突破。(1)所有制结构调整和完善的重点已经从所有制内部结构转移到外部结构，强调国有企业改革的进一步深化在很大程度上取决于所有制结构的调整和完善。(2)公有制实现形式可以而且应当多样化。探求能够反映

---

① 《邓小平文选》第 3 卷，人民出版社 1993 年版，第 372 页。

② 《邓小平文选》第 3 卷，人民出版社 1993 年版，第 373 页。

社会化生产规律的经营方式和组织形式、能够有力促进生产力发展的公有制实现形式。(3)公有制为主体、多种所有制经济共同发展成为我国社会主义初级阶段的一项基本经济制度。非公有制经济被视为社会主义市场经济的重要组成部分。(4)公有制为主体的界定进一步深化,质的优势是公有制资产占优势最重要特征,国有经济为主导主要体现在控制力上。公有制资产在量的方面的优势,将更多地依赖于集体经济,国有经济将进一步缩小过大的战线和调整资产分布结构。(5)从理论上把公有制本身和公有制实现形式区别开来,确认公有制的实现形式可以而且应当多样化,并充分肯定了股份制和股份合作制。从而为探索多种适合国情特点和有利于生产力发展的公有制实现形式提供了理论和政策依据,同时也肯定了股份制和股份合作制这两种企业组织形式现实地位和作用。(6)公有制经济不仅包括国有经济和集体经济,还包括混合所有制经济中的国有成分和集体成分。从而为公有制寻找有效的实现形式提供了更为广阔的视野。

第三个阶段:完善社会主义市场经济体制。

进入 21 世纪之后,中共十六大进一步深化、发展了有中国特色社会主义的所有制理论。在全面总结二十多年改革的经验和问题之后,2003 年 10 月中共举行了第十六届三中全会,决定到 2020 年完成完善社会主义市场经济体制的任务,并审议通过了《关于完善社会主义市场经济体制若干问题的决定》,明确提出了完善社会主义市场经济体制的 7 项主要任务,具体内容是:完善公有制为主体、多种所有制经济共同发展的基本经济制度;建立有利于逐步改变城乡二元经济结构的体制;形成促进区域经济协调发展的机制;建设统一开放、竞争有序的现代市场体系;完善宏观调控体系、行政管理体制和经济法律制度;健全就业、收入分配和社会保障制度;建立促进经济社会可持续发展的机制。

中共十六大以来，关于公有产权制度理论有了进一步的深化和完善。(1)毫不动摇地巩固和发展公有制经济，坚持公有制为主体，发挥国有经济的主导作用，支持和帮助集体经济的发展；毫不动摇地鼓励、支持和引导非公有制经济发展，进一步强调了非公有制经济是社会主义市场经济的重要组成部分，强调了发挥非公有制经济对调动社会各方面的积极性、加快生产力的发展具有重要作用；明确提出坚持公有制为主体，促进非公有制经济发展，统一于社会主义现代化建设的进程中。(2)积极推行公有制的多种有效实现形式，大力发展国有资本、集体资本和非公有制资本等参股的混合所有制经济，实现投资主体多元化，使股份制成为公有制的主要实现形式。以明晰产权为重点深化集体企业改革，发展多种形式的集体经济。(3)大力发展和积极引导非公有制经济，清理和修订限制非公有制经济发展的法律法规和政策，消除体制性障碍。放宽市场准入，允许非公有制资本进入法律法规未禁止的基础设施、公用事业及其他行业和领域。(4)建立健全归属清晰、权责明确、保护严格、流转顺畅的现代产权制度，从而维护公有财产权，巩固公有制经济的主体地位；保护私有财产权，促进非公有制经济发展；推进各类资本的流动和重组，推动混合所有制经济发展；增强企业和公众创业创新的动力，形成良好的信用基础和市场秩序。

经济开始转型后，中国共产党对公有产权制度的认识不断深化和发展，并对其进行了创造性的研究和试验，有力地推动了马克思主义公有产权理论的发展，为我国转型时期所有制结构的演进和公有产权制度的改革奠定了理论基础。

2.1.2 经济体制市场化的基本轨迹

对于经济转型的国家而言，经济体制市场化必须依靠政府推动。在集中的计划经济体制下，不存在严格意义上的市场，存在的只是市场形式。计划管制稍一放松，就会出现自发交易的现象，当然,这种市场的市场化程度非常低。公有产权制度的改革是以市场为取向的,市场化是一个政府推动下的强制性制度变迁的过程。中国经济的市场化实际上面临着双重转型的任务:一方面是从落后的自给自足的自然经济向市场经济的转型,这一转型与大部分发展中国家的经济转型有大体一致的意义;另一方面是从传统的计划经济体制向市场经济体制的转型,这一转型与大多数社会主义国家转型的含义大体相同。中国是一个发展中国家,又是一个社会主义国家,经济的市场化实际上是以上双重转型的综合。

从一般意义上讲,国家的一个重要功能及其存在的意义,就是社会经济发展供给系统的规则或制度。而在经济转型国家,对经济增长和发展起决定作用的是制度因素而非技术因素,因此,国家的作用就显得更为突出。经济发展的本质在于,它是在一定的制度创新和有效的制度供给基础上的经济增长及其相应的结构变革。从经济发展史角度来看,普遍认同的、能明显促进一国经济增长的制度创新有如下几点:政府必须制定合理的产权制度,从而赋予人民合法保障自身权利及公平参与市场竞争的机会;政府必须建立完备的法规体系和司法、执法机构,投资教育以发展人民的人力资本,大力促进交通通讯等基础设施建设,从而加快市场自身的发育;政府一方面致力于正式制度的建设,另一方面也要培育与市场经济相适应的非正式制度,实现两者的协调。

关于市场化可以从市场的内涵来进行认识。首先,市场是在一定的权利结构下,由买者与卖者在互相保持有效联系的时间和地点进行的交易所构成的。其次,市场所交易的对象可以是同质的,也可以是异质的,产权的让渡是市场交易的本质。再次,生产要素必须通过市场进行配置。最后,市场的发展依赖一定的交易技术,比如通讯、计算、印刷技术等。可见,市场化的关键在于,要有一套界定和保护产权的制度,而在一个经济转型的国家必须以国家权力来推动。改革开放前，中国不存在生产资料市场，企业当然不可能真正做到自主经营，承担盈亏责任，也就不可能实现资源优化配置。因此，确认生产资料的商品属性，开放生产资料市场，是市场化改革内在逻辑的必然结论。不过在改革初期，尽管通过学习其他国家的间接知识及自己所积累的少许直接经验，使市场得到一定程度的发展，但经常出现无序局面，因此反而阻碍了经济发展。针对这种情况，政府制定法规规范市场秩序；投资硬件加快信息交流；鼓励经济管理知识的教育；确定市场分工和发展规划等，极大地促进了市场的有序快速发育和经济增长。

中国经济的市场化始于1978年开始的政府推动，近30年的市场化改革取得了巨大的成功。整个市场化进程可以划分为三个大的阶段。

第一阶段(1978～1984年)，是市场化的起始阶段。随着农村改革的率先启动，国家逐步放开和发展了集市贸易，放开了个体经营，消费品市场最先得到较快发展，并带动了生产资料市场的萌芽和产生。这一阶段的市场化基本上是在原有计划经济体制总体格局未变的态势下展开的，计划机制仍占主导地位，市场发育刚刚开始。

第二阶段(1985～1991年)：是市场化的展开阶段。在这一阶段，市场化改革已全面展开，市场机制力量迅速成长，并出现与计划机制相抗衡的格局，是市场化获得重大进展的阶段。工业生产资料价格开始实行“双轨制”，生产资料市场逐步建立和发展起来。另外，作为市场主体的企业的市场化也获得一定的进展，市场体系的框架开始显现，市场的力量和计划的力量开始博弈，突出表现在“双轨制”并存的体制模式上。

第三阶段(1992～现在)：是市场化的深化阶段。1992年邓小平南巡谈话发表以及党的“十四大”召开确立了社会主义市场经济体制的改革目标后，市场化进程驶入“快车道”。要素市场发展明显加快，政府适应市场的程度增强，宏观调控方式开始由直接调控向间接调控转化，同时政府退出微观经济活动的步伐加快；国际贸易不断扩大，市场化的对外开放程度扩大。这一阶段的市场化进程无论在广度上还是在深度上都是前所未有的，市场机制在经济体制中占据了绝对的优势，市场化进入了纵深推进阶段。由此，各类所有制企业的数量发生着改变，其在国内生产总值中的比重也发生着明显的变化（见表2—1）。

表2—1　1978年、1993年、1996年中国各类经济成分在国内生产总值中的比重

（单位：%）

年份	国有经济	集体经济	非公有制经济
1978	56.0	43.0	1.0
1993	42.8	44.8	12.3
1996	40.8	35.2	24.0

资料来源：王洛林：《面向21世纪的思考》，中国社会科学出版社1999年版。

改革开放的历程表明，中国经济的市场化进程已经取得了举世瞩目的成就，市场主体开始成熟，市场体系逐步健全，市场力量已经在总体上占据优势，在经济的主要领域替代计划机制发挥配置资源的基础性作用，社会主义市场经济体制的总体框架已经形成。当然，中国经济市场化的进程并没有完成，离成熟的市场经济体制目标还有较大的距离，市场化改革尚需继续付出艰辛努力。

2.2　公有产权制度演化与公有制的实现形式

无论何种性质的所有制，都存在一个实现形式的问题。社会主义公有制是社会主义制度的核心和基础，因此，如何选择公有制的实现形式，直接关系到公有制的存在和发展。

2.2.1　所有制的一般形式和实现形式

任何所有制都必然具有多种实现形式，社会主义公有制也不例外。但是，在我国改革开放之前，人们错误地把所有制实现形式与所有制一般形式混为一谈，不顾生产力发展的要求和社会主义初级阶段的客观实际，一味追求所有制的“一大二公”，把大部分集体所有制升格为全民所有制，并且一律采取国有国营的形式，结果造成公有制实现形式单一发展的局面，严重影响了生产力的发展。改革开放以来，经过不断的探索和实践，我国公有制的实现形式开始呈现多样化的发展趋势，促进了生产力的发展。实践证明，根据我国社会主义初级阶段的实际与生产力的发展水平，寻找公有制的多种实现形式是完全必要的。

所有制形式既包括所有制的一般形式，又包括所有制的实现形式。所有制的实现形式与所有制的一般形式既有联系，又有区别。每一种生产资料所有制的一般形式都有自己的实现形式，抽象的所有制一般形式在现实经济生活中是不存在的。所谓所有制实现形式，是指一定的所有制一般形式的财产在经济运行过程中的具体经营方式和组织形式。

在马克思的所有制理论中，虽然没有直接提出过“所有制实现形式”的概念，不过，在他的著述中已经体现了相关的思想。马克思在论述股份公司时写道：“在股份公司内，职能已经同资本所有权相分离，因而劳动也已经完全同生产资料的所有权和剩余劳动的所有权相分离。”①在这里，马克思所论述的就是财产所有权的两个层次，即法律上的所有权和经济上的所有权分离后，资本主义

---

①　马克思：《资本论》第3卷，人民出版社1975年版，第494页。

所有制的具体实现形式——股份公司。

所有制的一般形式与实现形式是不可分割的。任何所有制的实现形式都必须以其一般形式为依据,任何所有制一般形式都必须通过一定的实现形式来体现。从动态的直接生产过程来看,任何所有制一般形式都必须通过一定的实现形式即具体经营方式和组织形式来实现自身获取最大剩余的目的。可见,只有将所有制的一般形式与实现形式结合起来,才能构成一定社会经济条件下具体的生产经营活动,从而实现生产资料所有者的经济利益。

所有制的一般形式与实现形式又存在严格的区别。所有制的一般形式和实现形式是两个不同层次的经济范畴。前者是属于经济制度层次的范畴,表明的是所有制性质的问题。后者则是属于经济运行层次的范畴,表明的是一定的所有制一般形式在经济运行中的制度安排与运行机制及其运作方式。所有制一般形式是比较稳定的,在一定社会形态中保持相对不变。而所有制实现形式却是经常变动的,因为它要与生产力发展、社会分工、生产社会化、市场发育程度和市场格局的变化等相适应,所以变化比较频繁,其形式具有多样性。对于一种所有制来说,一般形式可以先后或同时对应多种所有制实现形式,即有多种所有制实现形式可供选用。在一定的历史时期,与不同所有制一般形式对应的所有制实现形式不止一种,而且可以超越不同所有制一般形式进行选择和组合,各种所有制一般形式都可以根据自身与社会经济条件选用最合适的所有制实现形式。就微观企业来说,一种所有制一般形式在不同的企业里,既可以采取同一种实现形式,也可以采取不同的实现形式。

一定的所有制一般形式具有不同的实现形式,是由生产力发展的客观要求决定的。从纵向的角度来看,不同生产力发展水平导致所有制一般形式在生产经营中的不同实现形式。比如,在资本主义经济发展的历史过程中，早期资本主义的所有制实现形式与现代资本主义的所有制实现形式，就有着很大的差异。从横向的角度来看，不同生产力发展水平的地区，即使同一种所有制一般形式也有不同的实现形式。例如，我国经济落后地区与沿海发达地区的所有制实现形式，就有较大的差异。因此，不同生产力发展水平，决定了任何一种所有制一般形式都有多种实现形式。同时，所有制一般形式具有多种实现形式，不仅是生产社会化的客观要求，而且是资源优化配置的要求。比如，通过混合型的企业形式，优化配置资源，扩充企业的资本规模，以实现最大的规模经济效益。

任何所有制主体的内在要求都是获取最大的收益回报。也就是说，任何所有制一般形式的最本质规定是剩余索取权，只要能保证剩余索取权的实现，所有制一般形式采取何种实现形式都不会影响其本身固有的性质。实际上，任何一种所有制的一般形式所采取的实现形式及其变化，都是为了更好地使自己的剩余索取最大化，即为了更好地实现自身的剩余索取权，保证自身的经济性质。因此，任何一种所有制一般形式要保证自身的固有性质，就必须根据现实社会经济情况选择最有利于获取最大剩余的有效形式，即寻找自身的有效实现形式。从本质上说，所有制的实现形式是由产权的权能分解的具体情况决定的。马克思早就研究了产权的权能分解问题，在马克思看来，随着生产力的发展和经济关系的变化，如信用制度的发展、股份公司的产生，必然引起所有权和经营权的分离、所有权和收益权的分离等。从本质上说，资本运动的总过程，就是资本所有权的分化及运动，剩余价值的分割不过是资本所有权分化及运动的结果。马克思从所有制内在关系和所有权发展的角度对生息资本进行了深入的分析。马克思说，“就生息资本是资本主义生产方式来说，它和高利贷资本的区别，决不在于这种资本本身的性质或特征。区别只是在于，这种资本执行职能的条件已经变化”。[①] 这种变化正是所有权关系的变化导致的。

上面的分析表明，一般地说，所有制实现形式本身并没有制度属性。一种企业制度、企业组织形式或经营方式，资本主义可以用，社会主义也可以用。邓小平说，“许多经营形式，都属于发展社会生产力的手段、方法，既可为资本主义所用，也可为社会主义所用，谁用得好，就为谁服务”。[②] “社会主义要赢得与资本主义相比较的优势，就必须大胆吸收和借鉴人类社会创造的一切文明成果，吸收和借鉴当今世界各国包括资本主义发达国家的一切反映现代社会化生产规律的先进经营方式、管理方法”。[③] 同一种所有制一般形式可以采取不同的所有制实现形式，同一种所有制实现形式也可以为不同所有制采用。

2.2.2 社会主义公有制的实现形式

社会主义公有制的实现形式，其实就是社会主义的公有财产在经济运行过程中的具体经营方式和组织形式。因此，公有制实现形式可以而且应当多样化。作为公有资产的经营方式或组织形式，社会主义公有制的实现形式说明了生产资料是在怎样的制度安排下成长、运动和发展的。如果说社会主义公有制的一般形式从总体上静态地概括了生产资料的占有性质，那么，社会主义公有制的实现形式则是从微观上动态地说明了生产资料的运动方式。社会主义公有制在典型形态的社会主义社会与非典型形态的社会主义社会分别有着不同的实现形式。因此，就现时代来说，研究社

---

① 马克思:《资本论》第 3 卷，人民出版社 1975 年版，第 679 页。

② 《邓小平文选》第 3 卷，人民出版社 1993 年版，第 192 页。

③ 《邓小平文选》第 3 卷，人民出版社 1993 年版，第 373 页。

会主义公有制实现形式,实际上就是研究在社会主义初级阶段所有制的财产在经济运行过程中的具体经营方式和组织形式。

(1)选择社会主义初级阶段公有制实现形式的基本思路

社会主义公有制实现形式的选择,必须基于两个基本条件的考虑:其一,是社会主义公有制实现形式与社会主义公有制一般形式在本质上一致;其二,是社会主义公有制实现形式必须与社会主义阶段的生产力发展状况相适应。具体地说:

首先，必须从社会主义初级阶段的实际出发，选择能够促进生产力发展的公有制实现形式。探寻公有制的多种实现形式，必须从我国实际出发，而中国最大的实际就是现在处于并将长期处于社会主义初级阶段。在社会主义初级阶段，社会的主要矛盾是人民日益增长的物质文化需要同落后的社会生产之间的矛盾，这就决定了社会主义初级阶段要把集中力量发展社会生产力摆在首要地位。立足于社会主义初级阶段来探寻公有制的多种实现形式，就是要探寻与本地区、本行业的生产力发展水平相适应的公有制实现形式，只有这样，才能够极大地促进生产力的发展。

其次,从市场经济运行规律的客观要求出发,选择公有制企业的经营形式。我国的公有制企业数量众多,分散在不同行业、不同地区,规模不同,企业组织结构、产品结构和资产结构均有很大的差异,所处的市场环境也很不一样,参与市场竞争的程度有大有小。因此,这些公有制企业采取什么样的经营形式,只能根据实际情况来选择。在市场经济条件下,国有企业的经营形式应该多样化。国有企业既可以实行国有国营,也可以实行控股经营;既可以实行中外合资经营,也可以采取国有企业与集体企业联合经营的方式。总之,我们要立足于市场,大胆利用一切能反映社会化生产规律和市场经济运行规律的企业经营形式,以推动公有制经济与市场经济的接轨。

再次,从建立现代企业制度的要求出发,选择公有制企业的组织形式。探索公有制企业的有效组织形式,有利于搞活企业,发展生产力,从而有利于公有制的实现。而在现代市场经济条件下,只有从建立现代企业制度的要求出发,才能找寻到公有制企业的有效组织形式。这是因为,现代企业制度是符合社会化大生产要求和适应现代市场经济规律需要的企业制度。它的主要形式有股份有限公司、有限责任公司等。其中股份有限公司是比较成熟的现代企业组织制度。公有制企业应当通过企业制度创新,选择适合自己的现代企业制度形式,并按照现代企业制度的要求转换公有制企业的经营机制,以保证公有制的顺利实现。

最后,从优化资源配置的角度出发,选择优化公有制资产配置结构的有效途径。由于长期受计划经济体制的羁绊,我国公有制资产在布局与结构方面存在战线太长,布局过散,企业规模小以及产业素质较差等不合理问题,从而严重影响着公有制的有效实现。随着计划经济体制向市场经济体制的转变,资源配置方式必然发生根本变化,相应地,公有资产的配置结构也必须随着市场经济体制的建立予以重组和优化。因此,在国家统一的产业政策的引导下,发挥已经改制了的优势企业的作用,通过扩股融资、收购兼并、债务重组、破产清算等资本市场运作,尽量把公有资产和要素配置在竞争力强、技术含量高、市场前景广阔的企业,促进公有资产的流动。通过对公有资产的调整和改组,优化其配置结构,公有制将得到更好的实现。

(2)股份制是公有制的主要实现形式

股份制作为一个现代企业制度,有其自身特殊的本质和形态。股份制是一种实行以股票形式集中或联合社会资金的社会集资和投资的企业资金制度,以企业财产所有权和经营权明确分开的企业法人财产制度和以企业所有权与经营权职能、机构分离的企业经营管理制度的企业组织形式或企业制度。股份制企业则是实行上述制度，独立从事生产经营活动的营利经济组织。

股份制作为企业制度，其具体形式是公司。公司本来是一个企业概念，也就是一种企业制度。股份公司是资本主义发展到一定时期的产物，是适应社会化大生产和资本集中的客观要求而产生的，它的产生要以金融业有一定的发展程度作为基础，要求证券、股票市场与其相适应。因此真正意义上的股份公司是在资本主义进入垄断时期以后才产生的。随着一百多年来的发展，股份公司在发达国家的经济中占有举足轻重的重要地位。正如马克思所说："假如必须等待积累去使某些单个资本增长到能够修建铁路的程度，那么恐怕直到今天世界上还没有铁路。但是，集中通过股份公司转瞬之间就把这件事完成了。"[①]股份公司是现代企业，特别是现代大企业的一种重要组织形式。在当代世界上，股份公司不仅是在私人资本积累和社会化大生产发展中，自然而然成长起来的一种企业组织形式，同时，也是国有资本在政府向企业投资不足、经营效益低下时所采取的对国有企业改造，增加投资、提高效益的一种重要形式。股份制企业作为现代企业的一种重要组织形式，已经在全球范围内，确立了它的地位和影响。股份制能够把分散的已经形成的中小资本和社会闲散资金等通过股份制的形式联合起来形成巨额资本，就能迅速地兴建大型企业，以适应社会化大生产的需要。所以，股份公司是加速资本集中、有利资本增殖的有力杠杆。而且，企业以股票形式筹资，属于直接融资，其融资成本低于间接融资即从银行贷款的成本。股份制企业有利于产权的重组、流动和改造，能够有效地实现出资人所有权与企业法人财产权

① 马克思：《资本论》第1卷，人民出版社1975年版，第688页。

的分离，有利于保障出资人的权利，也能够有效地保护企业行使法人财产权。

作为社会经济组织形式或企业组织形式，股份制是在资本主义经济条件下产生和发展起来的。不过，从根本上说，它是社会化大生产的商品经济发展的产物，是所有制的实现形式。在社会主义初级阶段实行社会主义市场经济体制条件下，由于国有企业是独立核算的商品生产和经营单位，它既有依法自主集资的权力，又有自主投资的权利，国有企业在生产流通经营活动中，暂时闲置或除满足自身需要外多余的资金也可以向别的企业投资。并且，社会上存在的众多的商品生产企业或个人以及广大居民手中积存的社会闲散资金，不可能完全通过财政和银行信贷集中。这种未被集中的社会闲散资金的存在为国有企业把社会资金集中起来提供了客观可能性。并且，随着改革的深化，社会主义生产关系逐步完善和发展，社会主义经济制度特别是财政、金融制度在改革中逐渐完善，也为国有企业利用民间信用，把社会资金集中起来提供了可能性。因此，在社会主义初级阶段市场经济体制条件下，存在国有企业社会集资的客观必然性，因而也就存在国有企业实行股份制的客观必然性。

《中共中央关于完善社会主义市场经济体制若干问题的决定》中提出：使股份制成为公有制的主要实现形式。我国社会主义初级阶段具有股份制存在的客观条件，国有企业实行股份制是国有企业改革深化发展的客观要求。国有企业可以通过多种形式和途径实现股份制改造。

2.2.3 混合所有制经济是公有产权制度演化的必然结果

混合所有制的最早提法出现在西方国家，主要是指企业股权的混合状态，即各种所有制经济能够融为一体，形成以股份制为主要形式的混合所有制形式。混合所有制是现代市场经济发展的必然要求，同时又反过来推动市场经济更大的发展。混合所有制本身就具备单一所有制不具备的综合优势，它通过兼收并蓄，使不同经济成分通过混合，互相渗透，实现扬长避短的互补效益，既包括各种所有制的优势互补，也包括各种经营方式的优势互补，还包括各种所有制所容纳的生产力方面的优势互补，从而发挥综合优势。混合所有制已成为市场经济国家企业非常重要的组织形式。在我国，外来资本和民间资本进入国有企业后，将在很大程度上改变这些企业单一的所有制结构，使之变成较复杂的混合所有制形式。

中国的改革表明，如果不进行公有产权制度的改革，即使市场调节的范围在不断地扩大、价格机制在一定的范围内发挥着作用，经济的整个运行仍然是传统的计划经济模式。因此，只有把在公有产权制度的实现形式在理论和实践两个层面加以解决，才会真正推动中国特色社会主义经济的发展。在现实条件下，混合所有制是一个不错的选择。[①] 这是因为，第一，单一的公有产权制度受到了实践的挑战，改革实践雄辩地证明了必须对纯粹的公有产权制度、超越了经济发展可能支持的公有产权制度进行改革，必须探求符合客观社会经济现实的所有制形式，即按照经济规律的要求，打破单一的公有产权制度，建立混合所有制，实行混合所有制经济，把公有产权制度作为一个核心而不是实践中的社会主义经济制度基础的全部。第二，实行混合所有制可以较好解决公有产权制度的运行机制问题，没有一个良好的经济运行机制，再好的社会制度也不会有发展的基础，经济的运行必须有一个按照经济规律来运作的调控体系和机制，而这种机制作为经济运行本身来说，就

① 李宇兵、郭东海：《混合所有制论》，中国审计出版社 2000 年版，第 128～133 页。

是一种分层次的机制体系。在微观上，以市场机制作为对资源进行基础性配置作用的手段；在宏观上，以按照经济的实际来制定计划对全局的资源进行配置。通过混合所有制，能够实现一种资源的新的制度安排，实现经济的有活力的运行，使经济的自主性得到发展，从而努力实现经济运行既有效率，又有效益。第三，当今世界是资本主义与社会主义共存的世界，世界经济的性质仍然是资本主义的，社会主义仍然被看作资本主义的异己力量，而资本主义在其自然的发展过程中，在经济上取得了相当大的成就，资本主义生产关系在科学技术的条件下获得了较大的弹性空间，并且还会有一定的发展。在这样的时代背景下，必然存在相互融合、互动发展的趋势，因此，生产力发展相对落后的社会主义国家还需要借助混合所有制，利用资本主义经济发展的相关手段发展社会生产力。第四，混合所有制是国有企业改革的一条重要出路。混合所有制既有利于经济社会的发展，又有利于实现多数人的利益。推进建立以混合所有制形式为主要特征的改革有利于国有企业加快建立现代企业制度。引进国外企业资本入股，并让企业管理者和员工参股，明确各方面的责权利，增强监督和制衡，这样既可以引进国外企业先进的管理经验和技术，又可以充分调动劳动者和经营者的积极性，确保企业提高效率和竞争实力。可以说，推进建立以混合所有制形式为主要内容的国有企业改革将是中国经济持续快速增长的长久动力。

中国发展混合所有制的核心问题，是要解决好公有制与非公有制二者之间的融合。① 可以从宏观、中观和微观三个层面来进行分析。第一，在宏观层面或者说制度层面，混合所有制的发展必

① 李宇兵、郭东海：《混合所有制论》，中国审计出版社 2000 年版，第 136～156 页。

须坚持以公有制为主体，并在发展过程中不断提高特别是在质的角度提高公有制的主体地位，在此基础上，坚持非公有制经济成分的发展，并使之在发展过程中不断壮大。第二，在中观层次或者说体制层面，混合所有制的发展必须有一个与之相适应的管理机构和权力结构。在一个特定的所有制模式下特定的经济管理体制模式，构成社会经济发展的中观层次，实际上就是有关对经济部门进行管理的机构所形成的一种权力结构。所以，混合所有制的发展直接与政府职能转变密切联系，牵涉到政府机构设置的调整。政府机构的设置总是与其事权相联系的，事权所带来的就是所谓的职权。政府职能或职权总是与其对经济进行管理的责任相联系的。第三，在微观层面或者说机制层面，混合所有制所需要的机制是建立在真正的企业基础上的市场化运行，是在交换的充分性基础上的经济联系。机制是多要素、多因素相互制约而又互不可缺的、在明确目的的规范下的能动组合。混合所有制的运行机制就是企业间的联系机制，就是按照市场化原则进行的交换，这个结果就是以货币形态表现的效益。

股份制是形成混合所有制的基本方式。多种所有制经济通过股份制这种资本组织形式，有机地组合在一起，形成企业法人财产，既能发挥各自的优势，又能发挥整体功能，这就顺利地实现了公有制与市场经济的结合。把混合所有的股份制作为公有制的主要实现形式，要求绝大多数企业都要实现投资主体多元化，成为股份制企业。在同一企业里，既有国有股、集体股，又有个人股、外资股、法人股等等，各类所有制的资本具有平等的地位，按照股权的多少，享有不同的权益。实际上，股权拥有者，除了国有、集体单位以外，还有很大一部分是广大劳动者。劳动者持股比例的增加和持股人数的增多，可以促使广大劳动者更加关心企业生产经营，激发他们的劳动热情，有利于增加人民收入，加快实现全面建设小康社会的目标。国有资本可以控股，也可以参股，无论采取哪种形式，都是公有制的实现形式。股份制改革不仅已经取得了显著成效，而且还将有十分广阔的发展空间。这是因为，股份制不仅应该成为国有企业建立现代企业制度，实现制度创新的目标模式，而且，各种非国有经济也可以通过多种方式和途径实行股份制。随着我国股份化改革的不断深入，规模的不断扩大，股份制企业的成效将进一步体现，混合所有制的功效将得到充分的释放。

改革开放以来，中国经济发生了巨大的变化，无论是运行机制、价格体系、企业制度，还是农业经营方式、流通体制、用工制度等的改革，都与所有制的改革联系在一起的。所有制已从过去那种纯度很高的公有制变成了目前以公有制为主体的混合所有制结构。在宏观层次上，由单一的公有制经济发展为以公有制经济为主体，多种所有制经济相互并存、共同发展的基本格局；在企业层次上，多种经济成分之间相互渗透、相互融合，股权多元化的混合所有制企业正逐步创设和推行。所以，混合所有制经济包括两重含义：一是指整个社会的多种所有制形式和经济成分并存的格局；二是指不同所有制性质归属的资本在同一企业中的"混合"。由于所有制结构的变化在宏观上和微观上表现为不同的特征，混合所有制经济的形成也就从两个不同的层次上展开的。在经济转型时期，非国有经济特别是非公有制经济成分的生成和发展，是中国混合所有制经济的形成的前提条件。在此基础上，才有不同所有制性质和资本在企业中的"混合"。因此，由中国特殊的经济条件所决定，不同所有制经济的并存和混合是一个从宏观到微观的演变过程。

各种所有制成分之间在功能上具有互补性，相互之间无法完全替代。因此，在经济转型时期，各种所有制形式并存和共同发展，可以充分发挥市场机制的协调作用，促使公有制经济成分注意

提高经营效率和经济效益，促使私有制经济注意处理各方面的利益关系。个体经济、私营经济以及国家资本主义的迅速发展，使得我国经济成分、所有制结构发生了前所未有的变化，形成一种崭新的混合经济、混合式所有制结构。混合经济是当今世界一种发展趋势。美国著名经济学家加尔布雷斯早就预言过，我们将迎来一个混合经济时代。虽然世界各国都要走向混合经济，不过，中国的混合经济绝不是一般意义的混合经济，而是以公有制为主体的混合经济。

目前，中国已走出单一公有制结构，多种所有制形式并存的格局已经形成。市场机制在资源配置过程中正扩大作用的范围。但是，所有制结构整体的优化还远远没有实现，基本上还是一种自我封闭的、固化的所有制结构。不同的经济成分之间，国有经济的存量和增量之间，市场化进程存在明显的差异，说明市场机制还没有突破不同所有制之间的壁垒，混合所有制的市场化运行机制尚未完全建立。比如，国家根据不同的所有制经济板块，采取不同的经济政策和管理方法。这一所有制结构使得各种所有制形式之间仅有属于“市场经济底层”间的买卖交易，根本不可能在不同所有制经济成分之间发展起广泛的联合和协作关系。政府的经济政策因不同的所有制而各异，导致中国混合所有制经济存在三个主要缺陷①：一是由于各种具体的所有制形式与外界相互隔绝，缺乏与外界的对比参照，从而形不成强劲的压力和紧迫感，效率全靠自身内在动力的激发，使其相对的优越性难以最大限度地发挥出来；二是各种所有制形式之间不能在同一国民经济板块内部相互配合和优势互补，资源不能在不同所有制企业之间自由流动和转移，企业的规模

① 朱光华等：《过渡经济中的混合所有制》，天津人民出版社 1999 年版，第 222～224 页。

扩张受到资金融通渠道的限制，限制了所有制结构整体功能的优化，窒息了协作生产力的发挥；三是，板块的分割，使占主体地位的所有制无法形成一种"普照的光"，去支配和影响其他经济领域和经济成分，在微观层次上，或全民、或集体、或私人，非此即彼。

一个能适应生产力的发展，能够实现资源的优化配置和资源的充分利用的所有制结构应该是开放的系统，不同类型的经济成分为追求自身利益的最大化相互渗透、相互融合，生产要素在不同的企业组织形式之间合理流动和优化组合是市场经济的内在要求。各种经济成分之间竞争、协作的关系有望通过所有制的混合而建立起来，各类经济的相对优越性有可能通过它们之间广泛的融合而实现。混合所有制经济的发展对于现代企业制度的建立，市场体系的健全和完善，市场机制对资源的优化配置，外向型经济的壮大，生产的社会化、国际化程度的提高等方面，无疑起着显著的作用，而且应该成为市场经济的客观基础而显示出旺盛的生命力。

2.3 中国公有产权制度演化的经验

2.3.1 公有产权制度演化的政府推动型

所谓公有产权制度演化的政府推动型，是一种既非完全市场化，亦非完全政权化的特殊经济形式，是指在政府主导下，政权和市场相互作用的经济形式。它是从传统的高度集权的行政管理型经济中分裂转化而来的，并与某些特殊的历史、自然条件相结合，形成了一种新的经济形式。① 这种经济形式的基本特征，主要体

① 参见万解秋：《政府推动与经济发展》，复旦大学出版社1993年版，第2～9页。

现在资源动员的行政性和行政权力制约下的资源配置的市场化趋势。

(1)资源动员的行政性

资金积累是企业创建和发展最为关键的环节。在资金筹集问题上，政府通常向金融机构与社会筹集资金，形成大规模的信用资金。尤其在进入 20 世纪 80 年代以后，政府与金融机构和企业的资金横向拆借规模日益扩大，强制或变相强制性的社会集资规模也相应增大，并使企业固定资金投资中的自有比重明显低于借入比重，形成了典型的"负债经营"。这种状况事实上也反映了资金筹措方面的行政属性。在劳动力与土地资源上动员的行政性质也得到体现。政府的统一安排是劳动力向新的产业转移的唯一途径，在企业创办和发展过程中，需要多少劳动力、需要多少干部、多少管理人员，各种位置的安排，均由行政机构决定。个人收入差异虽然存在，但它并没有成为调节劳动力部门间转移的支配力量，竞争性的就业机制是不存在的，就业中通行着强有力的行政分配机制。只是在 20 世纪 80 年代中后期，此种控制才有所放松。而对于土地资源，其在转移过程中体现出更加明显的行政配置色彩。早期的土地征用基本上是无代价的调拨。20 世纪 80 年代中期以后，尽管出现有偿征用土地，但仍然是非市场竞争性的，行政性配置的特征十分明显。资源的行政性配置不仅仅存在于资源结构性转移的"原始积累"过程之中，而且在企业再生产过程中，行政机构也直接介入。调节收入分配与使用，将企业的剩余集中起来用于扩大再生产的再投资。

政府之所以能发挥如此直接的动员作用，除了其行政机构的权力中心地位以外，最根本的原因就是公有产权制度。正是由于生产资料的直接归属关系，才使得地方政府在宏观政策有所松动的情况下能轻易地实现资源的部门间转移，并且通过这种行政性

动员，使政府的经济实力大为增强，拥有的资产总量扩张。显然，公有产权制度，既是资源行政性动员的前提，其又是它的直接结果。

(2)行政权力制约下的资源配置的市场化趋势

既然政府具有强有力的直接动员资源的能力，那么，它又将按怎样原则来分配这些资源呢？一般而言，行政机构应该按行政原则来决定资源配置的方向和重点。但是，在经济转型时期，资源的配置又会接受市场信号的导向，也就是说，市场机制引导着行政机构的投资方向的决策，决定着产业结构选择。20 世纪 80 年代初，随着宏观控制的放松，市场力的增强，企业开始接受市场调节，以利润率为准则决定产业发展方向。尽管资源配置出现市场的导向，不过，地方政府的决策地位明显提升，其行为类似于企业，即选择投资项目及规模首先要考虑投资收益率。当然，政府作为经济决策主体与真正的企业又有着明显的区别。一个独立的投资者在决定投资时主要考虑的是收益与资金的安全，而没有严格的地域、部门、行业限制。然而政府特别是地方政府则做不到这一点，它要受到严格的行政区域的限制，并且有较多的行政目标的制约。实际上，政府的投资决策不过是在上述非经济因素约束下的最大收益率选择。投资决策在市场力和行政力双重作用下，必然出现投资分散性、重复性的结果。因此，有必要在市场经济前提下，加强宏观上的协调与控制，同时进一步放开市场，完善市场，来校正这种偏差。

资源配置的市场化演进，反过来造成不同层阶政府投资决策的差异性。作为中央政府，首先必须考虑政治结构的稳定、社会的安定，经济的长远发展和地区、产业间发展的平衡等综合性的目标，中央政府的投资只能根据上述目标的次序来决策，而不能按照完全市场利润率来决策。而且中央政府能够控制和调节整个国民经济，对国内市场具有直接控制能力，在某些情况下甚至能完全排斥市场而实行行政调节，实现其行政目标。但是，作为地方政府（如省、市一级），考虑的范围大大缩小，对政治、社会因素的考虑与产业发展平衡的考虑也大为减少，而对地方经济实力尤其是地方财政收入的渴求使得地方政府在投资时更多地考虑收益率，出现了明显的市场导向倾向。从基层行政机构来看，在工业化初期，因为其财力有限，投资于无利或微利项目，经济就无法运转。因此，基层政府作为经济实体面对着的是一个有竞争约束的市场，它只能接受市场规则，实行市场性经营。从而使行政机构变得更像一个公司，而其领导人员则成了事实上的企业家。上述表明，政府行政层级的高低，其行政目标的结构和次序不同，导致了投资决策行为的差异。从中央政府到地方政府、再到基层政府，随着行政级别的递减，投资的市场化倾向则增强。

2.3.2 公有产权制度演化的阶段性

生产力发展水平是制度演化的根本动力，中国的任何一项改革都不是纯粹人为设计的结果。中国公有产权制度演化具有明显的阶段性，是一个从制度僵滞通过制度创新逐步达到制度均衡的过程。具体地说，中国公有产权制度演化的阶段性包括了两个方面的内容：一是从农村到城市的制度创新过程；二是从局部到整体的制度创新过程。

中国的经济改革，是从农村的土地产权制度和生产组织制度展开的。我们认为这是适应客观需要而做出的理性选择。在当时中国的整个经济状态中，由于城市国有企业国家的政策保护而难有实质性的改革。农村的处境则相当艰难，农产品的统购统销制度、价格剪刀差以及户籍管理制度，使农民蒙受了巨大的利益损失。政社合一的人民公社制度名为集体经济，实为变相的国营经济。与城市的集体和国营经济不同的是，国家对农村的集体经济基本上“管而不包”。上述状态即使由国家在原有制度框架内进行修正，财力也是无法承担的，同时这一制度中的主体——中国农民既得利益是非常有限的，因此，突破既有的制度是最好的选择。中国的农村改革一开始就进行得相当顺利，这其中有一个重要的原因，就是农村改革的机会成本很低，整体利益格局几乎没有受到影响。正因为如此，农村对新制度的需求也就更加强烈。当然，农村相对于城市而言，旧制度更容易打破，新的制度更容易产生，自发的制度变迁发生之后，更能够得到政府的迅速认可和支持。这表明，改革的启动部门无论做出怎样的改革，都要基于制度必须有正的产出，这是制度演化的关键。任何一项改革的开始，都表现为对传统制度的突破，而制度突破必须以制度创新为基础。任何一种新的制度安排都必然带来新增利益。其实，中国农村改革的规则，就是“交够国家的，留足集体的，剩下都是自己的”这样简单的改变，这种改革既是对旧制度的突破，也必然会带来新增利益。制度创新从很大程度上来说，所体现的新增收益，而不是对存量的不改动。这实际上是增量改革和体制外的突破。

从局部到整体的制度演化过程中，国有经济因种种阻力太大一时还不能得到改造的时候，先在国有经济外部发展起新的经济成分。由于非公有制经济与市场机制存在着天然的一致性，它们自主经营、自负盈亏，以市场为导向、以竞争为动力，不存在政企不分和“铁饭碗”、“大锅饭”等弊端，因此，发展非公有制经济对市场化进程显然具有非常直接和根本性的促进作用。随着非公有制经济的迅猛发展，国有经济的比重相对下降，社会的所有制结构随之发生根本性变化。非公有制经济的发展壮大所形成的市场竞争环境，迫使国有企业按照市场经济规律不断进行改革，并逐渐走向市场化。与非公有制经济相比，尽管国有经济市场化的速度比较慢，但已经开始市场化的国有经济同样在转型中发挥着巨大的作用。

国有经济继续发挥其主导作用，它使大量经济资源，特别是关系国民经济命脉的部门处于政府的直接控制之下，不仅有利于维护社会政治和经济的稳定、有利于控制转轨过程中的各种矛盾，而且能够在市场机制很不完善的情况下，通过政府的调节弥补市场的不足，来克服市场的缺陷。

中国经济从局部改革到整体改革是通过存量的改进实现的。所谓制度存量，既包括一些制度结构，也就是本质性的制度特征，也包括与这个制度必然相关联的表现特征。[①] 比如，价格双轨制形成。如果不对原有的完全计划价格制度进行改变，那么是很难增长出新的市场价格的，也就是说，在原有价格制度存量发生部分变化状况下创新部分的市场价格制度。尽管这种市场价格制度是局部的，但却是在对原有价格制度局部否定的基础上的创新。因此，中国的经济改革实际上是对原有公有产权制度的局部改革。这种局部性的改革虽然只是对制度安排的改变，却会与原有产权制度的结构产生直接的冲突。当然，局部性制度安排产生增量收入的大小决定着旧制度结构变迁的程度。从这个角度看，如果说中国经济改革的双轨制是一种有意识的制度安排，还不如说是制度创新安排与原有制度结构之间冲突的结果，表现为一种由制度安排向制度结构的演进，而不是从旧制度结构向新制度结构的直接转化。

中国的公有产权制度改革首先是对原有存量的改革。其实，公有制经济（包括集体经济和国有经济）的体制改革一直都在进行着，甚至比非公有制经济的出现要早。对集体农业经济体制和国有企业的改革，包括对土地制度的改革，在20世纪70年代末就已经开始了。这表明，在充分发挥体制外改革的积极作用的同时，并

① 程虹：《制度变迁的周期——一个一般理论及其对中国改革的研究》，人民出版社2000年版，第276～279页。

没有忽视国有经济在改革和发展中的巨大作用。与非国有经济相比，国有经济市场化的速度确实慢了一些，这固然不利于市场化的进程，但是却可以使大量经济资源特别是关系国民经济命脉的部门处于政府直接控制之下，这不仅有利于维护社会政治和经济的稳定，有利于控制经济转型过程中的各种矛盾，而且能够在市场机制很不完善的情况下，通过政府的调节弥补市场的不足，克服市场的缺陷，充分发挥政府导向的作用，保证国民经济的有序运转。从某种程度上说，国有经济实际上在为中国的经济改革和非公有经济的发展承担着成本。因此，尽管中国的公有产权制度改革在很大程度上是依靠体制外突破和增量改革，并以此来促进旧体制的变革，但是不能因此而认为中国改革的成功和经济的持续增长完全依靠非国有经济的发展。

2.3.3 公有产权制度演化的渐进式

从世界范围来看，20 世纪 90 年代初，实现计划经济的社会主义国家纷纷向市场经济转变，转型的路径存在着差别，结果也是不同的。不同国家经济转型的路径是由各自国家的转型目标及约束条件决定的[①]。雅诺什·科尔奈经过研究认为，“政治变革之后，市场化趋势加速发展到一种很激进的程度并且显得势不可挡。命令经济不断收缩，一些国家一次性结束了命令经济，另一些国家则分步骤结束了命令经济。或早或晚，或快或慢，迄今为止由国家制定的价格将放开”。[②] 经济转型的本质是公有产权市场化改革。从各国转型的实践来看，公有产权市场化改革大致可以分为两种方式：一种是激进方式，政府在短时期内迅速把公有产权私有化；

---

① 热若尔·罗兰：《转型与经济学》，北京大学出版社 2002 年版，第 25 页。

② 雅诺什·科尔奈：《后社会主义转轨的思索》，吉林人民出版社 2003 年版，第 53 页。

另一种为渐进方式，是在保持公有产权主导地位的前提下，逐步实现产权制度的多元化。

激进式改革以西方自由主义经济思想为基础，否定公有产权制度的相对优势，在较短时间内完成大规模的整体性制度变革。激进式制度变迁也被称为“休克疗法”或“震荡疗法”(shock therapy)，是一种大爆炸式(big bang)[①]的跳跃性的制度变迁方式。道格拉斯·诺斯认为，制度设置是由正式的法规、非正式的约定及不同的执行方式构成的，正式的法规可以在一夜之间被改变，改变非正式的约定则相当缓慢。激进式改革是西方国家货币学派推崇的一种治理通胀、稳定经济的方法和措施，被移植到东欧国家以后，它又有了新的内涵，承担起了从中央计划经济向市场经济过渡的任务。激进式改革的特点是：一是在政治利益结构的重构上选择自由化策略；二是在经济利益结构的重构上选择私有化策略；三是在经济政策的重构上选择控制货币、放开价格。其实，从各国经济转轨的实践来看，激进模式的国家中有渐进的措施，渐进模式的国家中有激进的方式。前者如波兰的渐进式私有化，后者如匈牙利的“激进补课”。[②] 科勒德克认为，经济转型中制度建设具有客观的渐进性。他认为，即使是正式的法规，也不能在一夜之间改变，一夜之间的改变必然会陷入“制度缺位”的境地。他举例说，乌克兰的生产持续下降8年，而在这8年当中，他们甚至连一部合适的民法都没有制定出来，这说明制度真空到了什么程度。乌克兰经济转型所表现出的问题具有共性，20世纪90年代初以所谓“华盛顿共识”为指导思想、按“休克疗法”操作的苏东国家都遭到了重

① 热若尔·罗兰：《转型与经济学》，北京大学出版社2002年版，第29页。

② 陈锦华、江春泽等：《论社会主义与市场经济兼容》，人民出版社2005年版，第344页。

大的挫折。

中国选择了渐进的制度变迁模式，摒弃了大规模市场化和私有化的所谓震荡疗法。中国改革开放30年的成就，已经赢得了世界的赞誉。中国经济改革的成功与经济持续快速增长的绩效，是在坚持社会主义制度的前提下采取渐进方式所取得的。所谓渐进式改革是指在根本经济制度不发生较大变化的情况下，对经济发展过程中限制或阻碍经济发展的经济体制进行逐渐地改革。渐进式制度变迁是一种演进式的分步走的制度变迁方式，具有在时间、速度和次序选择上的渐进特征。其实，只要承认人的理性有限性和信息的不对称性，那么改革的方案也就无法预先设计，这意味着初始改革方案都是不完全的，也就是说改革只能是逐步展开的，即渐进式的。渐进方式从一个国家的实际情况出发，逐步调整产权结构，充分发挥各种产权安排的相对优势。实践表明，渐进方式有效地促进了经济的高度发展。中国的独特发展道路，也是对曾被国际社会奉为圭臬的"华盛顿共识"的有力挑战。

渐进改革方式的具体运行机制就是两权分离。传统公有产权理论认为，产权与所有权是同一的，产权权能通过法律形成单一的所有权概念。现代产权理论认为，产权与所有权是有差别的，产权包含某人对某物的所有、占有、使用、收益、处置等一系列权能。由于产权可以与实施权利的行为联系在一起，使得法律上规定的每一种权能都能成为独立的可交易的权利。当然，各种权能分离形式都不改变产权的终极所有权。因此，可以通过在保留国家对公有财产的所有权的基础上，把相应的其他权利进行合理分解并推向市场，通过其他权利的市场化实现经济参与人的激励兼容，盘活公有财产，达到保值增殖的目标。实践表明，这种产权安排的内部变革极好地促进了经济发展。

公有产权制度改革有两条主线：一是公有产权制度结构的改

革，即体制外的非国有制经济成分的从无到有、从少到多的发展壮大；二是公有产权制度实现形式的改革，即体制内的全民所有制或国家所有制实现形式的改革。在由渐进式改革所推动的整个经济转型过程中，尽管价格体制、劳动工资体制、社会保障体制、财政、金融、对外经济体制以及政府管理体制等方面的改革都很重要。但是，对一个国家经济转型来说，最重要也是最基础的改革是产权制度变革。中国公有产权制度的渐进式改革，从最初开始就是一种"内生"的过程。20 世纪 70 年代末最初的几项改革措施，是对当时社会经济的矛盾与社会中存在的内在变革要求的一种反应。[①] 比如，中国第一项改革措施，即在农村实行家庭联产承包责任制，就是农民"内生"要求的结果。

中国渐进式改革的目标，就是要从原来的计划经济过渡到市场经济。因此，经济市场化的过程在现实中表现为计划和市场两种力量相互转化的过程。市场一方要在转型过程中取得主动，关键是自身力量的发展和增强。而市场经济的基本制度前提是存在多元的利益主体。渐进式改革作为一种以市场经济为目标取向的改革，它的激励机制是建立在个人利益与资本产出一体化方向基础之上的。要实现个人利益与资本产出的一体化，必须改革原有的单一的公有制，承认各种要素所有者的所有权，允许各种形式的非公有制经济共同发展。同时，公有制本身也要理顺所有权、使用权、收益权的关系。这样才能形成不同的经济利益主体，并充分调动经济利益主体的积极性。渐进方式的制度变迁中，政府的作用不可忽视。当自发的市场力量导致利益目标分散时，政府能有效地聚合各种价值取向，平衡利益冲突，减少改革的成本，进而顺利

---

① 樊纲：《渐进改革的政治经济学分析》，上海远东出版社 1996 年版，第 5 页。

推进市场化进程。“中国实行的双轨制是渐进式改革的重要特征”。[①]“双轨制”是新旧利益格局平衡的典型形态，其基本逻辑就是允许新制度安排在不对旧的利益格局构成本质性影响的前提下合法地获取制度外的收益。因此，“双轨制”长期以来，被认为是中国体制改革的成功的典范之作，比较顺利地解决了旧有体制对新制度的激烈排斥而有可能造成改革失败的问题。不过，在“双轨制”下，新制度并不能完全脱离旧体制独立运行，而必然要与旧体制发生各种交易行为，但旧体制对新制度具有拖曳效应，降低了新制度运行的效率。

中国的经济改革是“自然演化”的必然结果。改革不是一步就从旧制度向新制度演变。实际上，渐进改革的最根本的优势在于它满足了新制度经济学的一些基本假定。[②] 中国改革采取边际性的增量改革的方式，整体改革过程不是按照一个理想的模式和预定的时间表来进行的，新的资源配置方式和激励机制不是同时在所有经济领域发挥作用，而是在率先进行改革的部门和改革后新成长的部门首先发挥作用。国有企业的改革就是这种增量改革模式的典型表现，早期的承包制在不触动国有企业根本产权制度的前提下利用利润留成产生了新的增量使用，取得了在国有企业改革的特定时期改善激励机制和提高效率的成果。乡镇企业的发展壮大是增量改革的另一个典型案例，乡镇企业在未触动传统经济部门和不对原有资产存量进行再配置的前提下，创造了国民经济中新的市场作用的领域，在资产增量的配置中逐渐引入了越来越多的市场机制，从而大大增加了经济的活力。

① 洪银兴：《转向市场经济体制的秩序》，江苏人民出版社 1998 年版，第 6 页。

② 周业安：《中国渐进式改革路径与绩效研究的批判性回顾》，《中国人民大学学报》2000 年第 4 期。

经济转型过程中经济主体知识更新、政府和立法机构的法律建构与法律转型、国家政治市场和政治代理机制的逐步完善等方面的制度变迁，不可能一蹴而就，必然表现出某些渐进式转型的特征，因为这几个方面的转型必须经过较长时间的培育和成长才能奏效，也就必然涉及制度转型的成本问题，这就必须在一个阶段决策模型中考虑净收益的贴现，而贴现率其实是个人的预期结果。假定理性预期成立，则人们可以通过一致同意达成改革方案。但是，由于人的理性是有限的，重复博弈及学习机制就显得非常重要。因此，俄罗斯改革中出现的问题，并非“休克疗法”所设计的制度目标的不成功，问题在于跨越阶段的无效。中国没有采用“华盛顿共识”的观点和建议，而是根据本国实际情况，选择了一条中国特色的转型之路。正在成为吸引其他国家的中国模式，正在全世界产生涟漪效应，向其他国家提供其自身发展的观念，这可称为中国特色的全球化。中国的转型改革取得的成就赢得了世界范围的肯定，也使得主流的转型观，从主张休克疗法的“华盛顿共识”(Washington Consensus)①，转向“北京共识”。

主要参考文献：

《邓小平文选》第 3 卷，人民出版社 1993 年版。

马克思：《资本论》第 1 卷，人民出版社 1975 年版。

---

① 所谓“华盛顿共识”是指 1990 年在华盛顿召开的一个讨论 80 年代中后期以来拉美经济调整和改革的研讨会上，形成的一整套针对拉美国家和东欧转轨国家的新自由主义的政治经济理论。该共识包括十个方面：①加强财政纪律，压缩财政赤字，降低通货膨胀率，稳定宏观经济形势；②把政府开支的重点转向经济效益高的领域和有利于改善收入分配的领域（如文教卫生和基础设施）；③开展税制改革，降低边际税率，扩大税基；④实施利率市场化；⑤采用一种具有竞争力的汇率制度；⑥实施贸易自由化，开放市场；⑦放松对外资的限制；⑧对国有企业实施私有化；⑨放松政府的管制；⑩保护私人财产权。

张卓元:《中国改革开放经验的经济思考》,经济管理出版社 2000 年版。

陈锦华、江春泽等:《论社会主义与市场经济兼容》,人民出版社 2005 年版。

洪银兴:《转向市场经济体制的秩序》,江苏人民出版社 1998 年版。

王洛林:《面向 21 世纪的思考》,中国社会科学出版社 1999 年版。

朱光华等:《过渡经济中的混合所有制》,天津人民出版社 1999 年版。

樊纲:《渐进改革的政治经济学分析》,上海远东出版社 1996 年版。

张宇:《过渡之路——中国渐进式改革的政治经济学分析》,中国社会科学出版社 1997 年版。

张宇:《过渡政治经济学导论》,经济科学出版社 2001 年版。

张军:《"双轨制"经济学:中国的经济改革(1978 年~1992 年)》,上海三联书店、上海人民出版社 1997 年版。

黄平、崔之元:《中国与全球化:华盛顿共识还是北京共识》,社会科学文献出版社 2005 年版。

程虹:《制度变迁的周期——一个一般理论及其对中国改革的研究》,人民出版社 2000 年版。

李宇兵、郭东海:《混合所有制论》,中国审计出版社 2000 年版。

雅诺什·科尔奈:《后社会主义转轨的思索》,吉林人民出版社 2003 年版。

热若尔·罗兰:《转型与经济学》,北京大学出版社 2002 年版。

周业安:《中国渐进式改革路径与绩效研究的批判性回顾》,《中国人民大学学报》2000 年第 4 期。

3　公有产权制度演化与混合经济生成

“公”与“私”(public&private)作为人类经济活动的一体两面同时存在着。公、私存在着边界,因为国家的作用和市场的作用是有限度的。同时,“公域”与“私域”的疆界又是不断变化的,因此,人类社会的经济行为和经济方式也相应地变化着。在现代市场经济条件下,“公有部门”与“私人部门”以一种新的经济形式——混合经济存在着。30 年来中国经济体制改革,实际上是由承认非公有制经济、到发展混合经济、再到鼓励和支持混合所有制经济的发展三个阶段组成,其中每一步改革都同时伴随着经济的快速发展。

3.1　市场、国家与混合经济

3.1.1　市场理性与私有经济限度

混合经济是在市场经济演进中逐步形成的。随着资本主义在从自由竞争资本主义到国家垄断资本主义的漫长发展过程中,混合经济也经历了从单纯市场经济到国家干预经济的发展过程。20 世纪中叶后,混合经济得到较快的发展,已经成为西方国家一种较为完善的经济产权制度。

亚当·斯密所谓“看不见的手”指的是私有制条件下自由竞争

的自发作用及其后果。他说,个人“追求自己的利益,往往使他能比在真正出于本意的情况下更有效地促进社会的利益”。[①] 这段著名的论断成为对经济自由主义之能够实现公私利益协调的经典阐述。后来的追随者们将这一原理引向极致,他们宣称,在完全竞争条件下,如能满足一定的条件,就可得出一种实现“帕累托最优状态”的竞争的均衡,在这种状态下,全体社会成员在经济生活各个领域的福利均可达到最大化。

但是,市场本身不可克服的局限性使市场不可能实现帕累托最优,因而市场在资源配置上并非总是高效率,出现了市场失灵(market failure)的情况。查尔斯·沃尔夫提出,“市场可能既不会产生经济上令人满意的(效率的)结果,也不会产生社会上理想的(平等的)结果”[②]。斯蒂格利茨认为,由于在实际经济生活中信息是不完全的,即市场是不完全的,因此,帕累托效率是不可能达到的,市场失灵是普遍存在的。[③] 市场均衡必须满足严格的约束条件,否则,市场可能不存在均衡或者均衡不一定是最优的。生产资源可以自由转移,也可以分割,投资者消息灵通,能够完全掌握市场情况,投资者为了谋求自身利益,可以使得各方所投入的资源的边际社会收益趋于相等,并且每一方面的价格都等于边际社会成本,即:

$$MSC = MPC = P = MPR = MSR$$

其中,MSC 代表边际社会成本,MPC 代表边际私人成本,P 代表价格,MPR 代表边际私人收益,MSR 代表边际社会收益。

① 亚当·斯密:《国民财富的性质和原因的研究》,商务印书馆 1974 年版,第 27 页。

② 查尔斯·沃尔夫:《市场或政府》,中国发展出版社 1994 年版,第 17 页。

③ 斯蒂格利茨:《政府为什么干预经济》,中国物资出版社 1998 年版,第 69~70 页。

如果上述等式中一个或几个不能成立,市场均衡就可能被打破,或者均衡不一定是最优化,“市场失灵”就出现了。其实,现实经济生活中,市场均衡是困难的,“市场失灵”却是经常的,包括外部经济、垄断、不确定性、风险和信息的非对称性等。

实际上,完全自由竞争的市场经济只是一种理想的模式。市场经济的非完全自由竞争则是绝对的。随着机器大工业的产生和社会化大生产的发展,市场经济国家19世纪以来周期发生的经济波动,特别是1929～1933年的大危机,从根本上动摇了纯粹的自由竞争的市场经济体制。适应私人资本主义向国家垄断资本主义转变的需要,1936年凯恩斯出版了《就业、利息和货币通论》,提出了一整套就业理论和反危机政策措施,建立了以需求管理的政府干预为中心思想的收入分析宏观经济学理论,提出国家干预经济的政策主张,这一政策主张首先被美国总统罗斯福所采纳,在美国推行罗斯福“新政”。从而标志着自由竞争市场经济开始向有宏观调控的市场经济转化。

3.1.2 国家理性与公有经济限度

自由竞争的市场经济向宏观调控的市场经济的过渡,是对自由竞争市场经济的补充、发展和完善,从而使市场经济体制进入到充分成熟的形态。“大量的市场失灵现象为政府干预和提高福利水平提供了空间”。① 国家对市场实施必要的和适度的干预,反映了市场经济发展的内在的和客观的必然要求。

从理论上说,凡是能够影响经济主体行为的政府行为,都属于国家干预的范畴。国家干预是在以市场机制为基础的市场经济条件下,主要通过法律、规则和管制产权制度来规范经济主体的行

---

① 斯蒂格利茨:《政府为什么干预经济》,中国物资出版社1998年版,第70页。

为，以矫正、改善和补充市场缺陷的活动总称。国家干预包括政府管制和宏观调控两个方面。其中，政府管制是以法律的强制性为特征，以微观经济主体为直接的对象，通过法律和规则确定和限定微观经济主体行为界限的活动。宏观调控是在市场机制作用的基础上，加强了政府对社会经济活动的干预。

国家在修补市场缺陷上并不是万能的，政府行为同样会出现失灵，也就是说，并不是所有的市场缺陷政府都能修补。“完全市场调节经济的失效，导致了20世纪30年代和60年代政府干预的加强，而20世纪70年代政府计划的缺陷又导致大批经济学家、政治学家对政府干预之所以失效的研究”。[①]“政府的显著优势——拥有普遍的社会成员和强制力——也是它的最大缺陷”。[②] 政府失灵是由于政府干预过多或不当而产生的市场功能障碍。实践证明，对于某些市场缺陷，政府能够修补，而对另一些市场缺陷，政府可能无力去修补，如果勉强去修补，就会造成政府失灵。“有限的信息意味着失误是会出现的。和分散化决策所造成的错误相比，集权所导致的错误则更为严重”。[③] 政府失灵比市场失灵的后果往往更严重。

国家理性也是有限度的，因为政府很难将千差万别的个人偏好通过政治程序合成为单一的、明确的社会偏好。政府干预行为是通过政府工作人员进行的，而政府工作人员的经济人行为不可避免地会导致政府干预的失灵。一个理性的政府在实施政府干预时，不仅将其干预的范围限定在修补市场缺陷的范围内，还必须遵

---

① 斯蒂格利茨:《政府经济学》，春秋出版社1988年版，第6页。

② 斯蒂格利茨:《政府为什么干预经济》，中国物资出版社1998年版，第94页。

③ 斯蒂格利茨:《政府为什么干预经济》，中国物资出版社1998年版，第94页。

循成本——收益规则。从经济学的角度来看，只有收益超过成本时，才是经济的、合理的。政府的干预成本主要包括：政府工作人员的工资及福利支出；行政设施支出；日常行政费用支出；监督成本；各种隐性成本，如政府工作人员的谋私及寻租行为等对经济造成的损失；行政规则与市场规则之间存在的摩擦而造成的各种机会损失等。因此，政府干预的必要性是由客观需要决定的，但政府的干预必须有限度，一旦超过这个限度就会导致政府失灵，这个限度就是政府能够修补的市场缺陷。

3.1.3 有限理性与混合经济的生成

虽然自由市场经济产权制度国家干预经济在配置自然资源等方面起到了较大的作用，但是，在国家垄断资本主义条件下，仍然经常会遇到失业和通货膨胀等问题，这是市场经济所无法解决的。同样，鉴于国家干预经济，特别是政府为调节经济所制定的经济政策等难免与实际脱节，因而政府制定的经济政策必然存在着失误。正是由于市场经济产权制度和国家干预经济产权制度各自出现不同的缺陷，因此，市场与政府在国家经济运行中的有效结合，也就是所谓的混合经济，才被当今各国所普遍接受，成为区别于纯粹市场经济和国家干预经济的一种配置资源的经济形式。美国经济学家默里·L.韦登鲍姆认为："事实上，每一个现代工业化社会，都是一种混合经济的形态。在这种经济模式中，公共部门和私人部门以多种形式相互作用。"①瑞典经济学家埃克隆德在分析混合所有制经济时认为，由于"国家干预经济和纯粹市场经济的模型都存在着严重的缺陷。在实际中，市场经济被迫实行一系列调节，同时国家干预经济也不得不通过市场机制缓解干预性。所以，实际上

---

① 默里·L.韦登鲍姆：《全球市场中的企业和政府》，上海三联书店、上海人民出版社2002年版，第6页。

所有经济都是某种形式的混合所有制经济，既有政府因素，也有市场因素”。[①] 因此，“在自由市场经济和计划经济之间有一种中间的经济产权制度，这就是混合所有制经济”[②]。

通过对市场、国家和混合条件下各种资源分配机制成本的分析[③]（如图 3—1），可以认识各种经济产权制度的优势。我们的分析是在假定纯粹的市场、纯粹的国家和混合经济的条件下进行的。

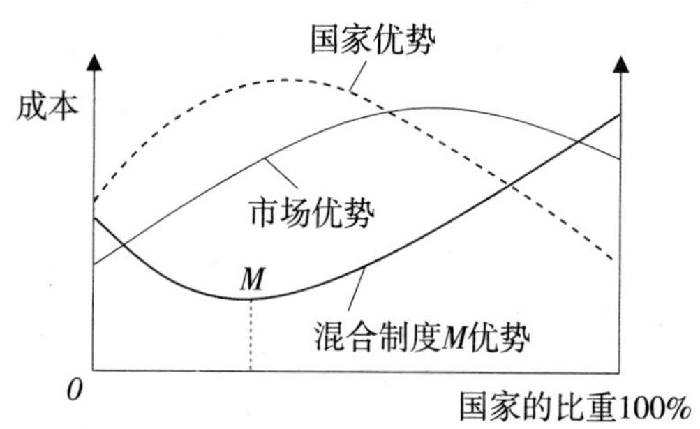

图 3—1 各种制度的成本

图 3—1 表明，在现代市场经济的条件下，混合经济常常优于纯粹市场和纯粹国家，而在 M 点的混合组织则是达到最优状态。混合经济的优势在于，它既弥补了纯粹市场条件下出现的自然垄断所导致的经济无序，又弥补了纯粹国家条件下出现的缺乏竞争所导致的低效率。因此，混合经济已经成为现代市场经济的基本经济形式。

① 克拉斯·埃克隆德：《瑞典经济——现在混合所有制经济理论与实践》，北京经济学院出版社 1989 年版，第 38 页。

② 斯坦利·费希尔、鲁迪格·唐布什：《经济学》（上），中国财政经济出版社 1989 年版，第 23 页。

③ ［法］让-多米尼克·拉费、雅克·勒卡荣：《混合经济》，商务印书馆 1995 年版，第 40～46 页。

3.1.4 混合所有制的世界发展趋势

在1929～1933年爆发的席卷整个资本主义世界的大危机的背景下，如何解决资本主义发展中的竞争与垄断并存而加剧的资本主义经济不稳定性的问题，是资产阶级经济学家和西方政党思考的主要问题。此时，英国经济学家凯恩斯发表了《就业、利息和货币通论》一书，极力主张资本主义国家的政府对经济实行干预，从而医治大量的失业和经济危机的痼疾。凯恩斯认为，解决上述问题唯一可行的办法，就是扩大政府的机能。他说，“让国家之权威与私人之策动力量互相合作”，“这是唯一切实的办法，可以避免现行经济形态之全部毁灭；又是必要条件，可以让私人策动力有适当运用”。[①] 这是“混合经济”(Mixed Economy)论的由来。

美国率先采用了国家扩大直接投资以刺激经济的手段，从而最早摆脱了危机，而第二次世界大战的爆发，使美国经济迅速发展，成为战后最发达的资本主义国家。根据凯恩斯关于扩大政府的消费与投资来解决有效需求不足的思想，战后美国政府支出的数额在不断增长。1946年联邦政府财政支出为552亿美元，到1986年上升为9898亿美元，占到国民生产总值的1/4左右，若加上各州及其地方政府的支出，总支出则超过国民生产总值的1/3。[②]在总支出中，政府的商品和劳务开支占绝大部分，其中尤以军事采购为主。同时，政府也是最大的投资者。美国政府对私人企业不愿投资的原子能工业、宇航工业等新兴部门、军事部门以及投资数额大、建设生产周期长、利润低的基础部门、公共事业部门和基础设施进行了大量拨款。建立起一批国营企业，这些国营企

---

① ［英］凯恩斯：《就业、利息和货币通论》，商务印书馆1963年4月第1版，第321页、第323～324页。

② 郭吴新等主编：《世界经济》第2册，高等教育出版社1989年第2版，第17页。

业或由政府自己经营，或出租给私人垄断资本集团经营。同时，美国还盛行自由主义的经济思潮，但是美国人对“自由”的理解与欧洲不同，是一种有约束的自由，所以，在政府干预经济的同时，美国并未放弃自由经济的传统，而是将二者较好地结合在一起，呈现一种典型的混合经济状态，于是在所有制的层次上，显现出国营部门与私人企业之间的互补状态，但是，这种互补是从国民经济的总体上说的，在具体的运作中，无论是国营部门还是私人部门都按照市场化原则进行，所以，有人称美国的市场经济模式是“管理下的经济自由”的模式。

日本的现代经济体制通常被称为“政府主导型的市场经济体制”，其基本特征是：以私人企业制度为基础；资源按市场原则进行配置；政府以强有力的国民经济发展计划和产业政策对经济运行进行干预；同时注重政府与企业的伙伴式关系的培养，政企关系中的东方文化传统的色彩较浓。日本的现代市场经济体制特征可以用四个结构来概括：(1)多种所有制和所有者并存的所有制结构；(2)市场信息和计划信息并存，以市场信息为主的信息结构；(3)分散决策和集中决策相结合，以分散决策为主的决策结构；(4)多种刺激手段并存的综合型的动力结构。[①] 从性质上来看，日本市场经济中的所有制结构特征是：公有制和私有制并存，但以私有制为主；从形态上看，个人私有制和法人所有制并存，但以法人所有制为主，而且法人之间相互是所有者。

从发展中国家的经济发展来看，在20世纪80年代，亚洲“四小龙”取得高速经济增长的重要因素之一，就是混合所有制的应用。无论我们认为亚洲“四小龙”的经验是否有世界经济在20世

① 左中海主编：《日本市场经济体制》，兰州大学出版社1993年版，第211页。

纪80年代的调整期的机遇的存在，还是这种政府主导推动的经济模式是否会随着“东南亚金融危机”而过时，或者说是由于亚洲“四小龙”的独特的地理位置发挥了决定性作用，等等，不可忽视的现实是：它们取得了成功，而且它们成功的取得绝不仅仅是靠运气。亚洲“四小龙”的模式从总体上来说是混合所有制的成功实践。在现实经济生活中，无论是发达国家还是发展中国家或地区，公营经济与私营经济的并存及其融合发展，构成现代世界经济发展的一幅典型图景。这里的所谓的“公营经济”一般是指由政府所有的国有企业，主要参与关系国计民生的行业及其重要的公共事业，为经济活动提供基础和基本的保障，总的来说，是为国民经济发展“搭台”。所谓的“私营经济”一般是指在经济活动中居于主体的各种公司或企业，它们是经济发展的主力军，是在公营经济所搭的舞台上唱戏的“主角”。

随着“混合经济”的形成和发展，各国经济学家从不同的角度进行了系统研究。美国著名经济学家保罗·A.萨缪尔森认为，两种主要的经济组织的模式即市场机制和命令经济都是极端的，都不能代表美国经济制度的现实，“我们的经济是私人组织和政府机构都实施经济控制的‘混合经济’，私有制度通过市场机制的无形指令发生作用，政府机构的作用则通过调节性的命令和财政刺激得以实现”。[①] 可见，“混合经济”其实是针对美国经济现实提出的，是战后随着经济实践的发展，针对市场失灵和政府失灵的双重后果提出的对经济控制的新思路的概括。日本著名经济学家都留重人认为，由于市场导向型的自由企业资本主义不可避免地会转变为其他模式，这种其他模式因为现在还找不到一个更好的术语，

---

① [美]保罗·A.萨缪尔森等:《经济学》，中国发展出版社1992年第12版，第68页。

可以称它为"社会资本主义"或"混合经济","也就是说,是一种在有众多的公共管理手段干预(以实现社会既定目标)下,价格机制作用被限制在一定范围内起作用的经济组织体系"。[①] 他对"混合经济"作了较为详细的概括:(1)资本主义正经历着向混合经济类型的社会经济组织或"社会资本主义"的转变,从而它走在与社会主义趋同的道路上;(2)这场转变的主要动力是技术进步或生产力的发展,导致了私营部门内部的计划体制;(3)但是市场失灵,或者尤其是外部的不经济性,已变得如此恶名远扬,以至于人们不得不支持公共干预——混合经济的普遍特征;(4)随着大公司寡头卖主垄断力量的加强,利润的作用也已变化到了人们提出对经济投资方向进行公共干预的程度;(5)国家宏观经济管理政策和收入的福利导向型再分配继续成为混合经济的固定特征。都留重人断言:"绝大多数资本主义国家已经进入了一个混合经济生产模式的时代"。[②]

混合经济作为"纯社会主义和纯资本主义混合的形式",[③]在很大程度上看来是理论上针对计划经济中极端干涉主义明显失败和自由思潮鼓吹国家退却、鼓吹私有化和鼓吹解除管制而提出的具有双重意义的预防措施。混合经济一般是作为狭义解释微观经济的名词。过去,它指的是特定的一类企业,其中国有部门和私营部门合作已经制度化,目的是保持"私人利益"必须服从"公共利益"的同时,使认为"公共利益"至高无上的精神与想象中的"私人

① [日]都留重人:《日本的资本主义》,复旦大学出版社 1995 年版,第 263 页。

② [日]都留重人:《日本的资本主义》,复旦大学出版社 1995 年版,第 265 页。

③ M.佩斯顿:《混合经济的性质和意义》,载《混合经济》,伦敦麦克米伦出版社 1982 年版,第 20 页。

利益”的功效起协调作用。从法国的法规来看，这类企业的法律文件上曾使用“混合经济公司”。但是，混合经济的概念很快就超出了这种纯微观经济的范围，因为两个部门的权益已经在许多方面以种种形式交织在一起。在大多数发达国家，整个国民经济都变成了混合经济，以至于看来已经成为一种特定的社会组织制度。英国经济学家将“所有非共产主义的经济”[①]列入混合经济类时所采用的，就是这种总体概念。在这种情况下，混合经济的最佳实用定义可能就是统计学上的定义。混合经济首先就是这样一种经济，它的数字表明，国家在经济上的作用，无论如何具体发挥，对市场来说都是很大的。混合经济在统计学上的定义之所以有效，在于它不是事先构想的制度，而是在工业社会发展和资本主义制度变化的历史产物。主要是指对由于不受控制的“纯资本主义”而定期发生的缺陷所做出的适时反应，而不是计划的结果。“混合经济长期以来被视为市场经济必然事先全面社会化之前的过渡阶段。……它已经从过渡性的制度变成本身就合乎人们愿望的制度，其力量在于摈除了各种纯制度的缺陷”。[②] 让—多米尼克·拉费和雅克·勒卡荣还认为，混合经济是作为一种温和适中、谋求均衡的解决方法出现的。20 世纪 70 年代后的欧洲经济发展现实表明，“混合经济”已经从统计现实变为社会计划。确切地说，这种计划的基本思想有以下三点：“国家在其调节市场的传统职能中积极存在的愿望”、“实行广泛的收入和财富再分配”、“私营部门和国家之间建立密切的合作，国家根据需要，或作为单纯的合作者或作为

---

① 罗利：《混合经济的工业政策》，载《混合经济》，伦敦麦克米伦出版社 1982 年版，第 35 页。

② [法]让—多米尼克·拉费、雅克·勒卡荣：《混合经济》，商务印书馆 1995 年版，第 4 页。

开明的监督者进行干预”。① 可见,混合经济一方面带有制度的色彩,同时更为重要的是混合经济已经成为一种经济运行中的现代规范,是从属于混合所有制或制度的。

值得注意的是,随着经济的发展,特别是股份制和股份合作制的推行,各种所有制成分混合在一起,尽管总有一个居于控股地位的资本,但不仅所有制混合了,而且资本等等要素也都混合了,也就是在企业层次上出现了“股权多元化”的现象。

3.2 混合经济的特点与动态理论模型

3.2.1 混合经济的主要特点

混合经济有两种基本的类型,第一种类型是指宏观层面上整个社会的多种所有制形式和经济成分并存的格局,即外生型混合经济;第二种类型是指企业层面不同所有制性质归属的资本在同一企业中的“混合”,即内生型混合经济。内生型混合经济是现代混合经济的一般形式。因此,混合经济实际上是指在微观主体上实行多种所有制构成的企业。其具体含义为:一个企业由不同经济成分(不同所有制)联合组成的经济形式,换言之,就是联合起来的两种以上所有制共同享有所有权的一种新型所有制形式。它以产权明晰为前提,以资产共有为核心,以股份量化为形式,国家、集体、职工和其他投资者多种产权主体共同所有,实现产权主体多元化。混合经济赋予它在企业股权改革方面的新的含义。混合经济具有如下特点:

---

① [法]让—多米尼克·拉费、雅克·勒卡荣:《混合经济》,商务印书馆 1995 年版,第 6 页。

(1)次生性。所有制分原生的所有制关系和次生的所有制关系。原生的所有制指在基本的所有制,包括国家所有制、集体所有制、私营所有制和外资所有制;次生的所有制指在基本所有制基础上衍生出来的非基本的所有制,是劳动者个人所有制和集体所有制结合而成的股份合作制。所说的混合所有制,都是由两种以上原生的所有制组合而成的。混合经济的这种次生性说明,它自身不具有社会特性,是一种谁都可以利用的经济形式。

(2)资本的联合性,即兼容性。其具体体现是可以容纳各方面的经济,外引内联等,体现着各种经济力量的结合和聚集,可以充分利用民间闲散资金和各方面的经济力量,发挥出社会主义能集中力量办大事的优势。

(3)投资主体多样性。是指通过多向联合所产生的多种多样的混合经济形式。一般采用重组、联合、兼并、股份合作制多种形式。就股份合作制来说,可采用股东换股、投资入股、兼并入股、股权转让、吸收外资股、职工持股、非银行债权转让股等形式。其优点是灵活多样,适应市场经济的变化。

(4)优势互补性。不同经济成分的联合,可以充分发挥所长、调动各方面积极性,形成扬长避短优势互补的局面。

由于不同所有制性质归属的资本在同一企业中存在量上的差别,问题是怎样选择混合经济的产权结构或股权结构。这应该服从于资源配置最优化原则,也就是说,应在一定的经济条件下寻找一种最优的或最有效率的经济产权制度安排。产权制度结构的改革是一种产权制度变迁与产权制度的创新,其根本目的是要促进生产力的发展。因此,所有制结构调整的基本原则是:公有产权从私有产权能够实现交易费用更低、经济运行绩效更好的领域退出,进入私有产权费用较高、经济运行绩效较差的领域。存在"市场失灵"的领域自然是私有产权交易费用较高、经济运行绩效较差的领域，在这些领域需要引入公有产权；而在“政府失灵”的领域则是公有产权交易费用较高、经济运行绩效较差的领域，在这些领域需要引入私有产权。事实上，在私有产权和公有产权两种极端情况之间，存在着更多的混合产权。

3.2.2 混合经济动态理论模型

所谓混合经济动态理论模型是建立在内生型混合经济基础上的。对产权制度效率的研究是通过引入边际分析方法进行的。[①]产权制度的边际效率通常是产权制度的边际收益与产权制度的边际成本之比，即在一定经济状态下，构成一个社会的各种产权制度安排也会达到某种均衡，其均衡条件是各种产权制度的边际效率都相等。从理论上说，由于“市场失灵”所带来的损失正是建立国有企业或实施政府干预的潜在收益，其收益正是纠正“市场失灵”而使资源配置得到改进的部分。同时，建立国有企业与采取政府宏观调控也存在成本，其中，既有显性成本（即国有企业和政府宏观调控在运行中的耗费），也有隐性成本（即国有企业与政府宏观调控运行中所引致的新的效率损失），不过，当国有企业与实施政府宏观调控所引致的边际成本大于其边际收益时，就出现了“政府失灵”或“公有产权失灵”，这个时候公有产权就要变化为私有产权，于是就出现了经济产权制度变迁。经济产权制度变迁也是需要成本的，为了减少上述成本，混合产权产权制度就是比较理想的产权制度选择。

通过下面的理论模型（如图 3—2），我们对产权结构的配置效率进行一个理论分析。宏观层面的混合经济界定为整个社会的多种所有制形式和经济成分并存的格局。而企业层面的混合经济则

① 耿明斋、高燕燕：《国有资本生存条件与管理模式》，中国经济出版社 2003 年版，第 80～83 页。

是指不同所有制性质归属的资本在同一企业中的“混合”。我们这里以企业层面的混合经济为其主要研究对象。假设以国有企业替代政府宏观调控，建立更多国有企业的边际收益（MRa）将递减，而边际成本（MCa）将递增，最终趋向于一种均衡，即建立国有企业的边际效率（$MSEa$）等于采取政府宏观调控的边际效率（$MSEb$），即 E_1 点，$MSEa=MSEb$，或者 $MRa/MCa=MRa/MCb$，从而获得最佳国有企业存在边界（也正是最佳国有资本生存边界）。

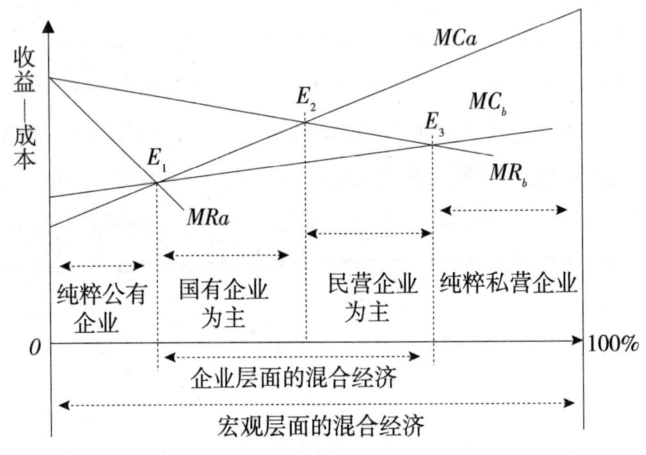

图 3—2　混合经济动态模型

当国有企业的边际成本（MCa）小于边际收益（MRa）并小于采取政府宏观调控的边际成本（MC_b）时，是国有企业的活动空间，即 E_1 点的左边。

当采取政府宏观调控的边际成本（MC_b）小于边际收益（MR_b）并小于建立国有企业的边际成本（MCa）时，是受政府宏观调控的混合经济的活动空间，即 E_1——E_3 区域。在混合经济，即 E_1——E_3 区域内，E_2 点是采取政府宏观调控的边际收益（MR_b）与国有企业的边际成本（MCa）的交点，E_2——E_1 区域表示以国有企业为主的混合经济，越趋近 E_1 点，表明国有的成分越高；E_2——E_3 区域表示以民营企业为主的混合经济，越趋近 E_3 点，表明民营的成分越高。

当采取政府宏观调控的边际收益（MR_b）与采取政府宏观调控的边际成本（MC_b）相等时，即 E_3 点，$MR_b = MC_b$ 时，从而说明政府宏观调控可能带来的收益已达最大，过了这一点，政府宏观调控可能带来的边际收益就将递减，并小于政府宏观调控的边际成本（MC_b），因此，E_3 点是进入自由的私有企业边界。

当建立国有企业的边际成本（MCa）与采取政府宏观调控的边际成本（MC_b）均大于各自的边际收益时，即 E_3 的右边，政府宏观调控即已退出，进入自由的私有企业或者说纯粹的私营企业的活动空间。

企业层面的混合经济的边界是动态的，因为不同国家以及在同一国家的不同时期的经济条件是不同的，即国有企业与私人企业的边界是会随经济条件的不同而变化，因此，混合经济的边界便会由一定经济条件下的均衡状态所确定。例如，随着市场的发展，市场机制可以有效地发挥作用，原来“市场失灵”的产业此时由市场来组织资源，就会比国有企业这种产权制度形式的成本更低，收益更高，可见，从某种意义上说，有效的产权制度安排就是减少国有经济存在边界，而扩大市场机制作用的边界，从而趋同于混合所有制。这就是说，随着经济条件的不断变化，混合经济原有的均衡总是被打破，混合经济的边界有不断向两边拓展的趋势。即混合经济的路径发展将逐渐从大概念的混合经济趋向小概念的混合经济，即纯公有经济和纯非公有经济各自的边界将越来越小。

以上分析表明，在现代市场经济条件下，公共部门和私人部门不再是互相对立的，而是相互补充共生的。正如法国国营铁路公司总裁富尼埃在1990年10月举行的欧洲公有企业中心大会上所说，“公有企业与市场经济观念及富有活力的私有市场之间没有丝毫矛盾，这些公有企业是欧共体市场经济不可分割的一部分。相反，这一事实号召两个部门进行更加卓有成效的合作！”①法国经济学家阿尔芒·比扎凯提出，混合经济的形式还可以进一步具体化，“它不仅通过公有部门向私人股东开放小股或非小股资本得以实现，而且还通过建立一系列共同的研究机构和商业集团得以实现，还通过完美地组织企业协作和转让得以实现；还通过在特别需要关照的‘关键项目’中创建一批跨企业子公司得以实现……当然还有许多其他形式有待发明”。②

既然混合经济的存在已经是一个普遍的经济现象，那么，如何选择混合经济的形式呢？美国学者E. S. Savas认为：“民营化是一种手段而不是目的；目的是更好的政府，更好的社会。”③法国经济学家让—多米尼克·拉费和雅克·勒卡荣说：“在市场和国家这两大社会决策方式之间进行选择，提出了一些复杂的技术问题；正如我们所见到的，这不单单是，也不主要是主观选择或意识形态选择的问题。尤其是，不大可能归结为一种明确的选择。在大多数情况下，并不是站到市场一边或站到国家一边的问题，而是在两者的各种结合和两种资源分配方式的不同程度之间进行选择的问题”。④ 国有企业和私人企业都互为依存、相互促进，各自发挥其

---

① 阿尔芒·比扎凯：《公有部门与私有化》，商务印书馆1998年版，第136页。

② 阿尔芒·比扎凯：《公有部门与私有化》，商务印书馆1998年版，第136页。

③ E. S. Savas：《民营化与公私部门的伙伴关系》，中国人民大学出版社2002年版，第350页。

④ 让—多米尼克·拉费、雅克·勒卡荣：《混合经济》，商务印书馆1995年版，第120页。

不同的职能。选择怎样的混合经济形式,说到底,是由产业的性质决定的。人类的生产活动,包括物质资料生产和非物质资料生产两大类。而在这两大类中,又可能划分为自然垄断性产业和非自然垄断性产业、上游产业和下游产业、共性强和个性强的产业。私人企业和国有企业在选择行业时,国有者一般选择前者,私人者选择后者。这是因为,在市场经济下,供给与需求的关系是基本的经济关系,而供给和需求之间,总是处在双向选择的状态上:供给者选择需求者、需求者选择供给者。

3.3 公有产权制度变迁与混合经济发展的路径、机制

3.3.1 混合经济形成和发展的基本路径

十六届三中全会在论述公有制的实现形式时,首次明确提出了要大力发展国有资本、集体资本和非公有资本等参股的混合所有制经济,实现投资主体多元化,使股份制成为公有制的主要实现形式。可以说,这是对以往在国有企业所有制改革方向上的肯定。

中国经济体制改革的历程,实际上就是中国混合经济逐步形成的过程,即从外生型混合经济到内生型混合经济的发展过程。改革开放以来,中国已走出单一公有制结构,混合经济的格局开始形成,市场机制在资源配置过程中正扩大作用的范围。在经济转型时期,非国有经济特别是非公有制经济成分的生成和发展,是中国混合所有制经济的形成的前提条件。在此基础上,才有不同所有制性质和资本在企业中的“混合”。因此,由中国特殊的经济条件所决定,混合经济发展的路径必然是一个从宏观到微观不断民营化的过程。在宏观层次上,由单一的公有制经济发展为以公有制经济为主体,多种经济相互并存、共同发展的基本格局;在企业

层次上，多种经济成分之间相互渗透、相互融合，股权多元化的混合所有制企业正在逐步形成。

(1)中国混合经济形成和发展的路径之一——非公有制经济的发展。“中国发展多种非国有经济的初始阶段特征是在国家提供宽松的政策环境的条件下，未被计划经济动用的资源(在当时数量是相当大的)被自发地用于发展多种所有制经济。因此在相当长的时期中非国有经济的发展是无阻碍的，从而发展的速度相当迅速。”[①]中国的民营化首先是从农村开始的。通过改革，我国农村集体所有制经济内部已经形成了一种以集体所有制为主，个体所有制为补充的混合所有制经济。乡镇企业的兴起以及后来的产权制度变迁是我国非公有制经济发展的重要推动。乡镇企业按其所有制性质分，有乡办、村办、联办、个体和私营等多种经济成分，乡镇企业既不纯也不公，是混合所有制经济，它以自己特有的投资方式、分配方式和经营管理方式。从私营经济看，经营方式灵活，生产效率高，成本较低；但规模小，资金力量薄弱，技术水平低。从国有经济看，规模大，技术水平高，产品质量好，又有国家银行的大力支持；但经营机制僵化，机构庞大，办事效率低，成本不断上升，与市场经济不相适应。由此表明，私营经济与国有经济存在混合的客观基础。事实上，私营经济与国有经济已经从原材料供应和产品销售方面、科技创新方面、资金融通方面、人才培训方面、零部件和半成品生产等方面的外生型混合经济发展到合资、合股[②]等内生型混合经济。这种内生型混合经济实现了投资主体的多元化，有利于从根本上改革传统的国有企业，有利于建立法人财产权

① 洪银兴:《以制度和秩序驾驭市场经济》，人民出版社 2005 年版，第 26 页。

② 可以双方共同出资，也可以一方提供资金、设备，另一方提供技术的形式组成有限公司或股份公司，并根据所持股份确定双方在生产经营中的地位。

和法人治理结构，实行所有权和经营权的分离，形成企业内部的制衡机制和科学的决策机制，从而迅速提高企业整体的技术水平、管理水平和核心竞争力。随着我国股票证券市场的日益成熟，国有企业和私营企业一方面通过互持股份来巩固双方的合作，另一方面通过集中社会闲散资金扩大再生产。这是上市公司中更高形式的公私混合经济。

(2)中国混合经济形成和发展的路径之二——外商投资经济的进入。外商投资企业与国有企业之间的合作，是两种基本经济关系的混合。外商投资企业与国有企业所形成的混合经济，既包括外生型合作企业形式①，也包括内生型合资企业的形式②；在合资企业、合作企业中，约有90%是与大中型国有企业联姻。外商投资企业与国有企业形成的混合经济可以发挥出明显的效应：一是充分利用外商投资企业的“外溢效应”，加快吸收国际先进技术，迅速提高相关行业整体的技术水平；二是充分利用双方优势，即中方的现有厂房、设备、人力资源、熟练劳动力、品牌资源以及外方的资金、技术、管理等资源，使建设周期缩短，投资见效加快；三是充分利用外资优化产业结构，加快产业结构的高度化；四是充分利用西方现代企业管理经验，加快国有企业产权制度的改革；五是充分利用外商投资企业加快经济的国际化进程，加强与国际市场的联系，把生产经营扩展到全世界，也包括按国际惯例组织生产经营，在法律法规和游戏规则上与国际接轨。

(3)中国混合经济形成和发展的路径之三——国有企业的战

① 为非股权式合营企业或契约式企业，双方以设备、技术、土地、厂房等为合作基础，确定剩余索取权，但不涉及剩余控制权。还有一种是与生产零部件的配套企业之间建立的稳定的供货关系。

② 或者称股权式合营企业，特征是双方出资，由出资比例决定股权比例，由股权比例决定双方剩余索取权。

略性重组。我国混合经济能否健康发展,不仅需要个体、私营经济的健康发展和外商投资经济快速进入,更为重要的是,必须加快国有企业的战略性重组,主动收缩国有经济过长的战线,退出一般性竞争部门,向国有经济需要发挥控制力的战略部门集中。国有企业的战略性重组与私营经济和外商投资经济的逐步深入,是中国民营化过程的继续,也是中国混合经济发展水平的提升。国有经济的战略重组迫切需要新的经济主体介入,以实现资产的整体流动和优化重组,为国有经济和私营经济的重新布局和有机结合提供现实的契机。随着我国市场经济的逐步建立和不断完善,国有经济已经不再是一般的经济形式,而只是特殊的经济形式,即只在公共性、自然垄断性、命脉性等领域存在的一种所有制形式。在市场经济中,交换应是不同产权主体之间生产要素的让渡与转移,没有多元的产权主体,就不可能有真正的交换关系,因而就不可能形成真正的市场。单一的公有制内部的产权分离和调整,无法塑造出市场必要的产权基础。两权分离,各种形式的承包制、租赁制、企业兼并与产权转让,以及现在普遍推广的股份制,向人们展示出全民所有制在商品经济条件下的多种实现形式、多重性质、多条途径。随着横向经济联合的发展,企业兼并现象的发生,出现了产权的让渡。同时,随着股份制的推行,多种形式经济合作的兴起,出现了产权的分享,从而引起产权演化。

各种所有制成分之间在功能上具有互补性,相互之间无法完全替代。因此,在经济转轨时期,各种所有制形式并存和共同发展,可以充分发挥市场机制的协调作用,促使公有制经济成分注意提高经营效率和经济效益,促使私有制经济注意处理各方面的利益关系。混合经济的发展对于我国社会主义市场经济体制的完善无疑起着显著的推动作用。为此,必须借鉴发达国家民营化的经验,以现代经济理论为依据,立足中国经济发展的实际,继续推动民营化进程。

3.3.2 股份制是混合经济的运作机制

混合经济之所以得以迅速发展，是以股份制这种产权组织形式为前提的，股份制是混合经济发展的基本路径。

虽然股份制的雏形早在15世纪就已经产生，但是，一直到18世纪后期从英国开始并于19世纪在整个资本主义世界达到高潮的产业革命发生后，由于以蒸汽机、纺织机为代表的机器大工业迅速发展，大大提高了生产的社会化程度，单个资本的占有形式已不能完全与之相适应，从而推进了作为各个分散的资本的对立物的新的财产组织和管理形式——股份制的快速发展，逐步在社会经济当中占据了主要地位。正如马克思所说："资本在股份形式上的巨大的结合，在这里也找到了直接的活动场所。"①

股份制作为现代产权制度的基本形式，有其自身特殊的本质和形态。股份制是一种实行以股票形式集中或联合社会资金的社会集资和投资的企业资金产权制度，以企业财产所有权和经营权明确分开的企业法人财产产权制度和以企业所有权与经营权职能、机构分离的企业经营管理产权制度的企业组织形式或企业产权制度。股份制企业则是实行上述产权制度，独立从事生产经营活动的营利经济组织。在股份制企业产权结构中，原始所有权是指出资人(股东)对投入资本的终极所有权。它是所有权的法律体现，这种原始所有权表现为股权及债权，股票或债务是它的载体，同时又是股份制企业股东基于股东资格而享有的权利——凭借股权有对企业的收益与分配、决策权等。法人产权是指股份制企业作为法人对公司财产的排他性使用权、经营权、收益权和处置转让权，相对于原始所有权表现为股权而言，企业法人产权表现为公司

① 马克思:《资本论》第1卷，人民出版社1975年版，第688页。

财产权。法人产权简化了产权的交换关系，提高了产权配置效率。

股份制企业中的法人产权是一种从原始产权中发展来的，受到原始产权限制，但又是相对独立的产权组织形式，它能够迅速地集中起分散的社会资源，在统一的公司法人产权基础上，进行经营活动，总体整合优势，适应了现代商品经济在社会分工基础上形成的生产社会化趋向。法人产权制度是一种很有效率的资源配置方式，既能够把个人的、分散的闲置资金集中起来，组织规模巨大的经济活动，又能够适应市场变化的要求，把这些资源调剂到需要的部门，从而提高资源使用效率。法人产权制度摆脱了独资企业在风险承受能力方面的限制，它一方面通过风险分担的方式，提高了风险承受能力，另一方面又使个人财产与公司财产明确分开，规定了风险责任范围，这是一种社会化的产权，是对私人产权制度的一次突破。

股份制的产权结构是混合的，这也是混合经济的微观基础。根据股份制的产权结构的差别，股份制的具体形式有以下几种[①]：(1)是以国家法人股为主的产权结构。即股份制公司的大部分股票为国家法人持有，一小部分为法人股和个人股。国家法人是一个特定的法律范畴，代表着国家管理机构。国家法人不仅享有完整的财产所有权，而且在中央国家法人与地方各级国家法人之间，又有各自的财产所有权，彼此之间构成平等的民事法律主体，相互不能无偿平调财产。在这种股份制企业里划分国家股权时，往往采取，“谁出资，谁代表”的方式。根据法人股权归属层次的不同，可以划分为不同层次的各级法人代表机构。(2)是以法人持股为主的产权结构。股份制公司的大部分股票为法人持有，这里法人

---

① 潘强恩、徐桂华、何立胜：《共有制与股份制》，海天出版社 1996 年版，第 230 页。

包括企业法人、事业法人、社会团体法人，少部分为国家股和个人股。法人相互持股则决定了产权结构的相对稳定，有利于促进股份制企业股权结构的合理化和企业的财产约束。(3)是以法人股和个人股共同构成股份制的产权结构。这类股份制公司国家没有参与投资，故不设国家股。公司的股东很多，股权相当分散。这种状况决定着产权结构不稳定，当一般股东对公司经营决策和经营绩效不满意时，往往“用脚投票”，同时股权的分散化削弱了所有权对企业的控制，形成了经营主导型管理的格局。(4)是以国家股、法人股、个人股、外资股共同构成股份制的产权结构。这类股份制公司中往往国家股和法人股所占比例大，个人股(包括职工个人股和社会个人股)和外资股(包括法人股和个人股)比例较小，这种产权结构体现了多元化、明晰化与国际化，公司产权结构相对稳定。(5)是个人持股的股份制的产权结构。这种产权结构有两种形式：一是以社会个人持股为主的股份制企业，即股份有限公司；二是以内部职工个人持股为主的股份制企业。内部职工持股的股份制企业是一种定向募集股份，并进行严格管理，内部职工持股应采用股权证形式，不能采取股票形式。职工持有本公司股票对于职工积极参与本公司的管理活动具有重要作用，利于协调关系，消除企业内部纠纷，提高生产效率。

股份制企业的产权结构及其变迁，是一个从同质性产权结构(私人持股——私人持股)配置向异质性产权结构(私人持股——国家持股)配置转变的过程。通过参股和控股方式组织国有资产，并以此为手段来干预国民经济，是从20世纪20～30年代在西欧开始的。国家参股制就是由国有控股公司或投资公司及其所控制的众多企业所形成的一个系统。国家参股制最初是在意大利出现的，1922年意大利出现了国家股份，1933年设立了工业复兴公司(即伊里公司)，1957年在中央政府设立了国家参与部，标志着国家参股制企业的宏观管理体制的确立和完善。在西欧一些国家经济中,国家参股制具有十分重要的地位。在1979～1982年期间,国家参股企业占意大利公有企业投资总额的比重分别高达53.7%、55.6%、55.4%和60%;1981年,瑞典国家控股公司在就业、产值和投资方面均占全部公有工业企业的3/4左右;1990年,在法国全部2268家公有企业中,国家直接经营的不足5%,95%以上均为国家参股制企业[①]。

股份制企业的产权结构又是动态的,西方国家自20世纪80年代初兴起的非国有化浪潮也说明了这一点。19世纪80年代以来,西方国家对国有经济的改革,包括实行非国有化,调整国家有关部门与国有企业之间以及国有企业内部的责、权、利关系,正是为了逐步减少乃至消除国有经济的种种弊端。从1979年至90年代初,英国对国有企业实行了"民有化"改造,出售了50余家大型国有企业,200余家中小型国有企业的股份,约100万原国有企业职工变为股份制企业职工,使国有企业产值占国民生产总值的比重降至1%,英国政府获得了1024亿美元的收入,每年减少对国有企业的补贴或各种支出43亿美元,每年给这些企业增加税收47.52亿美元。到90年代前半期,政府在公司中持有的股份,美、英、日、德、法分别为0%～2%、1%～3%、0.55%～1%、4%～7%、4%～5%。1997年,经济合作与发展组织29个成员国非国有化的交易额就高达1017亿美元,约占全球的65%。[②] 可见,股份公司不仅是在私人资本积累和社会化大生产发展中,自然而然成长起来的一种企业组织形式,同时,也是国有资本在政府向企业

① 李长久、钱文荣主编:《股份制:全球企业发展大趋势》,新华出版社1998年版,第26页。

② 李达昌、陈为汉、王小琪:《战后西方国家股份制的新变化》,商务印书馆2002年版,第102～103页。

投资不足、经营效益低下时所采取的对国有企业改造、增加投资、提高效益的一种重要形式。

发达市场经济国家混合经济和股份制发展的历史，对中国社会主义市场经济体制的建立和完善具有重要的启示作用。从根本上说，混合经济和股份制是社会化大生产的商品经济发展的产物。党的十六届三中全会《关于完善社会主义市场经济体制若干问题的决定》提出：要适应经济市场化不断发展的趋势，进一步增强公有制经济的活力，大力发展国有资本、集体资本和非公有资本等参股的混合所有制经济。各种经济成分之间竞争、协作的关系可以通过所有制的混合化而建立起来，各类经济的相对优越性有可能通过它们之间广泛的融合而实现。混合经济本身具有单一所有制不具备的综合优势，从而形成了一种更能适应和推动社会主义市场经济发展的新型生产力功能。

3.4 混合所有制推动中国经济发展

3.4.1 产权制度的生产力功能

在社会生产力的发展过程中，各种生产要素在生产中的地位、作用及其技术结合方式，也就是产权制度是不断变化的，特别是不同的生产者、社会集团在生产中的地位、作用也在变化。它使人们的利益要求发生相应的改变。随着生产规模的扩大、技术构成的复杂以及经营管理的专门化，在资本所有者方面出现了拥有所有权但却缺乏相应的经营管理能力的矛盾。为了维护自身利益，迫使资本所有者向经理和科技人员分权，在保持控制的同时，提供更多的激励。于是，所有权与经营权发生分离，资本主义生产关系进一步发生变化，形成了日益精细和复杂的现代西方的产权制度。

无论是科学技术的创造和发明，还是科学技术的大规模应用，或者转化为现实的生产力，都需要一个与其相契合的内在机制，这个机制就是有关人们经济行为的一系列规则，也就是产权制度。产权制度推动生产力发展的功能，主要体现在为市场主体的行为选择提供明确的结果预期，使其行为具有个体理性与社会理性的统一。具体如下：

(1)激励功能。从功能意义上说，产权制度在把个人利益作为经济活动的动力源的条件下，实际上就是通过将个人的行为选择与其经济利益的实现联系起来，形成一种有效率的生产力。正如道格拉斯·诺斯所说，"有效率的经济组织是经济增长的关键"，"有效率的组织需要在产权制度上作出安排和确立所有权以便造成一种刺激"，[①]有效率的组织需要建立产权制度化的设施，并确立财产所有权，把个人的经济努力不断引向一种社会性的活动，使个人的收益率不断接近社会的收益率。

(2)降低交易费用功能。交易费用在市场经济中虽然必要，但却是对社会财富或资源的一种浪费。威廉姆森形象地将其比喻为物理学中的摩擦力。决定交易费用的关键是产权制度。因此，在现代市场经济条件下，建立明确的产权制度，使产权制度的内部结构即产权结构愈来愈精细和复杂。诺斯说，"专业化增益和专业化费用之间不断发展的紧张关系，不仅是经济史上结构和变革的基本原因，而且是现代政治经济绩效问题的核心"。[②] 上述问题的核心是要降低交易费用，追求资源配置效率或总产出的最大化，其实质是生产力的发展问题。

(3)协同竞争功能。竞争是商品经济的基本特征。竞争是生

---

① 道格拉斯·诺斯、罗伯斯·托马斯：《西方世界的兴起》，华夏出版社 1999 年版，第 5 页。

② 道格拉斯·诺斯：《经济史上的结构和变革》，商务印书馆 1992 年版，第 203 页。

产力进步的直接推动力量,不过,过度的竞争却会造成生产力的损失。由于信息不充分而导致的盲目性及个人经济行为的投机动机,必然会导致社会资源的浪费。在社会分工基础上,产权制度经过多次竞争与合作的博弈而达成的契约,它规范着不同经济主体之间的竞争和合作关系,减少经济活动的不确定性,降低信息成本,使协同竞争能够顺利实现。

(4)外部利益内部化功能。经济外部性是新制度经济学的重要范畴。按照诺斯的定义,当市场主体的行为所引起的个人成本不等于社会成本,个人收益不等于社会收益时,就存在外部性。也就是说,外部性是个人成本与社会成本、个人收益与社会收益之间的差额。科斯认为,许多外部性的产生都与产权界定模糊有关。因此,产权制度的主要功能就是引导人们将外部性尽量地内在化,从而使个人或组织的经济计量与社会成本相一致,促进社会资源使用效率的提高。

产权制度在社会经济运动中的上述功能,反映出产权制度作为最重要的经济内在变量的意义,产权制度的功能主要是通过为人们的经济行为提供明确的预期,影响人们的行为选择,从而推进社会经济的不断发展。

改革开放以来,集体经济的发展和国有企业改革的深化为混合所有制经济成分的发展提供了空前的机遇,股份制、股份合作制、联营经济等混合所有制经济迅速发展,混合型经济增势强劲。1997 至 2001 年五年间,我国股份制企业(包括有限责任公司和股份有限公司)从 7.2 万家发展到近 30 万家,增长了 3.2 倍,年均增长 33.1%;从业人员从 643.7 万人增加到 2746.6 万人,增长了 3.3 倍,年均增长 33.7%;资本金从 4868 亿元增加到 28607 亿元,增长了 4.9 倍,年均增长 42.5%;全年实现营业收入从 8311 亿元增加到 56733 亿元,增长了 5.8 倍,年均增长 46.8%。

从产业分布来看，1996年从事制造业和建筑业的股份制企业占全部股份制企业的一半。1997～2001年五年间，股份制企业逐步向第三产业进军，2001年年末从事第三产业的股份制企业占全部股份制企业的65.3%，比1996年提高20.2个百分点。其中，批发零售贸易餐饮业企业从2万家增加到10.4万家，年均增长38.5%；社会服务业企业从0.45万家增加到4.2万家，年均增长56.7%；房地产业企业从0.2万家增加到2.2万家，年均增长55.6%。

表3—1　1996年、2001年股份制企业的三次产业比重

年份 三次产业	1996年单位数（万个）	比重（%）	2001年单位数（万个）	比重（%）
总计	7.18	100.0	29.99	100.0
第一产业	0.08	1.1	0.30	1.0
第二产业	3.86	53.8	10.12	33.7
第三产业	3.24	45.1	19.57	65.3

数据来源：国家统计局普查中心（2003）。

从地区分布来看，东部地区发展显著。2001年年末，我国东部地区拥有股份制企业20.5万家，占全国的68.4%，比1996年增加16.9万家，年均增长41.8%，比全国平均增长速度高8.7个百分点。其中北京、浙江、广东、上海、江苏合计拥有股份制企业14.3万家，占全国的47.8%。中部地区拥有股份制企业5.2万家，占全国的17.4%，比1996年增加3万家，年均增长19%，比东部地区增长低22.8个百分点。西部地区拥有股份制企业4.3万家，占全国的14.2%，比1996年增加2.9万家，年均增长24.6%，比东部地区增长低17.2个百分点。上述结果表明，东部地区在股份制企业数量上占绝对优势，中、西部地区尤其是中部地区企业数虽然也保持了年均15%以上的增长，但相比于东部地区发展仍相对缓慢。

表3—2　1996年、2001年股份制企业的地区分布

地区＼年份	1996		2001	
	单位数（万个）	比重（%）	单位数（万个）	比重（%）
总　计	7.2	100.0	30.0	100.0
东部地区	3.6	50.0	20.5	68.3
中部地区	2.2	30.5	5.2	17.3
西部地区	1.4	19.5	4.3	14.4

数据来源：国家统计局普查中心(2003)。

3.4.2　混合所有制经济对中国经济发展的推动作用

混合所有制经济是包括中国在内的世界上多数国家选择的一种所有制结构，它对于各国生产力的发展和经济社会产权制度的进步均发挥着极为重要的功能。从我国近几年的改革发展来看，混合所有制经济在推动中国经济的迅速发展，提高人民生活水平及促进国有企业改革方面都发挥了不可替代的作用。

(1)从宏观来看，混合所有制经济实现了资源的优化配置，推动了中国经济的快速健康发展，增加了政府财政收入。

首先，混合所有制企业成为资产重组、资源有效配置的重要载体。混合所有制企业的最大优势，在于实现了资本的社会化。它们在日益成熟和壮大的过程中，所具有的经济实力和积累起来的组织资本，不仅有效地利用了自有的资源，而且通过兼并重组，输出组织资本，在更大范围内实现了资源的有效配置。

其次，混合所有制经济摆脱了所有制单一的弊端，实行资本主体多元化，把公有和非公有优势集合起来。长期以来，我国都实行单一的公有制(包括国有和集体所有制),国家直接投资办企业,不允许私人涉足;农村则实行人民公社制。这种经济体制一直持续到20世纪70年代末期,其结果是农业经济萧条,农民生活水平极低。工厂企业则效益不高,相当部分企业负债经营,亏损面日益扩大。整个国民经济萎缩不前,人民生活水平提高不快。自从1978年改革后,特别是1990年以后,混合所有制经济体制的出现和发展,改变了中国经济发展的被动状况。混合所有制经济刺激了多层次生产力的启动和发展,实现了工业生产的高增加值(见图3—3、图3—4)。

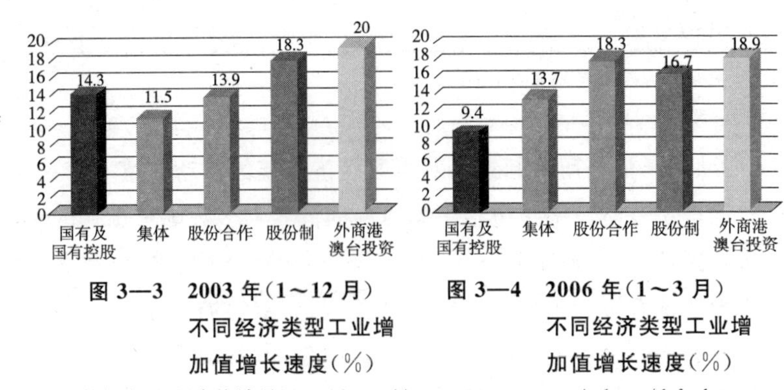

图3—3 2003年(1～12月)不同经济类型工业增加值增长速度(%)

图3—4 2006年(1～3月)不同经济类型工业增加值增长速度(%)

数据来源:国家统计局(2003)http://www.5000.gov.cn/release/default.aspx。

图3—3、图3—4表明,混合所有制企业工业增加值的增长速度远远超过了传统的公有制企业,成为拉动我国工业增加值快速增长的重要力量。

再次,混合所有制经济的高增加值不仅推动了经济的快速增长,也为税收的增加做出了巨大贡献。以股份制企业为例,作为混合所有制经济的主要实现形式,股份制企业在“十五”期间,缴纳税额累计完成32212.18亿元,年均增长34.0%;比全部税收收入的平均增幅高出了14.9个百分点,增长贡献率达45.0%。此间股份制企业税收占税收总额的比重稳步提高(见表3—3)。2004年以32.0%的比例超过国有企业跃居各经济类型首位。2005年更是进一步提高,比国有企业和涉外企业分别高出9.67个百分点和13.42个百分点,拉动当年全部税收收入增长9.5个百分点。实践表明,股份制企业税收是各类型企业中推动我国税收收入快速增长的最重要动力。

表3—3　"十五"期间股份制企业税收占税收总额的比重

年份	2001	2002	2003	2004	2005
比重(%)	23.7	26.2	29.0	32.0	34.5

数据来源:国家税务总局(2006)。

最后,随着混合所有制经济的发展壮大,其在提供大量就业机会,吸纳社会剩余劳动力的同时,也起到了发掘人力资源并使之充分发挥能力的作用。据国家统计局调查,2001年我国股份制企业的从业人员达到了2746.6万人,是1996年的4.27倍,占当年就业人员总数的3.76%,同比增长300%。可见,包括股份制企业在内的混合所有制经济在一定程度上缓解了中国的失业问题以及由此带来的社会矛盾。

混合所有制经济也促进了我国人力资源的开发和社会稳定。之前,由于我国经济的转型特点,一方面单纯的民营、私营企业尚没有足够的吸引力聚拢到足够的高素质人才,而另一方面,由于国有企业用人机制和分配机制上的障碍,企业中有才干的职工要谋求个人更大的发展和更高的收入水平,就得先冒险离开原先的企业,造成要"创业"必须先"下岗"的怪现象;而更多的不愿意离开国有企业的优秀人才,却囿于体制的束缚难以充分发挥才干,这是社会资源的巨大浪费。混合所有制经济有效地改变了这一状况,优秀人才不必离开原先的企业，既获得了民营、私营企业的高效率机制，又保留了国有企业的长处与个人的身份地位。因此，混合所有制形式可以更好地发掘人力资源，补充单纯国有经济与单纯民营、私营经济的不足，进一步解放了生产力；特别是实行了经营者和业务骨干参股的企业所有制形式，更能够有效地建立起企业的激励与约束机制；它还实际地推进了产权主体的社会化转变，使更多的劳动者成为中等收入群体，有利于兼顾"效率"与"公平"。

(2)从微观来看，混合所有制经济不仅通过多元化投资、规模经营、高效的资本运作等等提高了企业的经济效益和竞争能力，更为国有企业改革找到了有效途径。

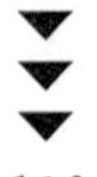

首先，混合所有制经济实现了规模经营，提高了企业经济效益。不同成分在不同层次上的联合所组成的混合型企业，发挥了各种人财物的优势，能够迅速组织高技术、高效益的新项目，从而形成了规模集团。经验表明，在混合经济体制下形成的股份制公司，是规模经营的主要力量。美国《幸福》杂志评出的全球排名100家大公司，绝大部分是混合型股份制企业。我国近年来业绩骄人的企业如长虹、海尔、康佳集团等，就是在经济体制改制后组建的大型混合型企业。同时，混合所有制经济由于产权明晰，权责分明，摆脱了单一公有制束缚，有了企业经营自主权，企业活动的范围扩大了，在利益驱动下，积极性也较之大大提高。

其次，混合所有制经济增强了企业内部资本周转，提高了企业竞争力。几个所有制主体通过混合所有制这一组织形式结合在一起，形成利益共享、风险共担、优势互补的经济联合体，增强了企业内部资本运作力度。对其中的公有经济成分来说，则国家可以用较少财力驾驭较多资本运作，容易达到高投入、高产出、高效益。

再次，混合所有制经济聚集了民间闲散资金，提高了企业的融资能力。实践证明，打破国家、集体、外资、私营、个体经济之间的鸿沟，建立社会筹资的多元化混合经济体系，是广纳资金、优势互补、资产重组、优化配置的最佳形式。它可以跨地区跨部门吸纳社会闲散资金来壮大企业实力，解决企业资金不足的问题。形成风险共担、利益共享的经济实体。它可以扩大引进外资的规模，对于外资而言，它更乐于购买现成产权进行投资，这对于挽救濒临破产或亏损企业是一个很好的办法，通过企业转让或资产重组使国有企业资产得以保值增殖，而企业又得到发展。

混合所有制经济更是加快国有企业改革的重要出路。在社会主义市场经济条件下，混合所有制是实现多元投资主体，形成以法人治理结构为核心的、股权多元化的现代企业的有效组织形式。其能够消除国有企业产权集中和政企不分等弊端，实践证明，通过发展混合经济，不仅促进了国有企业向国有资本的有效转化，促进了国有资产的资本化运作，而且还可以塑造合格的市场经济微观主体和市场竞争主体，实现国企改革目标。

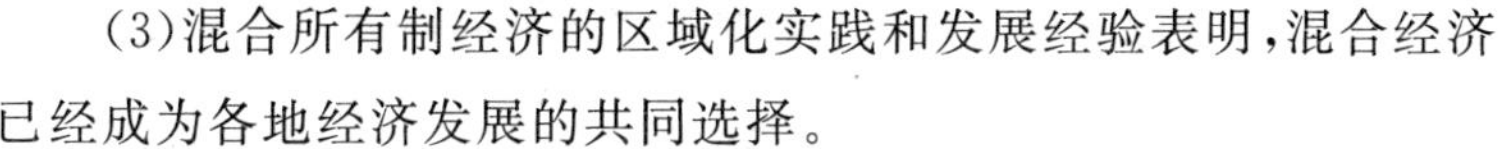

(3)混合所有制经济的区域化实践和发展经验表明，混合经济已经成为各地经济发展的共同选择。

在20世纪80年代中后期，曾辉煌一时的以乡镇企业为重点的“苏南发展模式”，常常被人们作为区域经济发展模式的参照系。但到了20世纪90年代，它却似乎缺少了一些亮色。一些媒体甚至用“苏南模式的终结”这样的语言去评点这个当年最活跃的经济板块。然而进入21世纪，人们发现，苏南经济不仅又亮了，而且亮得更加耀眼，这里的经济发展又充满了生机。蕴藏在这块土地上的经济活力又以“昆山模式”、“江阴板块”、“张家港现象”、“吴江速度”以及“辐射经济”、“集群经济”、“循环经济”、“沿江经济”等多层面多格局经济特色烘托开来，当年“苏南模式”中巨大的经济活力又在新形势下进一步延伸和分解。

苏南经济的这些亮点，首先得益于这里的多元化经济发展，概括起来就是其混合经济从当年集体经济一统天下中分化出来，过去地方政府主导的乡镇企业旧格局正被产权明晰的新格局所替代，投资主体逐步到位，以股份制为主要形式的混合所有制经济成为主流。2003年，苏南宁镇苏锡常五市以占全省27.4%的土地面积和30.8%的人口，创造了全省59.1%的国内生产总值和61.8%的财政收入，外贸进出口总额和外商直接投资额约占全省的88%。

近年来，江苏的国有资本已经以多种形式渗透到混合所有制成分中。全省国有资本投入到纯国有工业中的份额呈逐步缩减之势，而以多种形式投入到混合经济成分中的比重快速上升。2004年，全省纯国有工业拥有国家资本占全部规模以上工业国家资本的比重为44.7%，比1998年下降了16.8个百分点。在全部国家资本中有近六成的国家资本以参股、控股、合资合作等多种形式投入到混合经济成分中。统计表明，该省1.8万家股份制、三资和私营企业中，含国有资本的企业只占全部混合经济企业总量的4.3%；全省含国有资本的混合经济成分实现的经济总量在全部工业中所占比重亦大大高于其企业个数所占比重。2002年，775家含国有资本的股份制、三资及私营企业的资产总量为2203.44亿元，占全部混合经济资产总量的22.4%，实现利税总额占全部混合经济的17.6%。

另据浙江省统计局统计，2001年在规模以上工业企业中，属于混合经济的企业近8000户，约占企业总数的40%，产值3000亿元，约占规模以上工业企业产值总数的38%。浙江“混合经济”的形成得益于浙江的国企改革。长期以来，浙江并不片面追求国有企业的数量和在整体经济中的比重，而是在产业领域上有进有退，推动国有资产向基础产业、关键部门集中，增强国有经济对国民经济的控制力和影响力。

混合经济推动了浙江国有、民营企业经济的共同发展。2003年，民营企业浙江升华集团收购浙江轻纺供销有限公司51%的国有股权，开创了浙江省直属大型国有企业股权转让的先例。升华集团主要是看中了供销公司的大批高素质外贸人才、畅通的进出口渠道和良好的国际采购网络。混合经济在浙江的形成并没有削弱国有资本在浙江经济中的地位。

近年来，宁波市经济之所以迅速发展，就是走了混合经济发展之路。目前，宁波个私、民营以及其他的混合型经济实体近30万家，占全市企业总数的91.5%。民资、国资与外资携手共进的案例，在宁波不胜枚举。宁波各种所有制经济在市场竞争中相互促进，共同发展。国有(集体)经济在"混合"中增强了控制力，民营经济在"混合"中开始了第二次飞跃发展，外资经济在"混合"中水涨船高，三者在竞合中提高了各自的竞争力。实践已经证明，混合经济是沿海发达地区经济持续发展的主要动力。

主要参考文献：

Gordon, H, S. 1954："The Economic Theory of Common Property Resource: the Fishery", *Journal of Politic Economy*, 62(April): 124～142.

张五常，1970："The Structure of a Contract and the Theory of a Non-exclusive Resource", *Journal of Law and Economics*, 1(April): 49～70.

洪银兴：《以制度和秩序驾驭市场经济》，人民出版社2005年版。

睢国余：《社会主义市场经济》，群众出版社2001年版。

蒋学模：《高级政治经济学——社会主义总体论》，复旦大学出版社2001年版。

杨瑞龙、张宇：《社会主义经济理论》，中国人民大学出版社1999年版。

张宇、孟捷：《高级政治经济学》，经济科学出版社2002年版。

耿明斋、高燕燕：《国有资本生存条件与管理模式》，中国经济出版社2003年版。

克拉斯·埃克隆德:《瑞典经济——现在混合所有制经济理论与实践》,北京经济学院出版社1989年版。

让—多米尼克·拉费、雅克·勒卡荣:《混合经济》,商务印书馆1995年版。

思拉恩·埃格特森:《新产权制度经济学》,商务印书馆1996年版。

阿尔芒·比扎凯:《公有部门与私有化》,商务印书馆1998年版。

E. S. Savas:《民营化与公私部门的伙伴关系》,中国人民大学出版社2002年版。

都留重人:《日本的资本主义》,复旦大学出版社1995年版。

叶航、王弟海:《公有产权经济效率的再认识》,《浙江社会科学》2001年第4期。

葛扬:《马克思所有制理论与现代混合所有制经济》,《当代经济研究》2004年第10期。

葛扬:《混合所有制经济的生产力功能》,《生产力研究》2004年第11期。

4 国有企业产权制度的演化和路径选择

国有企业产权制度改革是我国经济体制改革的重要组成部分和中心环节，也是中国经济体制改革30年来全国上下孜孜求索的一项艰巨复杂的系统工程。国有企业产权制度改革的目标就是建立现代企业制度，提高国有企业的运行效率和市场竞争能力，使国有资产保值增殖。我国传统的国有企业是在计划经济体制下形成的政企合一的企业产权制度和组织结构。这种企业制度依附行政系统，不仅国有产权运行效率低，经济和社会效益不好，而且由于政企不分，造成大量国有资产流失和腐败行为的产生。因此，对这种企业制度进行改革是历史发展的必然。改革开放以来，国有企业改革从放权让利、利改税到承包经营，再到建立现代企业制度改革，已进行了长期的探索，不过，这个过程仍将继续。必须通过国有产权制度的市场化改革和产权的多元化配置，改革、改组、改造国有企业，有效选择国有产权的实现形式，加强国有资产管理，推进国有大中型企业初步建立起现代企业制度，从而保持国民经济持续快速健康发展，完善社会主义市场经济体制。

4.1 国有企业产权特征与流动性

4.1.1 国有企业产权的基本特征

产权与市场密切联系在一起，产权运行是产权交易的结果。产权运行是一种投入产出过程，产权运行效率决定于产权运行中的费用(成本)与收益比。而产权运行模式(即产权制度安排)同时又对产权交易费用的构成及高低起着决定性的作用。在计划经济条件下，不存在普遍的市场交易，因此也就没有产权存在的必要。我国的经济改革实质上是市场取向或市场化的改革，产权概念也是随着市场改革的深入而显得越来越重要。[①] 在市场条件下，作为市场主体的国有企业的产权问题便凸显出来。国有企业产权的界定和运作对于中国社会主义市场经济的完善有着至关重要的作用。国有企业产权具有公有制性质，属于公有产权范畴，因此除了产权具有的一般特征外，还具有一些特有的性质。

(1)完备形式下的残缺性

完备的产权应该是包括要素利用的全部权利(即所有权、占有权、支配权、使用权、收益权和处置权等权能所组成的“权利束”)。产权的“权利束”是产权经济学家们提出的一个概念，它反映的既是由许多权利构成的总体概念，也反映了“权利束”中不同权利的排列与组合决定着产权的性质的产权结构问题。H.德姆塞茨认为，“完全的私有权、完全的国有权和完全的共有权的概念，相对于所包含的实质的权利束有很大的弹性”。[②] 也就是说，任何权利都

① 何加明:《国有资本营运新论》，西南财经大学出版社 2006 年版，第 45～50 页。

② R.科斯、A.阿尔钦等:《财产权利与制度变迁——产权学派与新制度学派译文集》，上海三联书店、上海人民出版社 1994 年版，第 190 页。

是由多个主体（或代理主体）来实现的，而且任何权利都要受到约束和限制。

从理论上说，国有企业产权也具备产权的完备性特征，但是在实践中国有企业产权常常是残缺的。阿尔钦与卡塞尔在 1962 年分析了权利的残缺与行为之间可能遵循的相互关系，并提出了“所有制残缺”的概念。产权的残缺可以被理解为是对那些用来确定完整的所有制权利束中的一些私有权的删除。产权之所以常常会变得残缺，是因为一些代理者（如国家）获得了允许其他人改变所有制安排的权利。① 国家的干预和管制是造成所有制残缺的根源。其实，不同产权的精确界定是困难的。中国国有企业产权运动是在“委托—代理”链上实现的，在这个链条上，国有企业产权的权能将分解给不同的主体，由于国有资本产权的“委托—代理”链比私有资本产权的“委托—代理”链长得多，国有企业产权主体之间的权责划分还存在着许多问题，各级主体之间的权责明确度十分低，从而导致在占有权、支配权、使用权、收益权和处置权等权能的界定上是残缺的。

（2）排他形式下的非排他性

一般而言，私有产权表现出明显排他性，而非私有产权的排他性就很不明显。就一个社会而言，无论在什么时候都不可能使所有的产权都具有排他性。这是因为一些“公共品”和“公共产权”建立排他性产权的成本太高。如果不能有效地阻止产权主体以外的主体“搭便车”，或者因为排他的政策或规则执行起来十分困难以及代价过高，这种产权的市场价值就变成零，这样只能以非排他性产权存在。

① 参见 R. 科斯、A. 阿尔钦等：《财产权利与制度变迁——产权学派与新制度学派译文集》，上海三联书店、上海人民出版社 1994 年版，第 187～189 页。

从形式上看，国有企业产权是非常明确的，国有企业产权与其他产权一样也具有排他性，国有企业产权显然要排斥其他国家、组织(团体)或个人来分割其权利。不过，国有企业产权具有公有产权的属性，这就是说，从终极所有权来看全体人民为所有国有企业产权的主体。但是，由于所有者的高度分散，每个所有者不可能直接行使国有企业产权，"国家"这个抽象的集合，这样就可能出现国有企业中"人人都有，人人又没有"，"人人负责，人人又不负责"的状况。结果，必须通过层层的"委托—代理"链来实现。每个终极所有者将相关权利委托给中央政府或地方政府，中央政府或地方政府又将相关权利委托给相应级次的国有资产监督管理委员会，各级国有资产监督管理委员会又将相关权利委托给各个国有资产经营管理公司或大型国有企业(集团)。然而，根据公共选择理论的观点，各级代理并非完全代表最终所有者利益的，他们也有自身的最大化目标，可见他们存在双重利益最大化目标，他们的行为常常是二者博弈的结果。由于每一层代理人都有自己的利益追求，如此冗长的"委托—代理"链必将产生很大的信息扭曲和激励损耗，相应的监督成本也将大大上升，从而也就凸显出了国有企业产权的非排他性特征。

(3)法律产权和事实产权的不对称

尽管国有企业产权在理论上有着明晰的产权，但是在实际操作中界定产权要必须支付相当高的成本。其实，这时的产权界定反而没有意义。所以巴泽尔认为，从法律上界定一项资产的所有权比在事实上界定它，花费的成本通常要小。

由于在事实上界定产权非常不容易，所以即便在法律上把全部资源都清楚地界定为私人所有，在实际的经济生活里总还存在一个"公共领域"(public domain)，即那些名义上属于私人的资产但由于私人产权的实际执行成本过高而无法保持其权利的公共品。在国有企业产权长长的代理链中，对于各级代理者来说，他们在国有资本营运中的所有权（实际是名义上的）份额是微乎其微的，剩余索取权和控制权的不统一，使代理者手中的监督和控制权成为一种廉价的投票权，只须花一定的成本，就可以收买这种廉价的投票权。所以，国有企业产权是一种“廉价”的产权。

(4)产权成本与收益不对称

产权成本与收益对称是指产权成本与收益均由同一主体承担。从法人产权的角度上看，无论是国有企业产权还是私有产权，在法人产权主体所拥有的所有权、占有权、支配权、收益权和处置权等权能都应该在成本与收益上是对称的。在德姆塞茨看来，产权成本与收益对称将激励人们将外部性实现内在化。产权主体可以使用产权来谋求自身的利益，且使这种利益不断地内在化。事实表明，如果经济主体活动的利益外部性太大(出现“搭便车”的状况)，对产权主体的激励就会由此丧失。

由于国有产权在实际生活中出现了一人兼有双重身份的现象，既是所有者，又不是所有者。这种权利界定的内在矛盾，必然造成了权利界定的随意性，结果，产权的界定和权利的选择完全由个人根据自己的效用目标随意决定。因此，产权运行的成本与收益是不对称的。当国有企业经营赢利时，众多的所有者(中央政府、地方政府、部门、企业代理人、职工等)都可以享有剩余收益权的分配；而一旦企业亏损，地方、部门、企业、职工都成了非所有者，推脱责任、互相扯皮。如果要为损失负责，最多只能由政府领导者承担监督不力责任，企业代理人承担领导无力责任，劳动者承担工资奖金减少的责任，而没有任何部门、企业领导人、职工承担所有者责任。

(5)实物性与价值性并存

从产权经济学的角度看，产权应该具有使用价值与价值的统一性。这是现代市场经济非常重要的一个特征。然而在计划经济时期,国有经济活动只是在产品分配和计划上做文章。过分强调产权的实物性,忽视产权的价值性一面;强调产权的实物管理,而忽视了产权的价值管理;强调产权的社会公平功能,而忽视了产权的资源配置功能。结果,否认了国有资本产权的价值性,也就是否认了产权的可分割性和可交换性。一个典型的例子,就是在传统公有制体制下个人无法通过合法的市场交易机制实现其人力资本价值。

产权的可分割性是资本市场建立的一个必要条件,可以大大地降低产权运作的成本,实现资源的有效配置。在市场经济下,必须利用产权来实现国有经济资源的有效配置和优化,就必须正视国有企业产权的价值性特征。国有企业产权运行是指国有企业产权的不断流动以实现资源合理配置的过程,包括产权界定、产权制度安排和产权经营。其中,产权界定是前提,产权制度安排是保障,产权经营是核心。在此基础上充分体现国有企业产权的价值性、可分割性和可交换性。

4.1.2 国有企业产权的流动性分析

产权流动是指产权主体有偿转让产权的经济现象。产权不仅在流动中体现其价值,而且在流动中体现其效率,在流动中优化资本。产权流动是产权的基本性质,没有流动性必然导致产权效率低下。产权流动也是产权规模经营的重要前提,规模经营实际上是产权流动的一种实现形式。资本必须流动,资本只有在流动中才能保值增殖。国有资产流动的根本目的在于通过流动实现资源的优化配置,推进国有经济布局和结构的战略性调整。

根据产权形态差别,产权流动可分为实物产权的流动与价值产权的流动、商品产权的流动与要素产权的流动等不同的流动方式。[①] 实物产权的流动是指转让财产实物产权的一种方式。任何一种商品都是使用价值和价值的统一体。财产转让的过程同样是商品交换的过程。在这一过程中,使用价值和价值的流转方向通常是相反的。让渡实物产权者,不但不放弃价值产权,而且使价值产权得以真正实现。价值产权和实物产权的反向运动为产权流动创造了便利的条件,有效地推进了产权流动。由于实物产权的转让可在不改变价值产权的前提下进行,这样就使产权流动相对脱离了产权制度的变动,也就是说,产权流动既可以与产权制度的变更相统一(即产权变动带来所有制的更替),也可以在所有制不变的条件下进行。价值产权的流动是指直接表现为货币资本或资金流动的一种方式。作为价值形态的资本在不同地区、行业之间流动的过程中,虽然并非一定意味着产权的流动(只要不放弃产权,就仅仅体现为资本的运动),但价值产权的流动必然表现为资本的价值转移,即资本或资金运动。这样,资本的流动可以分为两种情形:一种是与价值产权流动相联系的资本流动;另一种是独立于产权流动之外的、单纯性资本流动。当然,价值产权的流动又常常与资本流动结合在一起。商品产权和要素产权的流动既相联系又相区别。在一定条件下商品产权和要素产权是相重叠的。比如,生产资料既是商品,又是生产要素。因此,必须以最终用途来界定。相反,若生产资料用作劳动对象(原材料)或劳动资料,其产权流动形式就称要素产权流动。撇开生产资料,就其他的要素产权流动而言,它与商品产权流动存在着明显的差别。比如,劳动力作为生产要素,其流动形式仅仅表现为使用权的流动,而不表现为所有权的变更。与要素产权流动不同,商品产权在多数场合下都是所有权(实物产权意义上

① 王国平:《公有产权论》,立信会计出版社 1994 年版,第 231～233 页。

的所有权)和使用权同时转让,当然,可能分离的特例就是生产资料租赁。

传统国有产权是无法流动的。主要表现在三个方面:产权不流动、人员不流动、资产不流动。不能正常流动是国有资产保值增殖和资源优化配置的最大阻碍,同时国有资产的净流失主要是因为国有产权不流动造成的资产贬值。[①] 因此必须尽快建立国有产权正常流动的环境和机制,即产权的清晰、产权的责任制及内在的保值增殖的动力。在市场经济条件下,国有产权同样需要流动。国有产权如果不能进行形态的变化和正常的流动,国有产权的价值就不可能在流动中得到体现,也就不可能增长。企业产权是多种产权的统一,其中包括企业的净资产、产品与品牌、信誉与商誉、技术与专利、管理者与员工的素质等,这些决定着企业的获利能力。在国有产权流动中,理应包括企业产权整体的流动。在市场竞争中,企业被视为“商品”进行交易应该是一种普遍的现象。对于买方来说,把生产经营有困难或者亏损的企业买下来,进行改造和整合,使其有较强的获利能力,这实质上是把买来的企业作为产权营运的对象,把改造的过程作为产品的加工,以此获得“整合利润”。随着市场经济的发展,企业拍卖的范围会不断扩大,不仅亏损的企业可以拍卖,赢利的企业也可以拍卖。即使不以买卖方式来“周转”企业产权,单凭兼并、联合手段也能使被兼并、被联合的企业发生整体性产权流动。

产权在流动中不断地体现其价值的实际情况,每一次交易就是它价值的表现和确认。产权流动的目的不仅是产权价值的体现,更重要的是产权价值增殖的实现。产权在流动中经过市场竞

---

① 钱伟荣:《国有企业产权改革研究》,经济管理出版社 2003 年版,第 107 页。

争不断地追求优化配置方式，每一次交易都是一种新的资源配置方式，通过不断的市场交易达到了资源配置相对最优的状态，资产也实现了增殖。在市场经济条件下，不可能存在一个永远代表国家而且有能力代表国家的产权人来管理企业。而是要通过产权的流动，明晰产权的价格和规范的产权交易，保证国有资产保值、增殖。没有一个健康的产权管理体制，是不可能出现国有产权有效流动的，也就不可能有效地降低交易费用，达到更有效的资源配置的目的。因此，必须建立并完善产权流动的法律环境，通过企业法人治理结构来构筑国有企业运行的轨道，监督国有企业的产权流动。这样，不仅使国有资产在产权流动中保值、增殖，而且还能够防止国有资产在产权流动中损失。

当然，企业国有产权流动应当在依法设立的产权交易机构中公开进行。在产权交易市场上实现国有资产权的转让，最大的功效在于防范国有资产流失。但是，实践中人们往往把公开竞价方式简单等同于“价高者得”，忽视了“产权”这一交易标的的特殊性。这一规则的盛行，为所谓的“财务收购者”或者说“金融投机者”制造机会。其实，“价高者得”尽管直接实现了国有资产保值增殖，但是，对于企业的持续发展可能非常不利。因为出价高的购买人未必是最适合企业的购买人。国有产权流动的目的，不仅在于保值增殖，更重要的是从长远的角度着眼于让产权在流动中实现优化配置，创造出更大的效率、更优的产出。因此，对购买人的总体实力、行业属性、市场占有能力、管理能力、文化理念等都提出了要求。如果购买者与被购买者之间不能产生很好的“协同效应”，甚至购买者出于其他目的最后把企业搞垮了，常常会造成更大的国民财富的流失。这是必须防止的。

4.2 国有企业产权的市场化演进

4.2.1 计划经济条件下国有企业产权结构及其管理体制

在中国，传统的国有企业产权结构及其管理体制是与计划经济和中央集权体制相适应的，经过近30年的运作，在中国经济发展的过程中曾经发挥过巨大的作用。中国的国有企业产权结构及其管理体制存在自身的特征，而且这些特征与不断变革的生产关系和社会生产力发展水平出现冲突，需要进行改革。

(1)国有企业产权的高度合一

由于计划经济的惯性作用以及当时的经济环境与条件的限制，在传统计划经济条件下，由于理论上把国有资产的国家所有与国家直接经营相等同，国家是国有资产的单一的所有者，国有资本产权所包括的所有权、占有权、支配权、收益权和处置权等均由国家掌握，国有资产产权高度合一。而且这个时期国有资产所有权与行政权合二为一，并依附于强力的行政系统，使国有资产所有权与经营权合二为一表现为行政权与经营权合一。其实就是国有资产所有权、国家行政管理权、国有企业经营权三权合一的形式。中央各个政府职能部门和地方政府都具有国有资产所有者代表权，并以行政系统为依托对国有资产的所有、占有、支配、使用和处置的全过程进行统一的管理。在这样的产权结构和管理体制下，企业的经营决策不是由经营者决定，而是由既执行社会行政管理职能，又执行国有资产所有权管理职能的政府行政机关以指令性计划形式下达。国有企业的生产经营活动仍由国家直接控制，企业的产、供、销计划由国家统一制定，实行“统收统支”，盈亏由国家统负，财产由国家处置，收益由国家分配，资金由国家统一调拨，国有企业没有独立自主的经营权力，仅仅成为国家行政机构的附属物，包括企业负责人也是由政府相关部门进行任命。因此,企业经营管理活动完全行政化了。在这种状况下,经济组织内部的机制以行政性管理和计划调节为基础,调节机制因惯性作用而僵化(更多时候表现为官僚化),形式主义严重、经济效率低下、计划调节成本高昂,组织管理的收益通常被组织系统本身的成本吞食,导致资本运行效率低下,形成短缺经济中的种种现象。

(2)中央政府具有高度集中、垂直的国有资产管理权

在传统计划经济条件下,国有资产管理权限高度集中于中央政府。在宏观上,包括国有资产产业、行业、地区分布与再配置、国有资产收益的集中与分配、国有资源的开发与利用等方面的决策;在微观上,包括国有企业的经营方向、经营方式、物资供应、资金调拨及产品销售等方面的决策,都由中央有关职能部门以指令性计划形式一揽子作出。[①] 这种模式下的信息传递主要依靠行政系统纵向发生,基本不直接反映市场需求。由于对产值(或产量)最大化的追求,国有企业内部多元利益主体(所有者、经营者、生产者)制衡的机制由行政关系来维系,企业的经济行为受制于统一的所有权主体的经济利益,经营者与生产者的独立利益与自主经济行为受到排斥。尽管 20 世纪 50 年代后期国有资产管理决策方式进行了一些改革,实行了一定程度的中央与地方分权制,地方政府的国有资产管理权限虽然有所扩大,但从总体看中央集中管理仍然为主。即使在两次下放国有资产管理权限期间,国家计划仍具有较强的指令性,由国家计划部门根据经济发展需要和可能进行平衡,制定出全国的国有企业年度生产、投资计划,再经各级行政部门逐级平衡下达到企业。这样的结果是,财政、银行部门根据资金分配计划提供拨款资金和信贷资金,物资部门根据物资分配计划

---

① 潘岳:《中国国有经济总论》,经济科学出版社 1997 年版,第 143 页。

保证物资供应，经委则组织、协调各部门企业生产、投资计划的具体实施，地方各级政府在分权体制下，虽有一定程度的国有企业管理权、物资分配权、基建审批权和财政收支权，但这些权力的运用必须严格遵守中央计划。

(3)实物管理是国有资产管理的基本方式

在传统计划经济条件下，国家只注重国有资产实物形态的数量管理，忽视价值形态和质量的管理。在具体做法上，国家以行政划拨的方式将国有资产交给企业无偿使用，由企业按期报告固定资产增减变动情况、流动资金周转状态、库存材料收入与发出情况、产品规格和数量等，不进行投入产出状态分析，更不作投资回报，如所有者权益等指标的统计与分析。这一特征从改革前国有企业财务会计制度上可以明显地反映出来，改革前的国有企业财务分析，只注重资金的来源与占用的平衡分析，而且是以计划价格为基础计算的资金来源与占用平衡，其实质是资产实物形态的平衡。①

从根本上说，上述传统国有企业产权及管理体制问题的关键是，国家行政权参与国有企业的经营管理活动。从历史的角度看，对于我国这样一个经济落后的农业大国初期的经济发展来说，这又具有历史必然性和经济上的合理性。这与特殊的工业化道路发展模式和路径是一致的，新中国建立初期经济发展面临两大难题：一是物质技术基础十分薄弱，缺少发展经济、开始工业化进程的启动力量；二是远不具备启动工业化所必需的最低要求的资本积累。在这样的情况下，要在短期内启动国家的工业化进程，除了采用集中的、主要是行政手段推进国家工业化的方式外，几乎没有其他道路可走。因此，传统国有企业产权结构及管理体制对初期的工业

① 潘岳：《中国国有经济总论》，经济科学出版社1997年版，第142页。

化建设起了重要的历史作用。当然，随着经济改革的发展，传统国有企业产权结构及管理体制的内在矛盾和缺陷不断暴露出来，特别是产权关系不清、责任主体不明、政企关系不顺，部门、地区分割现象严重，因此，国有企业产权结构及管理体制必须随着改革的发展进行深入改革。

4.2.2 中国国有企业产权改革的历程

中国国有企业改革与公有产权制度改革一样，走的是一条渐进式的道路，改革历程大体经历以下阶段：

(1)放权让利阶段(1978～1984 年)。针对政府对企业管得太多太死、企业缺乏自主权的状况，中共十一届三中全会后，中央政府颁布了一系列扩大企业自主权的文件。并于 1978 年 10 月在四川省 6 家国有企业率先进行扩权让利的试点，政府把一部分管理权下放给企业，来扩大企业自主权。同时，逐步改变企业折旧和利润分配制度，把一部分税后利润留给企业自主使用。1979 年 4 月中央工作会议做出了扩大企业自主权的决定，同年国务院颁布了《关于扩大国营工业企业经营管理自主权的若干规定》、《关于国营企业实行利润提成的规定》等五个管理体制改革文件。扩权让利意味着企业的经营者具有了一定程度的剩余控制权和剩余索取权，企业经营者和生产者的生产积极性明显提高。

尽管放权让利是一种浅层次的、带有权宜之计的改革，但是正是由于这一过渡性制度的安排，才使得国有企业的改革取得了明显的效果。扩权让利是在原国有经济体制内进行的改革，是在不改变原有的所有权框架条件下对政府和国有企业之间的利益关系进行调整。放权让利虽然表现为中央政府利益的部分损失，但由于经济总量增加，中央政府收益的绝对量也是增加的；同时社会经济总量的增加又会带来其他社会成员收入的改善。因此，以放权让利为内容的国有企业经营权层面的改革实际上是一种社会绝大多数成员都受益的帕累托改进。企业自主权的扩大和利润留成制度的建立，使企业的自我发展意识和赢利意识有所增强，但企业并未从根本上摆脱行政部门对生产经营活动的干预。

(2)两权分离阶段(1985～1991 年)

1984 年 10 月召开了中共十二届三中全会，通过了《中共中央关于经济体制改革的决定》。在国有企业改革的目标上首次明确提出，"要使企业真正成为相对独立的经济实体，成为自主经营、自负盈亏的社会主义商品生产者和经营者，具有自我改造和自我发展的能力，成为具有一定权利和义务的法人"，并认为"所有权同经营权是可以适当分开的"。通过两权分离，建立起企业经营责任制，以明确企业在经营过程中国家和企业所应承担的经济责任、所享有的经济权力和经济利益。企业经营责任制的具体形式是多样的，主要有承包、租赁等形式。截至 1987 年年底，全国预算内企业的承包面已达 78%，大中型企业达到 80%以上。在这一改革成果的基础上，1988 年 4 月在七届人大一次会议上通过的《中华人民共和国全民所有制工业企业法》明确了企业的定义的基础上认定，"企业的财产属于全民所有，国家依照所有权和经营权分离的原则授予企业经营管理。企业对国家授予其经营管理的财产享有占有、使用和依法处分的权利。……企业根据政府主管部门的决定，可以采取承包、租赁等经营责任制形式"。在 1990 年和 1991 年中，大部分承包企业进行了第二轮承包。

所有权与经营权的分开特别是承包制推行伊始，确实调动了企业和职工的积极性，推动了国有经济的发展。但是，承包制度存在着若干问题，企业只负盈不负亏；没能冲破行业壁垒和上下级隶属关系，没有真正引入竞争机制；产权主体仍然缺位，未能真正把企业推向市场等等。在承包制的实践中，国家和企业处在一种不完全的契约关系中，政府与企业一对一的谈判成本很高，且无法对承包合同的细节逐一地加以规定。因此，企业承包者可凭借充分的剩余控制权合法或不合法地追求自身利益的最大化，由此就会出现行为的短期化和机会主义。这说明承包制只是国有企业改革的过渡模式，而不是目标模式。

(3)建立现代企业制度阶段(1992～2002年)。1993年十四届三中全会通过的《中共中央关于建立社会主义市场经济体制的若干问题的决定》中，明确了“以公有制为主体的现代企业制度是社会主义市场经济体制的基础”。并把现代企业制度概括为适应市场经济和社会化大生产要求的“产权清晰、权责明确、政企分开、管理科学”的企业制度。提出国有企业改革要从制度创新的角度上突破原有体制，是国有企业改革的一次质的飞跃。在现代企业产权结构的制约下，政府不能再直接地控制和经营国有企业。它的意愿只能在国有企业清算和转让时依据终极所有权来实施和表达。当然，政府还可以通过其代理人即国有资产管理公司或控股公司参与国有企业重大事宜的决策，但这个决策也是受所有者出资额和所持股份数额限制的。

不过，由于在所有制结构，及国有制的实现形式方面仍未突破，因此自1993年到1997年，我们在国有企业改革问题上只是注重“管理科学”，而对更为深刻的“产权清晰、权责明确、政企分开”重视不够，甚至有人认为国有企业其产权已经明确，不存在清晰产权问题，更有甚者以为主张产权清晰就是要搞私有化。因此，在这一阶段虽然提出要建立现代企业制度，但实质性进展并不大。1997年9月召开的党的十五大提出：调整和完善所有制结构，探索公有制的有效实现形式；对国有经济布局进行战略性调整，对国有企业进行战略性改组；肯定股份制是现代企业资本组织形式，股份合作制是改革中出现的新事物；建立现代企业制度是国有企业改革的方向，对国有大中型企业实行规范的公司制改造。十五大之后，国有企业产权制度改革进入了一个新的时期。

(4)国有资产管理阶段(2003 年至今)。

中国国有企业改革经过放权让利、两权分离、现代企业制度建设等阶段之后，进入第四个阶段：国有资产管理阶段。① 党的十六届三中全会通过的《关于完善社会主义市场经济体制若干问题的决定》，是继 10 年前党的十四届三中全会决定之后又一个关于改革的纲领性文献。国有企业改革仍是整个改革的中心环节，必须加强监管，避免企业重组过程中国有资产的流失。要鼓励外资企业特别是跨国公司参与国有企业的改组和改革。要把企业改组与技术改造、体制改革结合起来，只有在企业改制工作完成后，政府再酌情考虑给予投资政策支持。企业作为经营主体，对所有股东出资的法人财产拥有占有权、经营权、处置权，把资本增殖和为股东创造更多的利益作为经营的主要目标。这就使国有企业摆脱行政干预和“大锅饭”的弊端，按照现代企业制度的要求，建立起适应市场经济要求的新的体制和机制。

通过健全国有资产管理制度，加强监管，调整国有资本的布局，实现国有资产保值、增殖，防止国有资产流失，保证所有者权益的实现。同时，国有资产管理机构要维护出资企业作为市场主体和法人主体的地位。国有资产管理机构与出资企业的关系是股东与企业的关系，是出资人所有权与企业法人财产权的关系，要维护企业应享有的各项经营管理自主权，不能直接干预企业的经营活动。

4.2.3 政府职能转变与国有产权改革

政府职能转变是国有企业产权制度改革的基本要求，通过政

---

① 张颢瀚、张明之、王维：《从经营国有企业到管理国有企业资产》，社会科学文献出版社 2005 年版，第 279 页。

府改革,使政府职能符合社会主义市场经济发展的要求。改革开放以来,我国在国有企业改革方面进行了积极的探索,经过了几次改革,也取得了明显的进展。但是,政府改革仍相对滞后,我国目前的经济仍然是政府主导型经济,政府可直接介入经济运行,职能重叠的现象仍很严重,与市场经济的要求还有很大的距离,因此,必须在社会主义市场经济体制不断完善的过程中深化政府职能的转变。

传统的高度集中的计划体制是凭借国家权力建立和发展起来的,因此政府职能的体制性障碍与传统政府结构和管理体制的缺陷是一致的。传统政府结构和管理体制是以国有产权制度为中心形成并以计划经济为主体的体制。由于计划经济是典型的政府主导型经济,为保证指令性计划的贯彻执行,需要从上到下建立完整的行政指挥系统,同时还要把部分经济组织行政化。虽然随着改革的深入,行政体制也进行了改革,但尚未从根本上改变体制结构的总体格局,现行体制结构仍不能完全适应经济市场化的要求。第一,政府经济功能存在缺失,一方面适应市场经济需要的政府经济功能还不能真正发挥作用;另一方面那些与市场经济相悖的功能还未取消,甚至对经济发展仍产生负面作用。第二,机构设置重叠,职能交叉,缺乏效率。现有体制结构的现状与市场经济特别是国际市场规范距离较大。第三,政府部门冗员过多,包袱沉重,效率不高。特别是在公务员制度中,没有形成优胜劣汰的竞争机制,导致管理运行成本高。第四,政府职能的边界不明确,导致经济职能、行政职能和社会职能等多种职能交织在一起,影响了政府经济职能的发挥。在现有体制下政府的间接调控的手段与工具非常有限,因此政府机构异常忙碌又常常达不到目的,出现动机与效果不统一。而且由于政府的特殊需求,或为了追求短期行为,或为了实现“政绩工程”,导致政府目标偏差和短期化。第五,依法行政尚未

形成,“人治”、“专制”仍常常出现在政府的行为当中,不少政府部门还习惯于直接干预企业的经济活动,行政管制过多,市场经济活动中“审批制”仍起主要作用,有人把中国经济形象地称之为“审批经济”或“政府行政管制型经济”。第六,政府行政的基础主要还不是市场,其行政方式不能体现市场经济原则。传统行政方式具有封闭性,缺少透明度。政府行政行为常常是在行政体系之内通过内部文件和内部会议的形式来运作,虽然改革后我国行政方式和手段有很大的改善,但暗箱操作问题还比较严重。

尽管在我国改革过程中已打破了传统体制,但是,政府对经济活动的直接干预过多、权力垄断和人为的权力封锁、区域间的市场分割、条条块块之间的矛盾等问题仍然突出,这些问题阻碍了市场化进程,导致市场发育不全,竞争不充分。因此,削减政府干预范围,转换政府职能,建立适应市场经济发育和发展并能有效克服市场缺陷的新的政府调控机制,是经济转轨过程中需要不断解决的突出问题。[①] 这些问题不能很好地解决,市场机制不可能完善起来,经济转型的目标将难以最终实现。因此,必须加快政府职能改革的步伐,根据经济转型的要求,努力削减政府职能范围、拆除政府对经济活动直接控制和全面干预机制,通过深化国有产权制度的改革,强化政府在设计、组织、推动市场经济发育和发展中的作用。

(1)合理界定政府的经济职能

在市场经济条件下,政府行政应当体现政府是经济运行过程中的调节者、经济活动秩序的制定者和维护者、执行经济活动规则的仲裁者以及战略规划的制定者。因此,政府行政的方式要突出

---

① 罗志先:《国有企业产权改革的法治基础》,中国标准出版社 2002 年版,第 245 页。

以市场、效率和公正为中心。一方面行政方式要符合市场经济原则,把政府行政建立在市场配置资源的基础之上,政府行政方式的选择应更多地体现效率原则。在符合政府角色和目标的前提下,其方式决定于效率,哪种方式有利于效率的发挥,哪种方式就是好的。市场经济国家政府行政方式的最大特点,就是可选择性,无论任何方式都不是一成不变的,只要一种方式不能增加效率反而降低效率,只要有新的、更好的方式,就会用新的方式来代替旧的方式。另一方面,政府要维护社会公正和良好的社会秩序。

(2)政府行政职能的法制化

市场经济就是法制经济,市场竞争的有序进行不仅要求市场的微观运行主体——企业的行为要规范化,而且要求市场的宏观运行主体——政府的经济行为也要规范化。市场经济的成熟程度与其规范化的程度是同步进行的,市场经济规范化程度又是与政府行为规范化程度相一致的。规范化就是法制化,没有法制就没有规范。政府的经济行为规范化必然要求政府的一切行为以及政府组织自身建设的行为相应规范化。在经济改革和法制建设的过程中,我国已初步建立了以行政法律、法规、规章为中心的规范体系(也就是管制制度)。这些管制制度大部分通过规定微观主体的市场准入、价格控制、目标管制来实现消除市场失灵与提供公共产品的目的。为规范经济运行,法律、法规规定的行政主管部门或某些法律、法规授权的组织作为经济管制执行机构,通过利润控制、进入控制以及防止价格歧视等主要形式,来规制所有可能产生外部不经济或内部不经济的行为,体现横向制约功能。无论是社会组织还是个人,只要出现不利于社会主义市场经济环境质量提高的行为,都必须依法采取政府管制的措施。

(3)改革政府行政审批制度

政府行政审批是现代市场经济条件下世界各国普遍采用的一

种行政管理方式，也可以称为“行政许可”制度。不过，大多数国家只是当做一种辅助方式，在有限的范围内使用，而且具有很强的针对性。在我国，政府行政审批制是计划经济体制的必然产物，因此在使用的范围和程度上都与其他国家存在很大的区别。在计划经济体制下，政府管理着整个国家的经济活动，对社会资源要进行分配安排，对建设项目进行着自“上”而“下”的管理。计划体制下的政府行政审批制度，仍然是我国经济转型期政府管理经济的主要方式，这种方式不仅封闭了市场，阻碍了经济发展，而且成了行政“黑箱”操作的工具。可以说，具有浓厚计划痕迹的政府行政审批制度带来诸多负面影响。比如，政府审批制是产生腐败的基础，拥有审批权的官员手中掌握着很大的资源配置权力，掌管审批权力的官员很容易将手中的权力转变为寻求租金的力量，所以有人将计划经济称为审批经济。随着我国经济转型的不断深入，政府对经济生活的管理功能也将发生根本性的转变。在市场经济条件下，审批不应该成为政府的主要功能。市场经济体制下政府的主要功能是维系规则，监督别人执行规则。政府必须真正在管理体制和管理方式上创新，通过政府行政审批制度的改革，发挥市场机制作用，充分调动自然人、法人或其他组织的积极性、主动性，推进社会主义市场经济的协调发展。

(4)不断调整政府的职能

在经济转型的国家中，政府的职能特别是经济职能变化比较大，与此相应，政府的机构改革较多，变化较大。这是经济转型国家的一个重要特征。而在发达的市场经济国家中，虽然也有政府机构改革，但更多的是行政行为程序方面的改革带动机构改革，其政府职能基本上是稳定的，相应地，政府机构变动较小，较为稳定。经济转型国家之所以政府职能变化较大，归根到底是由经济发展的状况决定的。由于经济呈过渡性质，处在由传统经济、自然经济向现代市场经济转变之中。因此，政府的职能与机构也处在由适应传统经济、自然经济向适应现代市场经济的转变过程之中。我国目前仍处于由计划经济体制向市场经济体制转型的过程，正在探索社会主义市场经济模式的发展道路，在世界上还没有先例可循。新旧经济体制的转变与新经济体制的具体模式的探索，决定了与它相适应的政府职能及机构设置的多变性。因此，必须根据不断发展和变化的经济环境和市场经济的要求，不断调整和完善政府的职能。

4.3 西方国家国有企业发展模式与产权特征

4.3.1 西方国家国有企业发展模式演化

近代国家对社会经济的干预源于重商主义。重商主义对欧洲的影响很大，长期对对外经济活动实行国家控制。到了工业化时期，国家除了为私人企业提供便利条件外，许多大型工程，由于私人无力承担，往往需要国家出面；一些新兴产业的发展，需要国家起开拓和示范作用。于是，现代国有企业应运而生。

国有企业的经营目标并非是赢利，主要是为资本主义经济的总体发展服务。对于后起资本主义国家，他们尤其注重国有企业的作用。因为这些国家起步迟、发展慢，原始积累不足，私人资本弱小，必须通过加强政府的干预缩短与先进国家的差距。在资金不足、技术落后的情况下，国家对经济的直接干预，有力地推动了“工业起飞”。

战争是国有企业发展的一个主要动力。第一次世界大战期间，为了动员全社会的力量，参战国政府除对经济进行管制、增加军事预算外，还将一些重要部门、重要企业直接掌握在政府手中——或国有化，或处于政府的严格监督之下，或由政府直接出资兴建一些重要企业。在第二次世界大战期间，为了打赢战争，参战国进行了总动员，各国均加强了对经济的管制，国有企业得到进一步发展。比如，英国政府除了实施经济管制外，还将英国钢铁公司、电讯公司、电力公司、铁路等几乎所有的重工业和基础产业实行了国有化。而当战争结束后，国民经济的恢复又需要通过国有企业来推动。第一次世界大战之后，为了谋求经济的恢复与发展，现代国有企业在更多的国家建立起来。比如，法国建立了国家氨气工业局等国家参股企业；德国最大的竞争性公有企业“费巴”（电力与矿山联合股份公司）也是在这一时期建立的。①

20 世纪 30 年代的经济大危机对于西方国有企业的发展也具有直接的作用，特别是凯恩斯主义的诞生和罗斯福“新政”的实施，标志着国家对经济的干预进入了一个新的阶段。为了挽救濒临崩溃的国民经济，各国政府均采取了多种措施。第二次世界大战结束后，凯恩斯的国家干预理论得到普遍的认同。许多国家的政府认为，不能将凯恩斯主义仅仅当做反危机以实现充分就业、经济增长、物价稳定、国际收支平衡等目标的临时措施，而且要将国家干预延伸到微观环节。同时，人们又普遍认为市场机制在促进生产力发展上是有效的，但它也存在着自身无法克服的缺陷，如不完全竞争，外部效应，宏观经济缺乏稳定性，居民收入分配不公等等。这些不仅影响经济运行效率，抑制和扭曲市场积极作用的发挥，而且往往酿成灾难性的经济危机。这也是西方国家选择企业在一定范围内实现国有化的主要原因。经过大规模国有化过程后，公有企业在西欧国家均占据重要地位，成为国民经济的支柱和政府进

① 卫兴华：《市场功能与政府功能组合论》，经济科学出版社 1999 年版，第 334 页。

行宏观调控的有效手段。后来，在一些西方国家，国有企业已经从国家干预的特殊手段升级为重要的、长期的调节工具。由此，国家将重要经济部门基本掌握在手中。

从国民经济总体发展来看，国有企业起到重要的基础作用。在国民经济的一些领域，私人不愿或无力涉足，往往需要国家来经营。而在一些基础领域，私人资本无力承担恢复经济所需要的巨大投资，不得不由国家出面承担投资大、风险高、周期长的项目。因此，在西方不少国家存在一个共同特点，就是基础设施的国有化程度较高。同时，第二次世界大战后欧洲相对衰落，私人无力直接同外国资本竞争，为了维护国民经济的独立和安全，也必须由政府来掌握一些重要部门。比如，各国政府积极介入核能、航空航天、生物等基础或高新技术产业，来提高国家竞争能力。此外，一些夕阳产业如采掘业、造船业中，私人企业濒临崩溃，为了维护经济的持续发展，政府采取收购的方式来改变上述状况。

当然，由于西方国家经济发展本身的特点，加之整个世界经济状况不佳，通过国有化并不能够改变一切存在的问题，对于国民经济增长的促进作用也是有限的。大部分国有企业竞争能力薄弱，效率低的弱点也不断暴露出来，这为日后的国有企业的私有化提供了条件。总之，国有化与私有化此消彼长的“钟摆”运动，是西方国家经济发展中企业产权制度演化过程中的一大特点。虽然不同国家的国有经济发展历程、发达程度、产权结构与形式、管理体制、部门分布、地位作用等方面均有各不相同的特点，但是，在现代市场经济条件下，国有经济是一种世界范围内普遍存在的现象。

4.3.2 计划合同制模式

计划合同制是法国国有企业的主要形式。所谓“合同制”，是指在政府主管部门与国有企业代表在“自愿、平等”的基础之上，按照一定的程序签订规定双方权利和义务的契约，使契约双方结成具有法律约束力又符合市场经济规则的合同关系，以此来协调和规范国家与国有企业之间的关系，实现国家监督与企业自主经营的有效结合。

计划合同制是法国政府处理与国有企业关系的一个重要形式，通过广泛地缔结计划合同来确保计划的实施。计划合同制最初体现在“诺拉报告”中。“诺拉报告”是指时任法国财政总监诺拉领导的第五计划工作小组于1969年提出的关于法国国有企业的报告。“诺拉报告”建议国家与企业签订项目合同，从法律上规定双方的义务。这个报告确立了解决国家和企业关系的基本原则：第一，保证国有企业财政收支平衡；第二，国有企业以企业身份开展自己的业务；第三，贯彻执行政府经济政策；第四，企业承担社会义务所付出的代价，国家要给予补偿。依据这些原则，法国政府与国有企业在“诺拉报告”提出不久即签署了一批合同，开始推行合同制管理。由于这些合同主要是围绕预算和财务项目签订的，因此，也将其称之为项目合同，据此推行的合同制管理称之为项目合同制。其内容主要包括：第一，有关国有企业发展目标的规定。这些目标包括财务预算平衡、劳动生产率、自有资金增长率等许多方面。第二，有关国家对国有企业履行义务的规定。其中主要是要向国有企业提供财政资助，以扩大投资和推进合理化。第三，有关国有企业自身义务的规定。其中主要是规定企业要通过技术改造、裁减冗员等途径来推进结构合理化，并要保证第一项所定合同目标的实现。①

计划合同制的形式是多种多样的，有的由双方领导人在文本上签字，有的采取国家与国有企业之间交换信件的形式。总体上

① 杨开峰：《国有企业之路——法国》，兰州大学出版社2005年版，第169页。

来看，按合同内容和约束程度不同可分为计划合同和目标合同两类，而且对于垄断性国有企业和竞争性国有企业都适用。国家对具有垄断性的公共服务企业（电力、交通、铁路等）的某些经营活动，通过与这类企业签订计划合同的方式发挥作用，所签计划合同的主要内容是对价格、投资、财务、债务、生产效率和服务质量等方面作出规定。企业在遵循上述规定的基础上，负责自己的日常管理和运营。为了企业的长远发展计划，同时也为了减少相应的成本，公共服务企业常常用计划合同的形式把这些变动的经济关系稳定下来，为企业提供一个相对稳定的外部环境，有利于政府与企业计划合同的顺利完成。对于竞争性国有企业，国家采用目标合同的形式。竞争性国有企业的独立性和自主权都很强，基本上像私人企业一样自由竞争，目标合同只为企业提供发展战略目标的指导，基本不干预企业日常的经营管理活动。

计划合同制是目前在法国国有企业管理中通行的一种确定国家与企业之间责权利关系，尤其是国家监督与企业自主之间相互关系的有效的管理方式。在计划合同制中，包含了一些经营管理指标，作为企业与国家关系的一部分由企业来完成，并与确立企业报酬标准和工作条件的社会合同相联系。政府通过这种方法，建立了一套指标体系，说明企业的主要经济、财务和社会目标，从而对企业进行管理。签订计划合同的基本目标是，一方面通过谈判协商明确责任，制定企业发展战略，使其与国家计划目标一致，依靠国有企业来实现国家计划规定的优先实施项目；另一方面在企业内部建立社会对话机制，共同讨论计划合同和本企业发展计划的各项目标并调动企业努力实现这些目标。尽管计划合同的内容没有统一的规定与标准，企业与国家签订的计划合同的具体内容和具体条款各不相同，不过，仍然存在一些共同的内容：(1)公司集团的发展目标，该目标必须落实政府的政策目标；(2)企业的具体发展计划，包括发展战略、投资计划、财务计划以及在研究开发、外贸平衡、维持就业、加强培训、支持中小企业等方面应承担的义务；(3)企业同国家股东的财政关系。包括国家对企业承担的财政义务、提供预算资金等。①

从总体上看，法国国有企业实施计划合同制的效果还是比较成功的，计划合同能够在不改变计划指导性质的前提下对地方和国有企业增强约束性，同时不影响地方、企业的积极性，保持经济和市场的活跃。所以，在法国得到了普遍的认可。计划合同制不仅在宏观方面保证了国家宏观经济调控目标的有效实施，而且在微观方面保证了国有企业经营自主权的扩大，并推进企业按照计划合作制定的发展战略和经营计划开展生产经营活动。计划合同管理有五大好处：第一，国有企业经营自主权扩大，国家行政干预减少；第二，目标明确且保持一段时间不变，企业管理人员有明确目标，有利于提高管理效率；第三，对总目标进行层层分解，使每个单位都责任明确、目标一致，从而调动了职工的积极性；第四，企业可以拒绝合同外的一切要求，有相对稳定的经营环境；第五，计划合同的“协商”和“参与”性质，使双方都愿意负起责任。

可见，法国的计划合同制不仅体现了自由市场经济体制的作用，也体现了计划经济体制的作用，是一种混合作用的体制。它以指示性计划为一定时期的经济发展绘制了蓝图，既比自由市场经济体制较少资源浪费，又比命令型集中计划体制更依赖于价格和竞争机制。尽管计划合同的法律约束力不强，但计划为企业投资决策发挥了重要的影响。

① 杨开峰：《国有企业之路——法国》，兰州大学出版社 2005 年版，第 172 页。

4.3.3 国家参与制模式

所谓国家参与制是在遵循私人公司的经营原则的条件下，国家直接干预经济、对经济进行宏观调控的一种形式。具体地说，是指国家在不同程度上拥有某些公司的股份，通过政府内专门的管理机构，对这些公司进行监控，这些公司由国家委托给某些国有实体经营，国家参与制是国家通过国有控股公司来实现对国有企业的控制和管理。从实质上看，国家参与制就是由国家持股公司层层参与股份的企业所构成的经营体系或国家垄断资本体系。不少西方国家的国有企业都采用过这样的形式，而意大利最为典型。

意大利的国家参与制是从国家持股参与的形式逐步形成的。国家持股参与就是公私合营企业。在公私合营情况下，国家表现为一个普通的股东，但又往往是最大的股东，因此在实际上支配着这一企业。国家参与制企业不仅构成意大利国有企业的主体，而且还在其整个国民经济中也占有举足轻重的地位。据统计，在1979年、1980年、1981年和1982年四个年份中，国家参与制企业占意大利国有企业投资总额的比重分别高达53.7%、55.6%、56.4%和60%。①

从组织结构和管理体系看，意大利的国家参与制大体由三个层次构成：处于最上层的以国家参与部为中心的国家管理层；处于中间层的若干国有控股公司；以及处于最底层的也是为数众多的广大国家参与制国有企业。股份公司是意大利国家参与制的基础，国家参与制可以看成是股份被国家逐级控制的公有资本和私人资本相混合的庞大的金字塔形的经济体系。可以用图4—1表

① 黄海：《国有企业之路——意大利》，兰州大学出版社2005年版，第59页。

示上述的经济体系。①

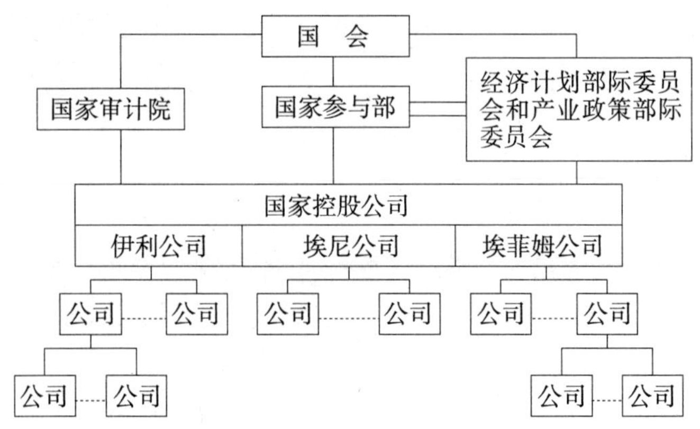

图 4—1 意大利国家参与制系统示意图

国家参与制中最上层的国家管理层，是由国会国有控股公司管理常设委员会、政府部际经济计划委员会和国家参与部三大机构组成。意大利国会常设的国有控股公司管理委员会由 30 名议员组成，参众两院各占一半。其主要职权是：第一，代表国会依据政府部际经济计划委员会提出的投资计划和国家参与部提交的年度报告对国有控股公司进行行政指导；第二，代表国会批准国有控股公司的中长期计划和政府对国有控股公司的资金捐赠计划；第三，代表国会批准政府关于国有控股公司主要首脑的任命决定。政府中的经济计划部际委员会，主要负责有关国家参与制国有企业的总体发展计划与政策的制定和监督检查，以确保其与国家总体经济和社会发展战略目标的一致，此外还负责国家参与制国有企业的管理与其他政策管理部门的协调工作，并直接向国会提出

① 黄海：《国有企业之路——意大利》，兰州大学出版社 2005 年版，第 62～63 页。

对国有控股公司的资金捐赠计划，但并不直接过问国有控股公司的管理工作。在国家管理层中，还有一个重要机构就是国家参与部。其主要职能是：通过有关国有控股公司全面管理国家在各部门和企业的股份；直接代表国家行使国有资产所有者的权利；代表国家选拔各国有控股公司的领导人并报请国会批准后正式任命；传达政府部际经济计划委员会关于国家参与制国有企业的发展计划和政策，并直接督促各国有控股公司贯彻实施；协调各国有控股公司和国家参与制国有企业的相互关系。

国家参与制中中间管理机构的国有控股公司是意大利国家参与制国有企业管理体制中最重要的组织机构，绝大部分国有资产管理工作都是直接由几个大的控股公司来承担的。与作为国家行政机关的国家参与部不同，国有控股公司属于特殊的公司法人，按照公司运行的方式对国有资产进行运作。国家控股公司（包括次级部门控股公司）对其下属企业的管理和控制，主要是通过两大渠道来实现的：一是行使国有股份所有者的权力；二是任命国家参与制企业的高级管理人员。不过，一般而言，上级控股公司不直接干预其下属企业的日常经营活动，只是通过检查下属企业定期上缴企业财务等方面的报告对其进行监督。

国家参与制中最底层的是处于经营生产一线的次级控股公司和直接生产企业次级控股公司，是直接的生产企业，即基层参与制企业。这类公司是专业性较强、规模相对小一点的企业集团。这些最下层的控股公司，是既可以发行股票具有金融性又具有生产经营性的混合型公司，其所控制的三级公司（即子公司），少则几个，多则几十个。

4.3.4 政府公司控制模式

政府公司控制模式是指政府通过人事控制、财务控制等实现对国有企业控制和管理的一种模式。这是美国普遍采用的一种模式，1945年美国国会通过的“政府公司控制法”是这一模式的基础。美国政府认为，如果政府企业在日常经营和决策方面没有合乎情理的自主权，则它作为一种公司形式在很大程度上也就失去了特定价值。[①] “政府公司控制法”首次将美国国有企业划为完全由政府所有的政府公司和公私混合所有制的政府公司两种类型，并对其经营管理提出了不同的规则和要求。[②]

美国国有企业的资产管理按照完全由政府所有型和公私混合所有制型两类不同的政府公司管理并按一定的规则来进行。对于完全的政府所有型的政府公司，每年应提交商业性年度预算报告，总审计长每年应对其进行年度审计，国会有权对公司资金的使用加以限制管理。当然，这类政府公司的商业性预算只是对拟议中的公司支出进行定性的而不是定量的评价，因此，政府公司的活动余地仍然很大。对于公私混合所有制型政府公司，一方面只要公司接受了政府资金，它就要在一定时期内接受政府的商业性审计；另一方面总统在其提交国会的年度预算报告中，可以就通过混合所有制政府公司向国库归还政府资本问题提出任何建议。

尽管各种政府企业的情况很不相同，但在大多数情况下，财政部仍是国有企业管理的核心。无论是完全所有型的政府公司和还是混合所有型的政府公司，所有证券、票据、信用债券及其他类似证券都必须报请财政部长批准发行，债券的形式、面额、偿还期、利率、发行条件、发行方式、时间和价格等也可报由财政部决定。在现实的国有企业运行中，美国的政府公司主要通过人事控制、财务控制和税收控制等环节进行控制。

---

① 布鲁斯·L.R.斯密：《新政治经济学：私营部门的公共经济学》，麦克米伦出版公司1975年版，第88页。

② 董有德：《国有企业之路——美国》，兰州大学出版社2005年版，第9～12页。

在人事控制方面，根据所有制形式和产权结构的不同，美国政府企业董事会的产生有两种方式：其一，在拥有完全产权的政府公司里，董事会成员大都是总统任命并提请参议院审核批准，主管部长则为相关公司的当然董事；其二，在公私混合所有制的政府公司里，总统和主管部长只任命部分董事，其余董事则全部由股东选举产生，形成一个由公共利益的代表和私人利益的代表共同组成的混合性的董事会。当然，对于美国各州的政府公司的人事任命的具体做法也不尽相同。因此，美国学者认为，在管理职员政策方面，政治和人事因素在州一级往往非常重要。

在财务控制方面，美国的政府公司都不同程度上依靠国会拨款或者从财政部和联邦银行借款来维持运转，而政府也就要千方百计地掌握政府公司的运营状况，控制政府资金的运用。美国政府对各种政府公司的财务控制通过预算拨款、财务审计和资金筹措等方面来进行的。在预算拨款方面，政府公司必须向国会提交包括赢利前景、固定资本和周转资金缺乏情况、资金偿还情况等内容的预算报告，国会则据此通过相应的拨款法拨给所需款项；在公司筹资方面，除政府拨款外，政府公司在一定条件下也可以获得一定限额的借款权和发行债券的权力；在政府公司的财务审计方面，所有政府企业除必须由自己的会计师根据私营企业所使用的标准审计程序进行财务审计外，还必须接受政府指定机构所进行的财务审计。

在税收控制方面，各级政府按照有关政府直属企业纳税的法律对政府企业征税。联邦政府有权对其所属的政府公司的财产、营业和所得征税，州政府也有权对州级公共企业征税。值得注意的是，根据美国对联邦级政府企业征税的有关规定，所有联邦活动都属于政府性活动，因而享有州税豁免权，这实际上将政府企业的活动视为完全的政府行为。不过，在现实中美国国会都要设法给有关州相应的补贴。

其实,在美国公有化和私有化是处于此消彼长的动态变动之中。20 世纪 50 年代之后,美国国有企业采取了包括股份制改革、小企业兼并、国有企业的民营化等各种形式。国有民营制度是美国政府经营管理商业性工商企业尤其是军火企业的重要方式。美国政府企业的国有民营制度分为二种模式:即国有企业私人经营和国有资产私人使用。国有企业私人经营是严格意义上的国有民营制度,租赁标的是独立完整的国有企业,而不是零散的厂房设备等。一旦政府决定通过自行生产而不是以市场购买的方式获得所需商品,它往往首先要投资建厂并购买生产设备,然后选择合适的私人企业并与之签订经营承包合同,将政府所拥有的工厂设备交由承包商管理经营。国有资产私人使用与国有民营企业不同,政府只是根据合同提供部分生产设备、设施和工具,而不是一个独立完整的政府工厂,而且政府提供的设备设施是在合同签署以后作为合同条件的一部分提供的,只是私人承包商完成政府采购合同的必要条件之一,它不需为此而专门付出租费。无论哪种模式,合同是政府发挥影响力不可缺少的手段,因此,合同化是美国对国有民营企业控制管理的重要特征。

4.4 经济转型期中国国有企业产权形式的选择

4.4.1 国有企业产权多元化改革

产权多元化是现代企业制度的发展方向。国有产权运行在“委托—代理”链条上实现,在这个链条上国有产权的权能被分解给不同的主体,作为产权主体他们是平等和独立的,作为国有资本产权权利约束下的利益相关者,公有制的内在规定性也是一致的。

在宏观层面大力推行国有资产产权制度的改革，政资分离是国有股权形式下两权分离的有效形态；在微观层面大力推行现代企业制度的建设，股份制经济是股权形式下两权分离的完善形态。国有企业的产权结构多元化至少有两层意思：一是要将国有独资企业改变成国有控股、国有参股企业，引入非国有的其他股东，包括非国有法人股东和个人股东，从而达到产权结构的多元化；二是在国有独资企业中，要变单一的国有股东为多元的国有法人股东，使国有独资企业的投资者结构多元化。

首先，明晰产权边界。市场机制配置资源，主要是通过对不同产权主体之间产权的让渡和转移来实现资源配置的优化。能否实现资源的优化配置取决于产权的明晰。只有做到产权明晰，才能使各经济主体的权责利得到统一和实现。同样，产权结构要实现多元化，也必须使产权主体间的边界清晰。

国有企业改革是一个极其复杂的系统工程，要明晰国有产权就必须做到以下几点：(1)理顺政企关系。理顺政企关系是现代企业制度的一个特征，也是实现国有企业产权明晰的一条途径。在计划经济条件下，由于政企关系不顺，企业成为政府的附庸，结果企业没有活力。由于明晰产权所具有的法律效力的严肃性，及对各经济主体所产生较强的约束力，其不易采用损害其他经济主体利益的行为，以达到非法目的，否则其将对此违法行为承担法律责任。因此，必须通过平等的制度的安排和市场调整，使各产权主体之间的产权关系明晰，以此降低交易成本，提高产权效率，保障交易安全。(2)实行分级所有。在我国，“全民所有”、“国有”实际上就是政府所有。而政府是分级的：中央政府、省政府、县政府。不过在我国，不同层级政府与资产所有权是模糊的。不管是中央政府投资兴办、省政府投资兴办还是市、县政府投资兴办的企业都称为国有企业。实际上，各级政府真正享有的是对国有企业的占有权、支配权和收益权，但却不承担对国有资产保值增殖的责任。地方政府对企业只负盈不负亏，必然导致国有企业失去效率甚至破产。实行政府分级所有使各级政府对企业拥有清晰的产权，各级政府既享有产权人所具有的各项权利，又要承担企业负债的义务。(3)实施有限责任制度。随着国有企业改革的深入，大多数国有企业都逐步改制为有限责任公司或股份公司，明晰了出资者产权与法人产权的界限，实行有限责任制度。值得注意的是，在必须保留国有产权的领域，是很难实行彻底的政资分开和政企分开，对此可以通过公司制改造，改变传统国有产权（物权）的形式，使之股权化。这就必须在对国有企业进行改革时要明晰出资人财产权与企业法人财产权之间的界限。法人财产权即是作为民事主体的法人所拥有的财产权，法人财产与出资人财产是相对应的，企业生产经营中以其全部资产承担民事责任。

其次，吸纳非国有资本。国有企业产权单一是其没有活力的又一重要原因。在社会主义市场经济体制下，国有企业产权结构多元化及其调整的方式和路径应该是多方面的。必须通过股份制等形式积极吸引和组织更多的民间资本参与，引进新的战略伙伴，改变产权结构单一的模式，形成多元投资主体。

改革开放以来，由于实行以公有制为主体、多种经济成分共同发展的方针，尤其是 1997 年中共十五大把以公有制为主体、多种所有制经济共同发展确定为基本经济制度，之后非国有经济在一些市场化程度比较高的行业和领域迅速发展起来。而且随着居民收入的逐步提高，投资意识和投资愿望也随之增强，这为国有企业产权结构调整和多元投资主体的形成奠定了社会基础。同时，近些年国有控股企业吸纳非国有经济共同发展的实践，也为非国有资本参与、介入国有控股企业公司制的改造，为建立多元投资主体的有效的产权运作机制提供了条件。因此，引入非国有股包括集体、私营、“三资”等法人机构股和个人参股的条件已经成熟。魏杰认为，在国有企业产权结构多元化的过程中，要引进新的战略投资者，引进新的战略投资者的方式有三种：一是增资扩股；二是出让产权；三是资产转让。由于前两种方式需要新的战略投资者出资，而后一种采取相互划账的方式，不用新的战略投资者出资，因而实行起来比较容易。①

在国有企业产权多元化的过程中，要努力优化国有经济布局，对于一般竞争性行业如商业、饮食、服务业中的小型国有企业通过拍卖，转化为非国有。这种产权拍卖并不会削弱国有资产实力。从价值观念出发，整个国有资产的价值规模并没有减少，可以把获得的货币收入投入到“短线”部门或效益高的企业，从而更好地发挥国有资产的作用。在非公有制经济已得到一定程度发展的条件下，非国有经济的发展和国民经济市场化程度的提高则为国有经济的战略性调整奠定了基础。国有经济与非国有经济在一些行业中相对份额的变化，是在政府放松管制、经济市场化程度提高的条件下国有经济与非国有经济竞争比较的结果。越是非国有经济竞争优势明显的行业，国有经济退缩的速度也就越快，同时，这些行业也是国有经济应该尽快退出的行业。② 同时，在产权重组过程中并确保国家经济安全的前提下，积极地引入“外资”。从而促成国有企业利用国外、区外资金，实行内外“嫁接”改造成国有外营、国有民营和混合经营，以便在更广泛的范围和更深刻的层次上实现国有经济的结构调整、资产重组和机制转变。

再次，构建国有资产流动机制。通过建立完善国有股转让制

---

① 魏杰：《企业前沿问题——现代企业管理方案》，中国发展出版社 2001 年版，第 85 页。

② 马建堂、黄达、林岗等：《世纪之交的国有企业改革研究》，经济科学出版社 2000 年版，第 65～66 页。

度，使产权在运动中选择适合自己交易的产权主体，以实现国有产权结构的合理配置。在计划经济条件下，不仅国有股权的转让不能实现，就连生产资料也仅仅保留了商品的“外壳”。又由于行政分割和地区分割，整个经济是封闭的，国有产权无法流动，造成资源的严重闲置。随着改革的不断深入，国有产权流动及宏观资源配置的问题也不断凸显。从世界各国产业发展来看，企业之间实力较量及其生产规模与方向的调整往往都伴随着企业之间的并购和重组，社会化大生产条件下的资源不可能“一定终身”。

建立完善我国国有股权转让制度，能够较好地解决国有资产投资增量有限和国有资产存量部分闲置的矛盾。“在现代企业中产权的流进和流出必须是顺畅的。对于产权所有者来说，其投资有明显的增殖和增殖目标，资本流动是实现增殖和增殖的重要途径”。[①] 股权转让能够使资产经营者将实物资产转换为货币资产，或者将货币资产转换为实物资产，从而使不同的经营者跨地区、跨行业转让资产，这样进一步提高投资效益，盘活资产存量，改变我国资源配置不合理的状况，保持要素存量结构的持续优化。建立完善国有股权制度，一方面可以改善国有资产的配置结构，通过股权转让把效益差的企业合并到效益好的企业中去，从而节省国家的投资，扩大优势企业的经营资源；另一方面有利于各种利益关系的处理，发展前景看好的企业通过资产转让可以得到急需的设备和技术人才，被转让的企业不仅成为优势企业的一部分而有了新的发展前景，同时还能解决企业职工的社会保障等方面的问题。

国有股转让是一种法律性很强的市场行为，用法律规范国有股转让是通行的国际惯例。在英美等发达国家，有关股权转让的

---

① 洪银兴:《以制度和秩序驾驭市场经济》，人民出版社 2005 年版，第 136 页。

政策、法规相当完备。因此，我国应该借鉴外国的做法，从立法上给予完善，对其转让的原则、程序、转让形式和方式、转让场所、转让收益的使用、分配与管理以及转让的法律责任等给予明确规定，保障国有股有效流转。

4.4.2 国有控股公司是国有企业产权基本实现形式

必须深化国有产权结构和管理体制的改革，在有效推行国有产权运行“以股权为主要形式的所有权与经营权分离模式”的基础上，进一步探索国有产权的多种有效实现形式。国有产权制度与其实现形式是既有联系又有区别的两个概念。国有产权制度是指生产资料归国家（全民的代表）所有的一种经济制度，核心问题是生产资料的归属，反映人们在占有生产资料方面的相互关系。国有产权制度的实现形式则是指人们在社会生产活动中支配、经营国有生产资料并对产品进行分配的具体形式，核心是国有生产资料的营运效率及对剩余产品的索取问题。① 国有产权制度相对稳定，而其实现形式却是不断变动的。

国有控股公司是国家采用控股公司形式达到其特定目的的一种产权制度安排，在改革开放不断深入的过程中，我国国有控股公司已成为经济组织中的重要组成部分。在国有控股公司中，通过持有其他公司的股份额并由此在其他公司中拥有决定的表决权，从而能对这些公司进行有效经营控制并从事资本经营及其他经营。国有控股公司最显著的特点就是它的所有者主体主要是国家，而非自然人或一般法人，这是它和一般的企业主要区别。国有控股公司不仅是国有产权市场化的结果，也是行政职能适应市场化的产物。国有控股公司是市场交易成本和政府行政成本内部化

① 徐武：《中国国有经济的实现形式和路径选择》，经济科学出版社 2005 年版，第 141 页。

的结果,只有当这种内部化的边际成本小于市场边际交易成本,也小于政府的边际行政成本时,国有控股公司的制度才是经济的。

在计划经济条件下,国有企业几乎都是纯粹国有独资企业,投资主体单一,国有产权不存在人格化的代表,必然导致所有权主体不明确,产权结构单一,产权难以流动,从而使国有企业陷入所谓的“体制困境”。[①] 随着社会主义市场经济体制的建立,必须改变传统国有产权制度的实现形式,克服其与市场经济之间的矛盾,从而构造社会主义市场经济体制的微观基础,这实际上提出了国有产权制度的实现形式问题。从世界经济发展的历史来看,国有控股公司是市场经济国家管理公营企业的组织形式,这些国家的具体做法值得我国借鉴。第二次世界大战后,西方发达国家出现了国有化的浪潮,国有控股公司也正是在这样的背景下产生的,是依据这些国家有关法律组建的具有法人地位的经济实体。实际上,这些国家出现的国有控股公司是作为介于政府与企业之间的中介机构,它的职能是受国有产权管理部门委托,在受托范围内经营国有产权,通过各种有效的形式,优化配置国有资产,实现国有资产经营效益最大化及国有资产保值增殖。

在现阶段我国国有企业组建国有控股公司,能够有效地解决国有企业产权明晰的问题,从而化解“体制困境”问题。从理论上说,国有控股公司的实质是“国有资产的运营机构”,不同于一般的生产经营性企业,而与集团公司、“单体大公司”的总部也不同,与计划经济体制下的行政性公司更不相同。控股公司不再是政府部门,也不作为企业的行政领导机关,与众多子公司形成的母子公司体系的集合性、层次性已不是靠行政力量所能维系的了,而是以股权为基础获得投票权,通过产权关系对子公司发挥作用,对下属企

① 宋光茂:《国有企业的“体制困境”与出路》,《经济学动态》1997 年第 9 期。

业的管理都带有明显的间接性质和经济理性。当然,在法律上以及在经营过程中,它们则是地位平等的法人,母公司的主导地位、核心作用是通过母子公司的关系体现出来的。组建国有控股公司不仅可以解决过去政府部门多头行使国有产权的问题,使国有产权明晰化,而且能够通过向其所控股或参股的企业委派董事,参与企业的经营管理,从而有效地解决产权所有者对企业的约束与监督问题,有利于提高国有资产的运营效益,实现国有资产保值增殖。

一般而言,国有控股方式有绝对控股和相对控股两种。绝对控股是指国有经济占总股份的51%以上;相对控股是指股权结构在真正多元化、股东众多、股权分散的条件下,国有经济保持第一股东的方式而实现的控股方式。当然,股权多元化国有控股方式还包括国有控股公司之间的相互持股、参股,这是一种公司集团内两家以上的公司采取相互持股的方式所形成的产权结构,其特征是母子公司和各子公司之间可以反向持股和环状持股。根据我国实际,采取相对控股比绝对控股更能发挥国有经济在国民经济发展中调控带动作用,这是因为相对控股可以用较少的资本调控更多的社会资本进而推动国有经济的发展。国有经济作为国民经济的主导经济,应该在关系国计民生和国民经济命脉的重要领域与关键领域保持主导地位。不过,保持国有经济主导地位与采取国有经济独资的方式并不矛盾。在特定条件下,国有经济保持控股地位,非国有经济以参股方式实现与国有经济的融合。而在大多数情况下,采取相对控股的方式按股份关系、股权结构实现现代企业的规范运作,是国有经济发挥主导调控作用的有效方式,其实采用相对控股的方式不仅能够保持国有经济的性质,而且能够放大国有经济主导作用,增强国有经济控制力,同时又能发挥非国有资本的积极作用。

从本质上说，国有产权制度改革是一种利益调整过程，从而保证经济改革持续发展、经济转型有序进行。任何一种新的产权制度的形成，都必须在各产权主体之间利益关系形成一种均衡才能有效的实现。对于一种旧的产权制度发生改变时，主管部门必然会考虑到权力和利益的转化，否则上述改变就会难以实现。而组建国有控股公司，可以使一些主管部门从传统体制的坚守中走出来，成为市场经济体制服务的新的组织形式。[①] 控股公司作为母公司在经济上与全资子公司、控股子公司及参股企业、联营企业等存在着明确的产权关系并在此基础上形成共同的经济利益。

4.4.3 建立与国有控股形式相一致的国有资产管理体制

发展国有控股公司必须有相应的国有资产管理体制。作为一种正式的制度安排，国有资产管理体制的有效运行，是中国经济持续、稳定增长最重要的基础之一。中共十六大在论述国有资产管理体制改革重要性的基础上，从总体思路上勾画出了下一步国有资产管理新体制。这一体制从五个方面规定了国有资产管理的新架构：一是明确了国有资产管理主体及其地位，即分别确立中央与地方两级政府代表国家管理国有资产、履行出资人职责，享有所有者权益；二是确定了不同层次出资人的出资范围；三是要求中央与省市两级地方政府设立国有资产管理机构；四是对国有资产管理与经营要实行政企分开，所有权与经营权分离；五是要继续探索国有资产经营体制和方式。这一新的国有资产管理经营体制总的架构以国有资产管理委员会——资产经营公司——生产经营企业"三个层次"的机构共同构成。

国有资产管理委员会是政府部门，是政府中专门负责国有资产管理的职能部门。作为政府部门的国有资产管理委员会，一方

---

① 钱津：《论我国国有控股公司的组建和发展》，《经济研究》1996 年第 6 期。

面政府又作为国家管理机构，服务与监管全社会的经济和社会活动；另一方面由于政府设立统一的管资产、管人、管事相结合的机构，原各政府部门不再管理经营国有资产，对整个国有资产的保值增殖也不再承担责任。这样，国有资产管理工作将集中于一个专门的部门来负责。国有资产管理委员会是适应这一要求而设立的新的政府职能部门。这样，就突破了传统的体制下多头管理的局面。从总体职能上看，国有资产管理委员会负责国有资产的管理以实现保值增殖的目标。从具体职责上看，包括统一制定国有资产管理规定，确定国有资产经营战略，代表国资机构与政府其他部门发生关系，分级持有国有资产，并作为出资人代表，根据资产管理需要设立或选择利用社会经营机构负责经营国有资产，代表出资人与资产经营机构发生关系并监督考核其经营活动。

国有资产经营机构是专门负责国有资产经营以实现保值增殖的企业组织，是国有资产经营的经营机构。资产经营机构经营国有资产并要对其效果承担责任，这就使国有资产管理实在化了。作为经营国有资产的企业，由于按市场规则进行企业经营，实现市场竞争，核算投入产出比，并以获取赢利为主要目标，因此是纯粹的企业行为，不再具有政府的地位，不能享有政府部门的相关权利。在与其他国有企业的关系中，国有资产经营机构是国有资产出资人代表，这种代表身份是从国有资产管理委员会授权时一并受取的。这样的机构包括目前的控股公司、有关专业部门改制形成的管理公司以及专门的国有资产经营公司、国家投资公司等。

国有资产使用或受资企业属于普通经营企业，他们根据合同使用国有资产或者接受国有资产经营机构的投资，利用这种资产或投资进行生产经营营利活动，以其实现的利润回报给投资者。企业经营效益好，可以向投资者返还较多的收益，效益不好可能使使用的资产或投资亏损。这类企业在目前还具有明显的国有性质，随着新体制的确立和完善，他们的市场化程度将不断提高，直至完全走向市场。国有资产受资企业与国家之间的直接关系应逐步割裂，完全进行市场化运作。

在上述“三个层次”机构中，存在两个“两俩”关系。首先，国有资产管理委员会与国有资产经营公司之间是政府与国有资产经营机构的关系，具体体现为国有资产授权与被授权关系。国资委从总量上管理和持有国有资产，依据授权合同对国有资产经营机构进行严格的监督、考核和奖惩。而国有资产经营机构具体负责国有资产的实际经营，从国资委将经营资产受托下来，进行经营并要承担其保值增殖的责任。其次，资产经营公司和生产经营企业之间应是投资和被投资或者国有资产使用权的出让和受让之间的关系。根据生产经营企业的具体情况，上述关系存在三种形式：①对于已经改制的企业，是资本经营关系，资产经营公司根据保值增殖要求向生产经营企业投资，获取企业股权，依据股权参与管理，行使权利。②对于尚未改制的企业，是国资使用权出让与受让关系。资产经营机构代表国有资产所有者将资产交给企业使用，履行出资人相关权利义务，同时积极推行这类国有企业的股份制改造，逐渐将其转变为股份制企业，而使两者关系向第一种关系转化。③对于国有独资公司，这是一种特殊的国有资产经营机构，对此应根据生产经营企业的实际状况，通过适当方式将其国资经营职能和实业经营职能相分离。

国有资产管理的实质就是要在国家与经营者之间建立“委托—代理”的关系，国有资产管理是在“委托—代理”链条上实现的。在这个链条上，国有资产产权的权能被分解给不同的主体，作为产权主体他们是平等和独立的，作为国有资本产权权利约束下的利益相关者，公有制的内在规定性也是一致的。因此，国有资产管理必须引入企业化的经营机制，在企业形态上可以分为两类：一类是承担资本积累的竞争性企业，企业的基本目标是资本增殖，主要活动于竞争性产业；另一类是具有较多社会功能的非竞争性国有企业，企业基本目标是提供特定的社会公共服务或服务于特定的战略目标而非赢利（至少在相当长一段时间内），主要活动于非竞争性产业或非竞争性项目。① 现代企业理论认为，企业是企业家的企业。一个企业成功与否，企业家的才能至关重要，从一定意义上说，一个国有企业的经营者的能力和敬业精神将成为企业生死存亡的关键所在。因此，在构建新的国有资产管理体制过程中，必须重视所管企业人力资本的私有产权特性，承认企业家对个人人力资本拥有产权是推进国有企业发展的一个必要前提。按照资产管理和人事管理相统一的原则，依据资产规模、经营目标和岗位责任的要求，依法选聘、考核、任免经营管理者。在国有资产管理体制构建的过程中，应该以“经济人”假设为前提，设计合理的激励约束机制，保证国有资产在不断的运行中保值、增殖。

主要参考文献：

科斯等：《财产权利与制度变迁》，上海三联书店 1991 年版。

卫兴华：《市场功能与政府功能组合论》，经济科学出版社 1999 年版。

洪银兴：《以制度和秩序驾驭市场经济》，人民出版社 2005 年版。

王国平：《公有产权论》，立信会计出版社 1994 年版。

潘岳：《中国国有经济总论》，经济科学出版社 1997 年版。

钱伟荣：《国有企业产权改革研究》，经济管理出版社 2003 年版。

徐武：《中国国有经济的实现形式和路径选择》，经济科学出版社 2005 年版。

马建堂、黄达、林岗等：《世纪之交的国有企业改革研究》，经济科学出版

① 徐武：《中国国有经济的实现形式和路径选择》，经济科学出版社 2005 年版，第 187 页。

社 2000 年版。

魏杰:《企业前沿问题——现代企业管理方案》,中国发展出版社 2001 年版。

杨开峰:《国有企业之路——法国》,兰州大学出版社 2005 年版。

黄海:《国有企业之路——意大利》,兰州大学出版社 2005 年版。

董有德:《国有企业之路——美国》,兰州大学出版社 2005 年版。

张颢瀚、张明之、王维:《从经营国有企业到管理国有企业资产》,社会科学文献出版社 2005 年版。

罗红波、戎殿新:《西欧公有企业大变革》,对外经济贸易大学出版社 1994 年版。

罗志先:《国有企业产权改革的法治基础》,中国标准出版社 2002 年版。

何加明:《国有资本营运新论》,西南财经大学出版社 2006 年版。

钱津:《论我国国有控股公司的组建和发展》,《经济研究》1996 年第 6 期。

魏家福:《完善国有出资人到位制度是国有企业建立有效公司治理结构的关键》,《经济社会体制比较》2003 年第 1 期。

宋光茂:《国有企业的"体制困境"与出路》,《经济学动态》1997 年第 9 期。

5 国有企业产权制度演化与企业家职能

在社会主义市场经济条件下，国有资本人格化是必然的选择。国有资本人格化的目的是使得国有资产的责任主体明确，这样就会促进国有企业家的产生。因此，国有企业家是国有资本人格化的首要标志。企业家是一种特殊而稀缺的人力资本，是决定企业绩效的关键要素。企业作为市场经济的主体，是通过企业家的主体地位体现出来的。作为企业的主导，一个没有企业家地位的企业主体地位是不可能建立起来的，现代企业制度本质上是现代企业家制度，没有完善企业家制度，就绝不可能有完善的企业制度。因此，随着我国国有企业产权制度的改革进行，企业家的地位和功能将不断显现。

5.1 国有资本人格化与企业家生成

5.1.1 资本人格化与资本家

人格化(personalize)是指在人的个性中实现或体现的一种过程。资本的人格化是物的人化的必然结果。物的人化与人的物化在此体现为同一个进程：一方面，人不断主动将自己的功能赋予于客体，通过对这些人造物的使用来实现自身价值；另一方面，客体也逐渐从完全被控转为自控，从只有物性到开始具有人性，甚至在相当大的程度上替代了人。马克思说："正是在改造对象世界中，人才真正地证明自己是类存在物。这种生产是人的能动的类生活。通过这种生产，自然界才表现为他的作品和他的实现。因此，劳动的对象是人类生活的对象化：人不仅像在意识中那样理智地复现自己，而且能动地、现实地复现自己，从而在他所创造的世界中直观自身。"①实际上，人格化问题就是指经济活动中的运行主体行为与客体内容保持一致性的问题。

在人类发展的历史长河中，无论哪种社会形态，物质资料的生产都是人类生存和发展的最基本的条件。物质资料必须通过人的生产来完成，因此，其产品必然也总是人的主体性的物质表现形式，即人的物化形式。同时，每个时期人们的劳动又都是在既定的生产力、既定社会生产条件下进行生产的，这样，人的物化也是不可避免。人类通过实践改造了外在世界，同时也改造了自身及自身的存在状况，这构成了对象化与主体化的辩证运动。其实，任何经济制度的成熟，都是以物的人格化和人格的物化机制的完善为标志的。在资本主义社会以前的各种社会形态中，物的人格化总是被各种各样的超经济的"面纱"包裹着，只是在资本主义的生产方式出现后，人们之间的物质利益关系被赤裸裸地表现出来。马克思说："作为这一运动的有意识的承担者，货币所有者变成了资本家，他这个人或不如说他的钱袋，是货币的出发点和复归点。这种流通的客观内容——价值增殖是物的主观目的；只有在越来越多地占有抽象财富成为他们活动的唯一动机时，他才作为资本家或作为人格化、有意志和意识的资本执行职能。"②"资本家只是人

① 《马克思恩格斯全集》第 42 卷，人民出版社 1979 年版，第 97 页。

② 马克思：《资本论》第 1 卷，人民出版社 1975 年版，第 174 页。

格化的资本，他在生产过程中只是作为资本的承担者执行职能”。[①] 资本的人格化在经济活动中转化为巨大的生产力，一方面能够减少交易成本、节约社会资源；另一方面能够极大地调动人们生产的积极性。

马克思认为，资本人格化的结果必然是资本家的出现，其本质在于追求剩余价值最大化。他说，“作为资本家，他只是人格化的资本。他的灵魂就是资本的灵魂。而资本只有一种生活本能，这就是增殖自身，获取剩余价值”。[②] “他在生产过程中只是作为资本的承担者执行职能”。[③] “他的真正目的是生产剩余价值。因此，只是为了这个目的，他才生产某种商品”。[④] 在这里，马克思假定资本家“自己是一个讲求实际的人，对于业务范围之外所说的话，虽然并不总是很好地考虑，但对于业务范围之内所做的事，他始终是知道的”。[⑤] 因此，“在生产过程中，资本发展成为对劳动，即对发挥作用的劳动力或工人本身的指挥权。人格化的资本即资本家；监督工人有规则地并以应有的强度工作”[⑥]，“以资本的名义进行指挥”[⑦]，而工人则必须服从“资本家的权威”[⑧]。

由于科学技术和企业生产专业化、社会化的高度发展，以及资本主义市场经济运作的复杂性，企业的生产经营活动越来越需要具有专门化的人才来指挥和管理。所以，股份公司大都聘用经理人员负责董事会授权范围内的企业日常经营管理工作。这种资本

① 马克思：《资本论》第3卷，人民出版社1975年版，第925页。
② 马克思：《资本论》第1卷，人民出版社1975年版，第260页。
③ 马克思：《资本论》第3卷，人民出版社1975年版，第25页。
④ 马克思：《资本论》第3卷，人民出版社1975年版，第210页。
⑤ 马克思：《资本论》第1卷，人民出版社1975年版，第219页。
⑥ 马克思：《资本论》第1卷，人民出版社1975年版，第343页。
⑦ 马克思：《资本论》第1卷，人民出版社1975年版，第369页。
⑧ 马克思：《资本论》第1卷，人民出版社1975年版，第368页。

所有权与经营权的分离，其程度和形式因各该股份企业的具体状况而异，但基本趋势是，经理阶层的地位和作用日益提高，“实际执行职能的资本家转化为单纯的经理，即别人的资本的管理人，而资本所有者则转化为单纯的所有者，即单纯的货币资本家”。[①] 直接生产经营过程中职能资本的所有权与经营管理权的分离，是所有权的分割和分离的进一步深化，从而形成比较复杂的企业产权结构。

马克思已经关注到资本的所有权与经营权分离的趋势，并且预示了企业家的产生。马克思说，“资本主义生产本身已经使那种完全同资本所有权分离的指挥劳动比比皆是”[②]，“与信用事业一起发展的股份企业，一般地说也有一种趋势，就是使这种管理劳动作为一种职能越来越同自有资本或借入资本的所有权相分离”[③]。“因此，这种指挥劳动就无须资本家亲自担任了”，而由“单纯的经理，执行着一切应由执行职能的资本家自己担任的现实职能”[④]，成为指挥企业生产经营活动的权威。一个自己不拥有资本或财产所有权，但具备经营能力的人，也可以凭借自己的信誉得到贷款而成为“执行职能的资本家。”他指出，“一个没有财产但精明强干、稳重可靠、经营有方的人，通过这种方式（指贷款方式——引者）也能成为资本家”。[⑤] “在股份公司内，职能已经同资本所有权相分离，因而劳动也已经完全同生产资料的所有权和剩余劳动的所有权相分离”。[⑥] 资本的所有者即股东并不直接管理企业。通常经由股

① 马克思：《资本论》第3卷，人民出版社1975年版，第493页。

② 马克思：《资本论》第3卷，人民出版社1975年版，第435页。

③ 马克思：《资本论》第3卷，人民出版社1975年版，第436页。

④ 马克思：《资本论》第3卷，人民出版社1975年版，第435～436页。

⑤ 马克思：《资本论》第3卷，人民出版社1975年版，第679页。

⑥ 马克思：《资本论》第3卷，人民出版社1975年版，第494页。

东大会授权给董事会，再由董事会聘用公司经理，并授权管理公司的业务，经理及其负责的一整套经营管理机构，是资本职能的执行者，公司资本的管理人。股票所有者则成为单纯的资本所有者。因此，“实际执行职能的资本家转化为单纯的经理，即别人的资本的管理人，而资本所有者则转化为单纯的所有者，即单纯的货币资本家”。① 不过，这种资本所有权同资本职能的分离并非在股份公司中第一次产生的，在土地经营和借贷资本上已经出现了两权的分离问题。

从本质上看，资本人格化就是权益资本所有者以一定的意志和意识执行着资本的某种职能。没有资本化的人格，资本的规范运行是无法进行的。一定的经济主体要成为人格化的职能资本必须拥有相关产权为前提条件，也就是说，必须拥有资本控制权、剩余索取权。资本增殖的本性必然表现为一定经济主体追求剩余最大化的意志和意识的物化形式。剩余索取权是资本化人格形成的内在根据，只有当产权主体拥有剩余索取权的时候，其才可能将资本最大限度地增殖作为其经济活动的唯一目标，成为资本化的人格。当然，产权主体仅仅拥有剩余索取权是远远不够的，只有拥有资本的控制权，才能将资本化人格物化为资本的增殖运动，转化为一种物质力量。这是因为仅仅拥有剩余索取权不过是一种人格化的观念资本，还没有成为人格化的职能资本。资本化的人格只有依靠资本控制权将其意志层层传导给企业所有员工，才能使其意志转化为整个企业意志，并在这种意志指导下推动资本进行运动。可见，资本控制权是资本人格化的传导力量之所在。

5.1.2 国有资本人格化

在社会主义市场经济条件下，国有资本人格化是必然的选择。

① 马克思：《资本论》第3卷，人民出版社1975年版，第493页。

众所周知,国有企业存在的根本问题是所有者缺位。所有者的权益得不到实现,国有企业的厂长、经理实际控制企业的所有活动,一部分厂长、经理利用手中的权力实现个人或小团体利益最大化,因此,国有企业的经营目标不再是实现国有资产的保值增殖。从理论上讲国有资产的终极所有权属于全国人民,由全国人民代表大会代表全国人民行使这种权利,全国人大再授权国务院的有关部门行使国有资产的管理权,而各个国有企业只具有国有资产的经营权,这样就形成了长长的逐级委托代理链条。"委托—代理"链条越长,所有者的权益越难得到实现,而且会出现国有企业效益低下的现象。实行国有资本人格化是解决所有者缺位的一种有效方法,不仅能够提升解决国有企业的活力,而且有利于现代企业制度的建立。

资本人格化是产权明晰和实现所有者权益有效途径。通过资本人格化能够明确国有企业资本的产权,只有产权明晰,权益和责任明确,才能实现提高国有企业效益的目标。在社会主义市场经济中,国有企业是市场的主体,是独立的经济活动的实体,国有资本实行人格化与市场经济对企业独立化运作的要求是一致的,也是企业成为独立法人的基础。通过国有资本人格化,能够促使企业的管理者真正地把国有财产视为个人的私有财产,按照市场经济的规律进行经济活动,国有企业的效益也会有较大的改观。国有资本的人格化根据产权主体的不同,可以分为国有资本所有者的人格化和国有资本经营者的人格化。国有资本所有者的人格化是明确国有资本的所有者,加强所有者对国有资本经营者的监督;国有资本经营者人格化是把国有资本的经营权具体化到法人,使企业具有独立的法人财产权,能够自主经营、自负盈亏,并承担起国有资本保值增殖的责任。不过,国有资本的人格化是将国有资本的所有权和经营管理权具体化,而不是将国有资本进行分割使每一个公民都持有一定的股份。

国有资本人格化呈现出“集体经济人”的特征，与一般“经济人”所不同的是，经营者的个人理性与自由受到一定程度的约束。一般经济人追求的是个人经济利益的最大化，而集体经济人首先追求的是集体经济利益的最大化，然后才是个人利益的满足，在个人利益与集体利益发生冲突时，个人利益应服从集体利益。同时，集体经济人还要考虑社会效益，甚至在特殊条件下社会效益会高于经济利益，为了实现一定的社会效益而不得不放弃一定的经济效益。集体经济人是社会主义市场经济的真正主体，国有资本法人的人格化是国有资本人格化的核心。在市场经济条件下，国有企业相对于政府是独立的，国有资本人格化具有独立性，有自己独立的权益，作为企业与其他经济成分和组织形式的企业，进行着公平的竞争。国有资本人格化能否具有独立性，关键在于理顺政府与企业的关系，政府的国有资产管理部门只能作为国有资本的代理人对国有企业依法进行监督，而不能直接干预企业具体的经营活动。国家作为国有企业所有者的代表，强化国有资产投资经营主体，完善国有企业资本金投入制度，建立完善的投资决策体系，建立投资责任的约束机制，克服目前国有资产投资决策体系中的盲目决策、重复建设的现象，要健全国有资产投资所有者主体，形成一个比较完整的国有资产投资所有者主体的组织系统，真正改变国有资产所有者缺位的现象。

国有资本人格化可以分为四个层次：第一个层次是国有资本的终极所有者代表——全国人民代表大会。全国人民代表大会有责任加强对政府的国有资产管理部门的监督，确保国有资产的运营符合全体人民的利益；第二个层次是国有资本的管理者，全国人民代表大会作为国有资本所有者的代表，可以授权政府部门具体负责国有资本的管理工作，并规定其定期向全国人大报告工作。

政府作为国有资本管理的代理人，负责具体监督各国有资产经营单位的经营情况；第三个层次是国有企业的经营管理者，经营管理者接受国有资本管理者的委托，具体负责国有资产的经营活动，并对委托人负责；第四个层次是国有企业的全体员工，国有资本人格化最终要落实到企业经营者和企业职工身上，人人有指标，人人有压力，并与职工个人的经济利益密切挂钩，使职工真正意识到企业的兴衰与个人的利益密切相关。① 现代企业制度是一种委托代理关系，委托人与代理人的经济利益并不是完全一致的，从而使得企业的经营管理者成为决定企业发展的关键因素之一，这样，经营者的人格化是关键的环节，因为经营者的素质和能力决定着整体集体力量的发挥，进而影响着企业的发展。因此，政府的国有资产管理委员会作为国有资本的管理者，必须认真选择合适的国有企业经营管理者。同时，政府还必须为企业的发展创造一个良好的社会经济和法律环境，并以国有资本管理者的身份依法对各个国有资本的经营使用单位实行严格的监督。从而确保国有资本的有效运行，确保国有资本的保值增殖，确保国有资本在社会主义市场经济中的地位。

5.1.3 国有资本人格化催生了国有企业家

国有资本人格化的目的是使得国有资产的责任主体明确，这样就会促进国有企业家的产生。因此，国有企业家是国有资本人格化的首要标志。国有资本人格化与私人资本人格化的重要差别在于，国有资本的人格指向应该是一种“集体理性”。从本质上说，企业家只能存在于法人企业中。国有企业家在实现了现代企业制度的国有企业中，是股东、出资者的代表，而股东、出资者又是以国

① 郑树生等:《国有资产监管与营运》，中国审计出版社 2000 年版，第 124 页。

家或政府来体现的，因此，国有企业家的经济人理性必然是建立在国有资本的“集体理性”之上。

在计划经济体制下，否定了商品经济的存在，忽视市场机制在资源配置中的基础性的作用，企业还不是市场的微观主体，只是政府行政机构的附属物，企业没有自主权，不能拥有企业自己的生产经营自主权和自身利益。国有企业的管理者是一种很有权力但无风险的官职，在实际任命上都被套用部、局、处、科以及其他官员职位或级别，成为准政府官员型的国家干部，集政府与企业人员的身份于一体。这种官式定位带有极为强烈的官本位意识，使管理者热衷于追求各级官衔的行政待遇，缺乏改革、开拓及创新的动力。这种由上级主管部门考核选拔任命国有企业经营管理者的制度，根本不适应市场经济的发展，扭曲了企业家产生机制。[①] 因此，在传统的计划经济体制下，市场是政府直接控制的市场，企业无法成为市场的主体，企业经营管理者缺乏动力、压力、创新和经营素质，不具有独立的经济人人格，没有真正意义上的企业家。在市场经济条件下，特别是随着国有资本人格化实现，企业成为市场经济的微观主体，政府通过价格杠杆和竞争机制的作用而不是通过对企业直接干预的手段，把资源配置到效益较好的环节中去，并给企业以压力和动力，从而实现优胜劣汰。运用市场对各种经济信号反映灵敏的优点，促进生产和需求的及时协调。国有企业家的产生不仅是国有资本人格化的必然结果，而且能够有效地推动社会主义市场经济健康发展。

从某种意义上看，市场经济就是企业家经济，企业家的主要功能在于扩大和深化市场，完善市场机制。企业家是以企业资产增

① 刘忠俊：《中国国有资产管理体制改革与创新》，经济科学出版社 2002 年版，第 226 页。

殖为目标，通过产权市场竞争的过程将自己的知识财产（即人力资本）与企业的物资财产结合在一起，从而在经营中占有企业的整体财产，独立自主地、创造性地组织和指挥企业，运筹和把握市场，根据市场需要进行生产、流通、服务等经济活动，获取最大限度的利润，并承担经营风险的专门经营者。国有产权制度的改革与创新以及建立现代企业制度，需要一大批适应市场经济发展要求的国有企业家，也就是说，需要实现国有企业经营管理者的职业化、市场化。企业管理是一项复杂的系统工程，也是一门科学。在市场经济条件下，企业要面对市场的千变万化，调整确定本企业的产业、产品和服务的结构以及市场定位，制定产品（服务）的开发、生产、营销策略，不断进行技术改造和制度创新，整合企业的各种资源进行科学的组织和有效的经营。因此，在市场经济发达的公司制企业里，企业家要依靠设计、调整、创造出灵活高效的组织结构和制度，企业家作为组织的设计者和创新者，在提高组织效率方面更是起着关键性的作用。

现代企业管理的发展要求企业家必须实现职业化。从历史发展的角度看，在职业化企业家以前，出现过传统的业主型企业家，这种企业家主要是经营管理独资企业和合伙企业，这种企业的特征是，企业资产的法律所有者与企业业务的直接管理者合二为一。这是一种生产力发展水平不高的条件下的企业组织制度和领导方式，与法人企业的职业化企业家在股东大会或职工代表大会的监督下实行分权协调式的经理负责制相比较，业主型企业家的领导方式不能适应社会经济的快速发展，业主型企业家必然要被职业化企业家所代替。职业化企业家的出现是与社会分工和生产社会化的产物。职业化企业家的形成大致经历了“承包人——→经理人——→经营者”的演化过程。法人企业的出现是职业化企业家的基础，在法人企业中，企业的法律所有权与经营权明确分离，公司财产不再由财产所有者直接管理，而是由那些经过系统训练而具有专业技术知识和创新管理技能的专门经营者去进行有组织的管理。财产所有者拥有的法律所有权转化成了按一定比例占取股份企业利润的收益权，以此放弃对财产的直接支配权，财产经营权脱离法律所有权的直接制约，由专门经营者独立的占有和行使，实现了经营者对企业的全面控制和自主经营。公司财产的所有者已经成为完全脱离管理的纯粹业主。可见，企业家只有进入到现代企业中的专门经营者阶段，才能形成一个具有相对独立地位和权益的阶层。

在我国经济转型期，国有企业家的职业化还有着特殊的意义。社会主义市场经济条件下职业化的企业家与计划经济下的企业管理官员有着本质不同。职业化企业家的目标取向不应该是“官本位”，最终目标不是官位的升迁。如果企业家的目标是官位的升迁，不仅与市场经济机制存在冲突，而且容易导致企业经营管理者将企业作为政治“跳板”，引起企业的短期行为，也就没有从根本上突破传统政企关系不顺的格局。在社会主义市场经济发展的过程中，强调企业家职业化，把企业的经营管理作为终身的职业追求，也有利于企业家的成长和企业家市场的形成。从实现经济体制由传统的计划经济体制向社会主义市场经济体制的转型过程看，国有企业是我国国民经济的脊梁，建立现代企业制度是社会主义市场经济体制的中心环节，而现代企业制度的发育和完善又必须依靠大批企业家的推动。从这个角度说，企业家是经济制度的主体。企业家作为企业和经济发展主体，决定了企业家制度建设在整个社会经济制度变迁与制度建设中具有优先性和核心性，企业家只有成为社会生产关系的主体才能把个体内在生产力的理论价值转变为应用价值。现代企业制度与社会化大生产和市场经济紧密相联，只有懂得社会化大生产的经营管理，又具有驾驭市场经济能力的企业家,才能真正建立起现代企业制度。

5.2 企业科层组织与企业家职能

5.2.1 科层与科层组织运行

科层是指一种权力依职能和职位进行分工和分层。科层组织的形成主要有两个基本条件[①]:一是货币经济的出现。货币经济容许定量计算收入与支出,定期支付薪金造成人们之间的依赖性和独立性的结合,这显然推动了科层组织结构的形成。二是大众教育的形成。与早期的行政结构不同的是,科层组织几乎完全地依赖文书文件,因此,文字处理是科层组织运行的重要条件。在现代条件下,企业已经成为一种典型的科层组织,并且呈现出科层化的趋势。

20世纪初,德国社会学家马克斯·韦伯(Max Weber)最早对科层组织(bureaucratic organization)的"理想类型"进行了系统的阐述。[②] 韦伯的科层制组织的"理想类型"成为科层组织理性化的代表,在韦伯看来,以理性为基础的科层制组织具有一系列的特点,正是这些特征保证科层组织的高效率,满足现代生产对统一、效率、控制的要求。

马克斯·韦伯认为,科层组织体现了理性和效率,科层化是组织发展的必然趋势。在韦伯看来,科层制度一方面不仅要选用具有专才者来担任固定的工作,而且人员的一切活动都须严格遵照

---

① 彼得·布劳、马歇尔·梅耶:《现代社会中的科层制》,学林出版社2001年版,第25～26页。

② 关于韦伯的科层制思想,参见马克斯·韦伯:《经济与社会》(上卷),商务印书馆1997年版。科层制思想最早应属于政治社会学的范畴,之后逐步被应用到管理学、经济学等领域。

法规的规定，绝对的服从上级的指挥命令，人员的工作皆有一定的次序，组织管理者能精确地预测人员在组织内的行为，能明确、迅速、一致，且持续地推动组织的功能，并节省人力物力的浪费，因而能获致高度的效能。马克斯·韦伯理想科层制模型具有以下基本特征：第一，专业化分工。即作业是根据工作类型和目的进行科学划分，在这种专业分工的原则下，职位的获得以技能为主，一个好人若缺乏专业训练，亦不能获得职位。考虑到职能交叉的必要，组织内部成员将接受组织分配的活动任务，按分工原则专精于自己岗位职责的工作。第二，等级制关系。层层节制的权力体系，使组织内的每一成员都能明确地知道，取得命令的路径和传递命令的路径，官员职位按等级制的原则依次排列，部属必须接受主管的命令与监督，上下级之间的职权关系严格按等级划定。如此保证组织的有序运行。第三，规范化操作。组织运行包括成员间的活动与关系都受规则限制，成员的担负责任和享受权利，都有一定的路径可循。每个人有固定的职责，以法规严格限制的方法，赋予命令权，以行使固定的职责。第四，理性化决策。科层制强调组织决策运行权的集中，官员的个人情绪不得影响组织的理性决策。组织成员都按严格的法令和规章对待工作和业务交往，确保组织目标的实施。第五，技术化激励。组织成员凭自己的专业所长、技术能力获得工作机会，享受工资报酬。组织中的薪俸制度是固定的，根据成员的工作成绩与资历条件决定激励等级，占有某种职位或从事某种工作者能够固定接受某种待遇。薪资的给付依照人员的地位和年资，不能因主管的好恶而有所偏私。

但是，这种理想化的科层制在实际运作中是不可能存在的，单从管理角度来看，组织规模非常庞大的条件下，科层结构在内在运作上将会遇到不可回避的问题。30 多年之后，美国社会学家罗伯特·默顿（Robert Merton）对韦伯的科层组织理论进行了反思，认

为科层组织也有非理性和低效率的一面。之后，菲利普·塞尔兹尼克(Philip Selznick)、彼得·布劳(Peter Blau)、阿尔文·古尔德纳(Alvin Gouldner)等人走上了默顿开辟的研究道路，他们的经验研究证实了默顿最初的假说。尽管上述研究者对科层组织的墨守成规和压迫性给予了越来越重要的位置，但是，法国社会学家米歇尔·克罗齐埃（Michel Crozier）认为，组织内部存在的复杂权力关系被人们忽视了。因此，他对“科层现象”进行了进一步研究。

克罗齐埃在对“巴黎会计事务所”和“联合垄断企业”进行了详尽的调查与研究后发现，科层组织本身无法纠正自己的错误。这是因为科层组织的行动模式已经固定下来，以至于它们成为组织内部平衡不可分割的一部分。这样，当一条规则不能完成一些必要的活动时，它的失败所造成的压力不是最终使人们放弃这条规则，反而要延伸和强化这条规则。这样的结果必然是克罗齐埃所认为的科层组织的“恶性循环”的出现。在克罗齐埃看来，有四个因素导致了科层组织的恶性循环，它们分别是非人格规则的发展、决策的集权化、各等级类别的隔离和平行权力关系的发展①。根据研究文献来看，科层的组织结构及其运行的负面效果可以归纳以下三点。

(1)科层组织具有结构不可逆性。“科层制的高度专业化和职业化使其成为管理大规模民族国家或者私有企业的必要手段”。②由于科层组织的非人格规则详细规定了每个组织成员的职责以及

---

① 关于“非人格规则的发展、决策的集权化、各等级类别的隔离和平行权力关系的发展”的详细分析，参见米歇尔·克罗齐埃:《科层现象》，上海人民出版社2002年版，第229～235页。

② 彼得·布劳、马歇尔·梅耶:《现代社会中的科层制》，学林出版社2001年版，第21页。

各种情况下应该遵循的行为，同时也确定了每项工作的具体要求以及从事某项工作的人应遵循的职业模式。因此，层级结构中的每个成员都有明确职权限制，当他们遇到无法在自己职权内解决的问题时，清楚地知道将问题转交给哪个部门且由谁来做出。这种严格按等级、法规运作权力的结果，避免了组织或个人之间职责不清、互相推诿的现象。组织的理性行为正是建立在非人格规则和权力的层级结构制度的基础之上的。这样，组织的运作高度依赖于科层结构，包括日常经验、组织对内和对外的沟通都是建立在科层的权力结构之上的。因此，通常情况下科层结构不会发生根本性变化。

(2)科层组织的固化对组织效率的影响。科层组织通过规定和权力的控制来增强组织的可靠性和可预测性的作用，不过，在规定和权力得到控制的时候，可能会出现行为僵化的现象，比如不愿意做出风险决策。而且，还可能由于科层制实行控制所需要的授权而使组织中的单位部门产生狭隘的自我服务的观点，造成了一种对整个组织绩效不利的后果。这样就会出现组织的固化的现象。由此，在外界环境发生变化时，就会出现组织的反应能力迟钝、适应弹性减弱的现象。“一个以僵硬构成其主要特征的组织自然不能轻而易举地适应变化，它必将抗拒一切变化”。[①] 此外，科层制倾向于垄断信息，这种倾向的存在影响企业组织的效率。当然，从组织实践的角度说，现代组织正渐渐变得更有效率，而且远远比 100 年前的组织更有效率。

(3)科层组织管理层集权的强弱对组织发展的影响。如果一个组织想保持严格的非人格化的关系，那么，所有非人格的规章制度未曾规定而需要另行作出的决策，都必须以集权的方式作出。

① 米歇尔·克罗齐埃:《科层现象》，上海人民出版社 2002 年版，第 238 页。

因为只有这样,作出决策的人才可以避开受决策影响的人所施加的个人压力。科层组织能够稳定地运行,并且呈现出等级制的权力矩阵关系,是以组织成员认同某种合理性(validity)为前提的。组织成员的服从是以形成个人价值氛围的认同体系为基础的。在合理性的支配下,任何来自最高管理层的命令都会得到个人的遵从,而不论这些命令是否来自统治者个人,或通过契约、协议产生的抽象法律条文、规章等命令形式。

5.2.2 经济转型过程中国有企业科层组织的演化

在经济体制从计划经济向市场经济转型的过程中,我国企业也随之发生了从计划条件下的科层组织向市场条件下的科层组织的演化。计划条件下的科层组织是封闭性的,而市场条件下科层组织是开放性的。也就是说,我国企业科层组织是一个从封闭到开放的演化过程。

封闭性科层组织是与传统计划经济相适应的,在这样的企业科层组织中,企业信息传递效率不高。计划经济条件下的国有企业采用的是信息共享体制,而在采用信息共享体制的企业内的信息共享极其重要,不论企业内出现什么样的局面,都需要劳动者之间通过互相交流、共同努力来解决问题。其结果是,信息传递效率的下降会导致企业效率的下降。同时,传统国有企业由于缺乏专业化知识导致决策失误所造成的损失也随之增加。企业理论发展的历史证明:企业规模的扩大总是与更加深入的专业化分工协作相伴随的。当企业发展到一定规模,管理上的协调分工可以产生更高的效率,所以企业倾向于将经营管理权交给专门的经营管理人员。钱德勒在《看得见的手——美国企业的管理革命》一书中分别考察了商业、金融保险业、运输业等行业的专业化,得出:正是这些行业中生产的专业化导致了管理的专业化。随着企业经营规模的扩大,不仅企业内部的生产分工更为细化;而且,也相应要求企业管理上聘用更大量的、更专业的经营管理人员，实行管理分工[①]。此外，集权决策因为知识与信息不充分造成的风险增加。哈耶克在1936年发表的《经济学与知识》一文中，提出了知识分工的概念：存在于不同人的头脑中的零散的知识之结合如何生成了看似通过深思熟虑而得到的结果？而要进行这样的深思熟虑需要发号施令的人所具备的知识，实际上是任何单个人都不可能具有的，无数个体在我们所界定的条件下自发地行动，形成了某种资源分配格局。[②] 因此国有企业在集权情况下由于个体知识的有限性及信息的不充分作出的决策很有可能不是最优的。

从科层组织结构的角度来看，企业科层的形成是企业控制权演化的结果，企业控制权可以分为两个层次：第一层次是所有者与经理层之间的科层控制结构，对第二层次的控制权结构状态产生间接影响；第二层次是经理人员与企业员工之间的科层控制结构，对企业的经营效率产生直接影响。在计划经济条件下，国家是国有企业内唯一或最大的投资者，拥有对企业管理者进行评价、奖惩及任免的决定权利。因此，企业内部第二层次控制权的形成是国有企业科层组织的主要变动因素。在传统国有企业中，控制权与剩余索取权在形式上表现为对应关系，不过，表现为剩余索取权对控制权的被动适应，表现为通过行政配置的控制权具有等级制的特点。而个人能够获得的企业剩余则是由控制权的等级决定的，这是传统公有制经济的“控制权界定产权”的产权界定规则[③]，本

---

① 小艾尔弗雷德·D.钱德勒：《看得见的手——美国企业的管理革命》，商务印书馆1997年版，第178页。

② 《哈耶克传》，阿兰·艾伯斯坦，秋风译，中国社会科学出版社2003年版。

③ 曹正汉：《传统公有制经济中的产权界定规则：控制权界定产权》，《经济科学》1998年第3期。

质上是"国家租金"制度[1]。由于在国有产权所有者缺位条件下对国有资产代理人及国有企业员工对企业贡献的计量和监督,存在技术上的困难,因此,才选择上述事后激励的国家租金激励方式,而不是采取对生产经营过程的监督的方式。

实际上在上述方式下,由于具有科层体系的总的控制权结构是既定的,因此总的剩余索取权结构也是既定的。在既定的总的剩余索取权下,由于科层内各层级单位掌握的经济和权利资源的回报率不同,也就导致剩余分配份额在各层级之间及各层级内部出现差别。可见,从本质上说在国有企业中各层级内部对控制权的争夺就是对企业剩余控制权争夺。所以,控制权在国有企业科层中具有决定作用的。一方面企业总的剩余索取权的分配由控制权决定;另一方面,上级控制权在下级内部剩余控制权结构的形成中也起着决定性作用。[2] 问题是,由于企业管理者对企业新剩余的产生并不承担风险,政府对他们的考核任免常常受到非市场因素的影响,因此,没有追求企业剩余最大化的动力。这样的结果是,科层制企业的剩余分配制度使得剩余索取权呈现固化状态,对企业剩余最大化的追求演变成对既定剩余的争夺,企业控制权的价值目标趋向不是企业剩余最大化,而是剩余分配份额最大化。随着我国市场体制的建立和外部经济环境的改善,市场条件下开放性企业科层组织逐步形成,特别是在所有权与经营权分离的条件下,"科层制企业显然会发展出一套决定企业内部资源配置的(正式的或非正

---

① 周其仁:《公有制企业的性质》,盛洪:《现代制度经济学》(下),北京大学出版社 2003 年版。

② 钟怀宇:《国有企业治理结构中科层的控制权配置特征及效率分析》,《湖北经济学院学报》2004 年第 4 期。

式）产权规则”。[①] 由于企业股权的分散，造成管理者承担主要经营责任。不过，并不完全承担公司经营风险的现象。这样，管理者因不具剩余索取权与风险分担责任，所追求的目标也不再是公司价值最大化，而是本身效用的最大化，于是所有权人与管理者间的委托代理机制问题便是不可避免的。

企业科层组织在企业外部环境稳定时其效率会呈现一定的稳定性，但是，当外部环境存在较多不确定性时，就会出现科层组织效率的收敛，即 X 非效率。X 非效率是人的有限理性（bounded rationality）的必然结果。这是因为，首先，在企业的成本函数中个人行为具有复杂性，即使最高管理层与所有者的行为及目标是一致的，也存在个人行为变化的不确定性，从而使的组织最优化目标变得复杂起来。两权分离使得控制权转移到了管理者手中，同时由于管理者与所有者的目标函数不一致，掌握控制权的管理者往往会采取偏离股东利益的行动。比如，在不创造价值的项目上耗费更多的资源等。其次，所有者对企业科层的信息不完全，相关决策就不可能求得最优解，这样，决策过程和最终结果也就很难达到理性状态。同时，管理者还可能通过手中的权力享受奢侈品等来满足个人的利益，甚至可能通过关联方的配合设计和制造交易等手段来获取个人利益。可见，个人理性的有限性可以通过科层传导给组织，从而导致企业组织理性的有限性，有限理性不仅是在科层中的个人具有的，而且也是整体组织具有的。因此，科层组织的效率始终收敛在一种 X 非效率状态中。如果最高管理层和所有者激励相容，则效率收敛的边界要高于激励不相容的状态。所以说，“要把科层放权的优势和帕累托最优以及传递性的要求结合起

① 盖瑞·J. 米勒：《管理困境——科层的政治经济学》，上海三联书店、上海人民出版社 2002 年版，第 14 页。

来，事实上唯一的办法是限制个人偏好”。[1]

5.2.3 现代企业科层组织与企业家职能

随着科层制在现代企业中的不断形成，特别是委托代理制度的出现，企业家阶层也随之形成。企业家在现代科层制企业中具有主导地位，特别在企业的决策、组织、协调、控制等多方面发挥着重要的功能。尽管人理性的有限性是代理人的一大缺陷，但是，从某种程度上说，企业家职能本身也是一种激励。因为企业家行为也是一种理性行为，主要体现在以下方面：在自身利益的基础上追求企业利益最大化、寻求企业的长期发展、了解消费者需求变动、注重企业声誉等等。企业家通过理性创新行为让企业获得巨大发展，并且理性创新行为可以被其他企业学习和模仿，具有正的外部性。因此，在现代企业中，努力发挥企业家职能，不仅能够有效推进现代企业的发展，而且可以弱化科层制 X 非效率收敛的趋势。

现代企业已经基本完成了由业主制结构向科层制结构的转变。从科层制的角度看，企业组织结构可以大体上分为三种类型：第一种是 U 型结构。即企业组织结构是集中的、按职能划分部门的一元化组织结构。这种结构是中央集权式的，各部门独立性较小，管理集中在高层管理人员手中。U 型结构适用于市场稳定、产品品种少、需求价格弹性较大的环境。但第二种是 H 型结构。这是一种与经营的多元化和股权的分化相适应的控股公司型组织结构。在这种结构的内部模拟了一个资本市场，充分发挥市场机制的作用，是许多企业集团采用的一种核心组织结构。H 型组织结构是一种多个法人实体集合的母子体制，母子之间主要靠产

① 盖瑞・J. 米勒：《管理困境——科层的政治经济学》，上海三联书店、上海人民出版社 2002 年版，第 134 页。

权组带来连接。第三种是M型结构。这是U型、H型两种结构发展、演变的产物。是一种多分支单位、分权式的层级制组织结构。这种结构的基本特征是，战略决策和经营决策分离。从实际情况看，M型结构是现代大型企业科层制的变革方向和主流形式。

在经济和科技快速发展的今天，市场竞争日益激烈，产品寿命周期越来越短，企业组织也进行着相应的变革。组织结构变革的趋势主要包括三个方面：

(1)组织形式扁平化。组织形式扁平化是指管理层次的减少和管理幅度的扩大，它使得信息处理基层化、流程管理单元化。扁平化企业改变过去那种经理决策，员工执行决策，管理者又监督员工执行决策的做法，强调分权与赋权，鼓励员工共同工作，寻找当前问题的解决办法。扁平化组织形式增强了组织的灵活度，加快了企业决策的速度，激励员工参与企业的决策与管理，团队将取代管理工作，减少了上层管理费用，提高了企业运行效率。同时，企业内部的激励机制不再是以前的物质报酬与职位的提升为主的方式，而是以良好经济效益和员工良好的职业发展生涯为条件，并且在物质报酬方面，更加注重对员工所作贡献超过常规性任务的附加值的回报。

(2)组织弹性的无边界化。企业组织边界是随环境变化而变化的，并且越来越趋向于无形。“无边界化”是无僵硬的边界，是使企业具有可渗透性和灵活性的边界。因此，无边界原理是指企业各部门的职能和界定依然存在，但部门间的边界模糊化，组织作为一个整体的功能得以提高，不过，远远超过各个组成部门的功能。企业无须用许多界限将人员、任务、工艺及地点分开，而是将精力集中于如何影响这些界限，以尽快地将信息、人才、奖励及行动落实到最需要的地方。无边界的目的在于使各种边界更易于扩散和渗透，打破部门之间的沟通障碍，更有利于信息在各部门的传递并实现对称分布，利于企业的各项工作在组织中顺利开展和完成。

(3)组织结构的网络化。组织网络化实质上是由若干相互独立的组织所构成的一个成员不断变动的组织系统。网络化科层组织是以自由市场模式组合代替传统的纵向层级组织，是一种类似市场的组织形式。组织内网络的建立，可以形成企业内各职能的沟通，网络化科层组织拥有统一的信息库、人才库，在配置人力资源时，无须经过繁杂的手续，从而降低了中间管理费用等，使组织趋于扁平化和柔性化。而组织外网络的建立，可减少企业管理的环节，可将加工、生产等工序委托给企业外的其他组织完成，而企业只需保留对关键技术、产品开发和设计、品牌等方面的控制权，企业与这些外围企业的联系主要也是通过网络完成。这样，组织就可以通过网络管理许多外围组织，在实际规模不变的情况下实现了生产能力的扩大。

企业家是企业的主体。现代企业制度的建立本质上是现代企业家制度的建立，现代企业的发展本质上也是企业家职能发挥和实现的过程。企业家的职能可以包括很多内容，但主要的职能有组织、决策和创新三个方面。

首先，企业家的组织职能。企业家是进行企业组织结构和组织制度调整的组织者，通过发挥企业家的组织功能，建立科学的组织结构，包括组织成员的构成和行为规范，以及他们之间分工与协作的制度。如果说在市场经济发展初期，企业家主要是以自己的智慧和才能来组织管理企业，使自己成为企业经营的支配者，那么，在市场经济发达的企业中，企业家还必须依靠设计、调整、创造出灵活高效的组织结构和制度，即靠组织的力量，才能领导组织好企业向高水平的方向发展。

其次，企业家的决策职能。决策是企业家职能中最重要的环节，决策的正确与否直接关系到企业的兴衰与成败。诺贝尔经济学奖获得者赫伯特·西蒙提出"管理就是决策"。企业家是擅长通过对稀缺资源的协调、利用并做出明智决策的人。因此，企业家必须确定企业的发展方向和行为方式，必须根据各种资源的稀缺程度合理组织生产和配置，要协调企业内外各种交易关系，及时做出决策。企业家不但要做出正确的企业行为选择方面的决策，而且要有能力及时纠正错误的决策。

再次，企业家的创新职能。创新是企业在市场竞争中获得优势的最强有力的武器。历史发展表明，企业的核心技术不可能从别人那里买来，核心竞争力也不可能从外部得到，必须通过自主创新，才能在市场竞争中占据主动，立于不败之地。熊比特认为，企业家是经济发展的发动机，是社会发展的力量源泉。根据熊比特的理论，企业家行为从本质上来说是一种创新行为，企业家利用在企业生产经营过程中的主导地位，在决策、组织、协调、控制多方面实施创新行为。应用新技术、产生新工艺、开辟新市场、在企业内部实施组织创新、对企业里的各种资源重新配置、把握社会发展趋势对企业生产经营做出调整等，这些都是现代企业家必要的职能。

5.3 企业法人制度与企业家人力资本产权

5.3.1 企业法人制度的产生与发展

第二次世界大战后，资本主义所有制关系发生的一个显著变化，就是法人资本所有制的产生与发展。各类机构和公司法人逐渐成为垄断大公司的主要持股者。个人股东退居次要地位，这表明法人成为股份公司资产的直接所有者，由此，股份公司所有制相应地转化为法人资本所有制。由于法人资本所有制关系已经在发达资本主义国家的股份公司或大企业中居于支配地位，因此，法人资本所有制对当代资本主义国家大公司的权利结构、运行方式、行为目标都产生了决定性的影响。

所谓法人，是指拥有自主经营的财产、能够独立地享有民事权利并承担民事义务的经济组织，是不同于自然人的一种民事主体。从本质上说，法人是一种虚拟的人，或者说，是一种法律虚构。法人资本所有制的显著特点是财产占有主体非个人化，具有集体产权的性质，或者说，是一种社会集合的财产所有权。这种财产所有权不是私人财产所有权的简单加和，而是在集合的过程扬弃了私人资本的某些属性，具有社会化的性质。社会化不是公有化，按股份分红是私有权的实现形式，就是说，私人资本的性质并没有改变。只不过，在不同的法人所有权之间仍具有排他性而已。因此，它还不是公有资本所有权，最多可以看成是走向公有资本所有权的中介形式。正因为它是一种中介形式，它就具有两面性：一方面，它与私人资本所有权之间存在着千丝万缕的联系；另一方面，它的经营权在一定程度上克服了私人资本的某些缺陷。所以尽管法人资本所有制已经具有了社会资本的属性，但是毕竟存在的基础仍然是私人资本，它只不过是私人资本社会性的实现形式，是通向社会占有资本发展中的中介形式。

法人资本所有制也是资本主义社会基本矛盾运动的结果。随着生产社会化的高度发展，生产资料的占有形式必须与其相适应，法人资本所有制正是在新的历史条件下，为了克服生产资料私人占有所具有的弊端而采取的实现形式。因此，法人资本所有制具有显著的社会化特征：(1)资本所有关系的社会化。法人资本所有制是一种社会资本的形式，这种形式在一定程度上导致资本所有关系的社会化。这是因为，法人资本所有制的形成，促使资本的所有权、支配权和经营权之间的关系发生分离，从而也就在一定程度上扬弃了资本所有权的私人性质，具有明显的社会化性质，进而推动了资本的占有主体和经营主体的社会化。资本所有关系的社会化不仅缓和了社会化大生产和资本主义私人占有之间的矛盾，而且充分体现了资本主义生产方式发展的社会化的历史趋势。(2)资本积累方式的社会化。股份公司通过向社会发行股票，吸纳社会分散的小额资金，资本以股份的形式结合起来，聚合形成大资本。因此，法人股份资本的积累是以社会上存在的分散的资金为对象，借助现代信用制度，运用社会资本形成机制来实现的，也就是依靠社会资本的力量来完成资本积累的。可见，现代资本积累的方式实现了社会化。(3)资本的生产力发展的社会化。马克思说，“一切社会劳动生产力，都表现为资本的生产力”①，“资本是以生产力的一定的现有的历史发展为前提的”，同时“资本又推动和促进生产力向前发展”。② 对于法人资本所有制的股份公司而言，其真实的财产是一个由公司法人拥有的资源的集合，因此，一个公司就是通过资源配置而进行生产和交易的一个集团。实际上，它提高了不同生产资源“协作”的生产力。随着现代信用制度的发展，生产力发展的社会化得到了有力的推动。(4)资本经营主体及其约束机制的社会化。在法人资本所有制的股份公司中，由于资本所有权、支配权和经营权发生了分离，相应地所有权主体、支配权主体和经营权主体也发生了分离，由此，企业家成为一个独立的阶层，并以一种特殊的人力资源市场而出现，从而引起了经营主体的社会化。所谓资本约束机制，是指社会资本在其执行职能过程

① 《马克思恩格斯全集》，第49卷，人民出版社1982年版，第114页。

② 《马克思恩格斯全集》，第46卷(下)，人民出版社1980年版，第211页。

中所形成的约束机制。随着经营主体的社会化，其约束机制也社会化了，它不仅表现为控股者的直接控制，还表现为股民的间接控制，而且产品市场和企业家市场也起着间接约束。(5)资本投资风险承担的社会化。第二次世界大战之后出现的“共同资金投资机构”是典型的“机构法人”，共同基金为了提高投资的效率，通过专门设立的机构，组织专家对各家股份大公司的背景进行分析研究，然后选购资信较好的公司股票，并依据市场行情变动的反馈，经常调整自己的股票结构。由于“基金”的投资是由众多不同公司的股票组合的，不同股票价格的涨落常常相互抵消，因此，具有社会化性质的基金投资的风险与个人直接进行股票投资的风险相比要小得多。

从单个私人资本到法人资本的一系列形式的演化过程，同时也是资本所有制关系不断社会化的过程。马克思说：“资本不是物，而是一定的、社会的、属于一定历史社会形态的生产关系。”① 资本作为一种社会生产关系，其基础是生产资料的所有制关系，即资本主义生产资料的私人占有关系。资本是资本主义生产方式运动的主体。资本主义生产的物质方式和社会方式的基本性质，决定了资本具有私人性和社会性的二重属性。私人资本和社会资本的矛盾，直接体现了资本主义的基本矛盾，是资本主义基本矛盾在资本范畴中的直接反映。资本的私人性表现为资本的私人权力，即在法权关系上表现为一种私人产权。资本的社会性则表现为资本只能作为一种社会劳动的结晶和社会结合的力量而存在，它在经济关系中则是以一种社会力量而体现的。随着资本主义生产方式的发展，资本的社会性作为一种同资本私人权力异质化的力量日益发展起来，并导致私人资本的占有方式、所有制结构与形式的

① 马克思：《资本论》第3卷，人民出版社1975年版，第920页。

变化。所以，资本的私人性和社会性的内在矛盾，必然导致私人资本和社会资本的外部对立，社会资本是私人资本社会性的一种外在形式。从单个私人资本到法人资本的历史，不过是资本私人性和社会性内在矛盾发展的结果。所以，资本形式的演化及其社会化趋势的根本原因在于资本主义生产方式的基本矛盾。分散的单个私人资本联合起来转化为社会资本，是资本主义生产方式发展的历史必然。

5.3.2　企业法人制度条件下的企业家人力资本

法人制度的产生是产权制度完善的必然，这也是企业家产生的制度前提。在一个产权归属不清的社会里，是不可能成长出真正意义上的企业家的。产权是现代市场经济的基石，是一系列经济契约的核心、根本与基础，产权延伸出对于决策、经营、管理等诸多风险的“终极责任制”。从本质上说，法人产权制度是产权主体多元、混合的企业形态，对于中国企业特别是国有企业来说，不仅是陌生的，而且是短缺的。然而，发达市场经济国家经济发展表明，它却是先进生产力的组织载体。法人产权制度能够将更多的产权主体有效地组合起来，并且结构化，其智力与思想释放的能量通常大于单一产权主体。由此，现代企业自然形成有序、科学的激励与约束规范，从而促进企业家们健康成长。企业法人制度无疑是催生企业家成长的最佳激励源泉，同时也会大大减少政府的监管成本。

人力资本在企业发展中的地位是随着经济社会的发展不断变化的。在早期的经济发展中，由于社会分工协作体系尚未成形，社会生产经营活动对人力资本的要求很低，非人力资本的稀缺度要超过人力资本稀缺度。因而资本雇佣劳动成为人类社会经济发展过程中的一个片段。非人力资本所有者独享企业剩余索取权和剩余控制权的资本主义古典企业制度成为企业所有权发展史中的早期类型。在这种情况下,企业剩余索取权掌握在物力资本所有者手中。

随着社会化大生产的发展,社会产业结构的不断分化,以及企业规模的扩张和与之伴随的技术和管理过程的复杂化,人力资本在企业中的决定性作用日益显现。在现代企业中,不是财务资本的存在,才使个人、经理和企业家人力资本的所有者“有饭吃”,而是企业家的人力资本保证了企业的非人力资本的保值、增殖和扩张。离开了人力资本,非人力资本的各种社会表现形式,就既不能成为新的产品,也不能创造新的价值。企业家的经营管理能力是市场中最有价值的经济资源,是现在和未来产出与收入流的源泉之一,企业家是一种资本。随着资本的“专有通用性”和团队化发展,企业家人力资本正在日益成为企业风险的真正承担者,这是企业家人力资本特殊的产权责任。当然,企业家也获得了与之对应的最终或最优剩余索取权与控制权。现代经济发展说明,不是货币资本的存在才使人力资本所有者有所收益。相反,恰恰是企业家人力资本保证了企业货币资本的保值、增殖。

企业家人力资本的产权使其成为企业经济资源中最有价值的资源。企业家人力资本产权是指人们围绕或通过人力资本而形成的经济权利关系。企业家的人力资本产权具有人力资本产权的一般属性,包括人力资本所有权、支配权、处置权、使用权和收益权等。企业家人力资本产权具有相应的权能。这个权能实际上是指企业家对其活动所触及范围内的经济资源(包括物质资源和其他人力资源)进行有效配置的权力。企业家人力资本产权的这种权力是随着经济发展和技术进步而不断演化的。在生产力水平低下而且具有普遍性的早期,企业家尚未独立出来,在当时物质资本所有者控制着企业的经济决策权力。不过,随着经济的发展和企业规模的不断扩大及与之伴随的技术和管理过程的进一步复杂化,企业家人力资本的经济价值不断显现,客观上要求企业家参与经济决策权的配置。这就是说,在现代企业中人力资本产权与物质资本产权一样,具有企业剩余索取权。因此,企业家人力资本产权当然需要对其产权主体有所收益,具体表现为实物的或货币收入的享有或劳务的直接享有或其他方面的满足。在高新科技企业,人力资本产权主体正在成为企业实际上的控制者。随着新经济的发展,以企业经营者和技术创新者为代表的人力资本在现代经济发展中的作用不断凸显,人力资本的“经济价值”不断上升。企业家人力资本所有者在获得相当于要素价格的固定收入之外,还应获得对投资风险的补偿及对自己产权权益的保护。同时,作为人力资本产权主体的企业家,也需要承担一定行为关系对应的权责支付,从而使产权主体行为后果可能引致的外部性实现内部化。

企业家作为人力资本所有权主体,具有独立的产权主体地位和相应的权利要求,因而表现出一些独特的性质,其中主要有如下四个特性。第一,企业家的人力资本产权的个体性。企业家的人力资本只能天然地由载体个人占有,人的健康、体力、智力、技能和其他精神存量的所有权都不可分地属于其载体。在企业家人力资本形成过程中,投资主体无论是国家、企业组织还是企业家个人,最终归属于企业家个人所有。当然,企业家可以通过契约的方式,明晰企业家和人力资本投资主体的关系,以获得企业家人力资本所有权回报,而人力资本投资主体则可以通过取得使用权而获得收益来实现投资主体的所有权。第二,企业家的人力资本产权的增殖性。在通常情况下,企业家人力资本在使用过程中不仅不会发生价值的转移和价值的损耗,反而能够增加。这是因为企业家人力资本是不断重复使用的过程,而且随着经验的不断丰富、信息的不断积累以及能力、智力等综合素质的提升,企业家人力资本价值也就不断增加。第三，企业家的人力资本产权价值度量的不确定性。衡量企业家人力资本的价值是困难的，一般情况下，受教育的程度可以作为一个标准，个人能力也可以作为一个标准。但是，这二者有的时候不能有机统一，因此，衡量人力资本价值的标准存在不确定性。同时，由于企业家在经营管理的过程中不断接受新的信息和积累新的经验，所以其人力资本存量总在增加；另外，企业人力资本价值又是处在不断变化当中，要么在增加要么在减少，也导致其价值难以确定。而且，即使同一个企业家，由于组织环境的不同和时期的不同，人力资本价值也会出现不同，也会导致企业家人力资本价值度量的不确定性。第四，企业家的人力资本产权收益的外部性和长期性。人力资本收益的外部性是反映人力资本产权主体的个人收益与社会收益之间的关系。当人力资本使用过程中个人收益小于社会收益时，就出现了企业家的人力资本产权的正外部性；反之，则出现企业家的人力资本产权的负外部性。企业家人力资本收益还具有长期性特征，这是因为企业家人力资本具有很强的学习能力和自我积累能力，新的知识和技能得到不断地“凝聚”，因而总量则有日益增长之势。当然，企业家人力资本收益的长期性还表现在代际效应和环境影响上。

5.3.3 转型期国有企业家人力资本特征

在传统计划经济条件下，由于国有企业只是政府的一个部门，因此国有企业领导者的人事管理是由政府相应主管部门来负责和调整的。国有企业领导个人没有自主选择的权力，只有无条件服从的义务。尽管国有企业领导的人力资本仍然依附于其身体存在，但是，实际上国家已经通过行政程序和行政权力控制了国有企业领导者人力资本的所有权。

传统国有企业的人事管理基本特征是，人事管理的行政化而非市场化。国有企业领导者都是由政府管理部门统一安排，而不是经济制度安排,并没有把国有企业领导者视为一种特殊的人力资源,不过是一种官员的安排。这种制度安排与资源的市场化配置是格格不入的,违背企业经济活动的规律,是一种低效率的配置。由此可见,传统计划经济条件下的国有企业领导者不拥有依附于自身的人力资本所有权。这也是我国传统条件下人力资本投资方式决定的。从理论上说,人力资本的投资者可以是多元的,即社会、企业、其他团体、个人、家庭乃至承载者本人都可以进行人力资本的投资。但是,我国传统的教育体制是义务教育制,人力资本的教育投资几乎全部由国家承担。这种情况下的人力资本收益权也就相应归国家所有,人力资本自然拥有者则不参与收益分配,而是按劳动力价值进行分配。

改革开放以来,我国国有企业制度发生变迁,促进了人力资本产权特别是企业家人力资本产权的实现。不过,由于产权改革更明显地体现为对物质资本的宏、微观管理导向式的改革,缺乏有意识地对人力资本进行产权改革的举措,因此,国有企业家的人力资本产权仍然处于残缺状态,尚不能与社会主义市场经济体制完全一致。从而表现出经济转型期我国国有企业家的人力资本产权的基本特征。首先,国有企业家的人力资本产权仍主要由政府控制。经济改革后,随着经济体制由计划向市场转型,部分资源逐渐私有化。为了适应国有企业改革特别是政企分开的需要,国有企业逐步放松管制,国有企业领导者的人力资本所有权也出现了一定的市场化变迁。不过,国家仍没有放弃对国有企业家人力资本的所有权,在国有企业家的管理方式上仍具有浓厚的计划经济体制的特征。其次,国有企业家人力资本的交易仍存在困难。在转型期国有企业家的人力资本并不是完全按市场需要由市场机制配置的,仍然是按组织需要和事业需要由行政机制配置的。比如,国有企业家仍具有相应的行政级别,由党的组织部门任命、管理和调整，党的组织部门可以根据某种需要，对国有企业家进行调整和安排。这样的结果必然是，国有企业家人力资本产权仍是不可交易的。再次，国有企业家人力资本的流动仍无法实现。在市场经济条件下，资源或资本的有效配置，必须以资源或资本依一定的法律法规进行自由流动为前提。由于在我国一方面国有企业家按政府官员的身份管理、受制于企业行政级别外在作用；另一方面，长期以来官本位意识的熏陶而产生的权力崇尚、国有企业家受制于向往行政级别的内在激励。在上述内外两种力量的作用下，国有企业家人力资本的流动也就难以进行。

现代产权经济学认为，产权与交易是人类经济活动最基本的要素，一种有效率的产权制度的前提在于其产权的可交易性。在我国目前情况下，国有企业集中了丰富的社会资源，只要设计出合理的制度框架，企业家人力资本投入能够产出其他经济要素无可比拟的增殖潜力。从一般的角度讲，要素市场上的竞争非完备性将导致经济租金的形成及可利用的赢利机会的出现，产品市场也将同样地产生此类可赢利机会。在预测环境变化的过程中，发现潜在的市场价值，发现机会并把握机会，挖掘企业可利用的生产性机会，这是企业家的基本职能。但是，我国国有企业家人力资本产权的制约不仅使其人力资本贬值，而且会使社会资源得不到有效配置。这必然导致国有企业家职能不能充分发挥。因此，要保证国有企业家的人力资本价值，就必须拥有其人力资本产权。同一切人力资本一样，国有企业家对其人力资本拥有独一无二的占有权和所有权，这是企业家人力资本能够自由流动、交易和配置的前提条件，也是国有企业家人力资本的效能进而国有企业的效率得以提高的基本保障。人力资本载体的天然性特征，决定了人力资本产权流动与物质资本产权流动有差异。人力资本产权流动主要是法权使用权和法权处置权的流动，一般不涉及所有权(狭义)、占有权、实际使用权、收益权和实际处置权的流动。[①] 人力资本产权有序合理的流动，能够提高人力资本的价值，调动人力资本承载者的积极性，优化人力资本的配置；但不适当的人力资本产权流动，则会出现相反的结果。

企业家人力资本产权制度的创新，不仅要确立国有企业家享有自身人力资本的产权制度，而且要通过建立国有企业家激励约束机制和企业家市场等配套措施进行现实的推动。建立社会主义市场经济体制下国有企业家人力资本产权制度的关键还在于，必须明确国有企业家人力资本分享国有企业剩余。从理论上来说，国家确立国有企业家拥有自身的人力资本所有权，也就明确了作为人力资本所有者的国有企业家应获取自身的产权回报。人力资本的产权特性在于所有者完全控制着"资产"的开发利用，因此在企业契约中应体现对人力资本所有者的激励，保证其合法的剩余索取权。国有企业应允许国有企业家根据企业经营业绩按某种比例分享企业剩余。国有企业家享有一部分企业剩余索取权，成为企业所有者，这与国有企业的生存发展、经济效益好坏息息相关，有利于企业家推动企业的持续发展。

人力资本与非人力资本都是价值形态，在价值增殖的过程中都起到重要的作用。随着现代经济的发展，人力资本更是一种特殊的生产要素，而且是生产过程中最具能动性的生产要素，在现代经济发展中的作用也不断凸现。在企业的创立、发展过程中，人力资本所有者将自己的知识、技能、体力作为资本投入企业，不断地追加积累，而且同非人力资本所有者一起承担企业的特有风险和系统风险。因此，在获得相当于要素价格的固定收入之

---

① 年志远：《国有企业资本家人力资本的归属、特征与定价》，《当代经济研究》2005年第5期。

外，理应获得对投资风险的补偿及对自己产权权益的保护。针对我国现阶段生产力发展的具体情况，必须从增加对企业家人力资本激励的制度供给入手，消除国有企业家人力资本产权残缺的负面影响，在制度安排上充分保障国有企业家人力资本权益，通过制定和实施经理股票期权计划等长期薪酬激励项目，实现国有企业人力资本股权化，促使国有企业经营管理长期持续高效率运作。

5.4 企业家与激励约束机制

5.4.1 企业家行为与激励约束

企业家的激励与约束一直是世界性难题。以往的激励理论和实践中所存在的种种问题就是最好的说明。但激励是现代企业经营管理工作的一项职能,并依附于其他职能(如决策、计划、指挥、控制)及其衍生的目标。从本质上说,激励约束是在对其他职能履行状况的评价基础上促进其他职能更好地发挥效用。因此,激励约束的真正科学性在于以企业经营管理工作的性质和规律为依据,设置合理的激励机制和约束机制,对企业经营者进行有效的激励和约束。

企业家的效用主要受到以下几个因素的影响,可以用函数式的形式来表示①:

$$S=S(A,B,C,D,E)$$

其中:A 表示经营者的职位;B 表示经营者的社会地位和经营者的自我实现程度;D 表示经营者的报酬收入,包括工资和各种

---

① 彭正龙:《企业经营者评价系统与激励机制研究》,华夏出版社 2002 年版,第 104 页。

奖金;E 表示经营者通过各种不正当渠道取得的收入。

作为一个经济人,企业家的目标是实现自身效用最大化,即 $maxS$。如果企业家是通过增大 $S(A,B,C,D)$ 来增加自身效用,那么,其行为是理性的;如果企业家是通过增大 $S(E)$ 来增加自身效用,那么,其行为则是非理性的。一个有效的激励机制就是要鼓励其理性的行为,约束非理性行为。

在现代企业组织中,企业家的激励机制,是指激励主体(企业所有者)通过激励因素与企业家(激励客体或对象)相互作用的形式;而企业家的约束机制则是约束主体(企业所有者)通过约束因素与企业家(约束客体或对象)相互作用的形式①。激励本身也是一种约束,某种机制的激励作用越大,约束作用亦大。② 这是因为企业家的时间、精力常常是一个常数,而当存在激励机制驱动、诱导企业家发生某些行为时,实际上又起到了约束企业家的其他行为的作用,也就是出现了替代约束机制的效应。又由于强激励机制巨大的利益诱导,增大了企业家机会主义行为的机会成本,使企业家的机会主义行为可能"得不偿失",这样也约束了企业家的机会主义行为。

由于作为企业契约代理人的企业家存在着一些不良行为,比如,利用自己的信息优势,构筑"管理者堑壕"(Management Entrenchment)提高自己的讨价还价能力,降低工作努力程度,寻求自身效用最大化,出现了所谓的"道德风险"。由于我国经济处于转轨期,法律法规体系还不完善,企业的经营管理模式正在转变,经营者的"理性"机会主义行为更为明显和复杂。尤其是国有企

① 黄群慧:《企业家激励约束与国有企业改革》,中国人民大学出版社 2000 年版,第 60 页。

② 刘小玄:《现代企业的激励机制:剩余支配权》,《经济研究》1996 年第 6 期。

业，管理者出于自身利益最大化的考虑，只追求企业规模最大化以及在职消费最大化，企业低效运行，国有资产流失严重。可见，委托代理问题所引发的企业家的理性自利行为严重损害了企业所有者（股东或国家）权益。为此，一系列关于企业家激励约束机制应运而生，并成为现代公司治理模式的重要组成部分。企业家激励约束机制是指以企业家人力资本产权特征为基础，以企业家效用为依据能够使企业家有足够的动力将自身人力资本价值全部实现的一系列的制度安排。

企业家激励约束的实质就是激发企业家的能力和责任，督促其以企业总体利益为中心，保持企业内外各种利益关系的平衡和协调。企业家激励机制和约束机制是相互作用的，常常一项举措都是既体现了对企业家行为的激励，也体现了对其行为的约束。因此，企业家激励机制和约束机制要努力兼顾企业内部治理结构及外部市场的形成与发展，一方面建立多元化的薪酬结构和控制权授予机制，通过物质的和非物质的条件对企业家的行为形成有效的内部激励和约束；另一方面应不断完善和发展各种市场体系，通过外部环境的刺激对企业家形成制约。从而能够使企业家不仅为个人（即其行为不仅为了实现与自身价值相等的地位和收益），而且要为国有资产的保值增殖而尽职尽责。正如哈耶克所说，“真正的问题并不在于人是否（或者是否应当）由自私的动机所指导”，而在于“发现一套激励制度，以便激励人们能够根据自己的选择和依从那些决定着其日常行为的动机而尽可能地为满足所有他人的需要贡献出自己的力量”①。

中国不是从古典市场经济体制中的传统企业迈向现代市场经

① F. A. 冯 · 哈耶克：《个人主义与经济秩序》，三联书店 2003 年版，第 19～20 页、第 17 页。

济、发展现代企业的，而是从传统社会主义计划经济中长期塑造而成的工厂式生产单位和基层计划组织，一跃而进入现代市场经济中的。企业家也是随着这一演变过程才逐渐产生的。因此，中国国有企业运作方式并不完全等同于西方国家的国有企业，企业家含义不同于国际上惯用的企业家含义。当然，激励约束目标也就存在不同。根据我国的实际情况，我国企业家的激励约束的目标主要包括以下几方面内容：(1)企业家实现自身价值补偿目标。企业家的经营才能是企业重要的生产要素，对企业的经营绩效起着决定作用。因此，实现自身价值的补偿是企业家的基本目标。企业家的自身价值一方面通过物化形式，即经济收入来实现，另一方面通过社会地位的提高和给予荣誉、奖励得以实现。(2)企业家职业成就目标。当企业家追求企业的长期、稳定高效地发展，而不是将重点放在追求短期效果上时，就表现出职业成就目标的效应。实际上，成就感是企业家经营事业的永恒动机，而且是永远不会得到满足的。(3)企业家自主权目标。充分赋予企业家经营管理的权力是确定其核心地位的前提，同时也是企业家自身的需求。

5.4.2 企业家内部激励约束机制

企业家的内部激励约束机制可从报酬机制的研究入手。报酬激励是激励机制的基础，其核心是使企业家的个人利益与企业利益挂钩，成为企业剩余部分的享有者，这样可以使所有者的目标成为企业家的目标。

企业家的报酬是企业家才能、保持企业持续发展所获得的收入。现代企业高层经理人员的报酬结构都是多元化的，通常既包括固定收入(如固定工资)，也包括不固定或风险收入(如奖金、股票等)；既含有现期收入，也含有远期收入(如股票期权、退休金计划等)。一般而言，基本工资是预先确定的，并在一定时期内保持不变。其虽然缺少激励作用,但可以起到保险或保障作用,是企业家报酬必备形式和企业家激励的现实基础。然而,企业家有些决策的效果往往要在若干年后才能体现出来,另外,相对于企业的长远发展,企业家基于自身利益的考虑,更偏好短期的投资回报,这种短视行为体现在拼设备、拼资产、不愿在技术改造、产品开发和人才培养上投入等。因此,从这个角度来看,需要注意对企业家的长期激励。现阶段,企业家的长期激励在薪酬方面主要体现为股权激励与期权激励,其核心是实行股权激励。股票期权允许职业企业家以某一基期的价格来购买未来某一年份的同等面额的股票,职业企业家所得到的报酬是股票的基期市场价格和未来市场交割价格的差额。如果职业企业家将企业经营得好,未来企业股票升值,职业企业家将得到很大收入,反之如果职业企业家所经营的企业业绩差,未来股票就不可能升值,职业企业家的收入就无从谈起。这是一种高风险、高收益的激励措施。设计这种激励方式的必要性在于保证企业高层经理人员行为的长期化、规范化。同时,股权激励需要满足三个必备条件:(1)克服内部人控制,不应自己给自己定薪酬;(2)有效的证券市场,保证公司业绩与股价的同步;(3)激励体制的制度化,保持激励体制的稳定。

这种基薪短期激励与股票期权长期激励的多元化报酬组合是较为有效的,不同报酬形式对企业家行为有不同的激励效果和激励强度,可解决不同的利益冲突,既有助于减少企业家的风险规避问题,也激发了企业家当前的积极性以及长远发展的眼光。就我国目前来看,在企业经营者的薪酬激励方面,虽然收入水平呈上升趋势,但总体收入仍偏低,薪酬体系设计过于单一(见表5—1)。

表 5—1　企业经营者期望收入形式与实际收入形式对比(%)

	年份	月薪	月薪加奖金	年薪制	风险抵押承包制	股息加红利	期权股份	其他
期望	2003	7.3	12.0	51.5	9.4	19.9	17.0	2.5
	2002	42.7	37.1	17.7	4.9	17.0	3.7	3.7
	2001	38.0	41.0	19.3	6.6	21.4	3.8	2.5
实际	2000	42.5	49.0	18.8	11.4	16.1	9.5	1.9
	1999	29.0	47.1	16.4	6.5	8.8	1.8	2.2
	1998	—	76.6	14.8	5.8	12.5	—	3.5

资料来源：中国企业家调查系统，“中国企业家队伍成长现状与环境评价——2003 年中国企业家成长与发展专题调查报告”，《管理世界》2003 年第 7 期。

从表中可以看出，“年薪制”是最受推崇的收入方式，其次是“期权股份”与“股息加红利”，而实际的企业家报酬却基本停留在“月薪”或“月薪加奖金”的支付方式，没有形成与企业经营者对所有者即企业的贡献相联系的制度化报酬体系，既没有达到经营者的满意，也没有起到一定的激励约束作用。可见，我国企业家的薪酬体系还需进一步完善。

其次，控制权机制。与企业所有者具有剩余索取权相对应，职业企业家具有经营控制权。根据周其仁的定义①，企业家对企业的控制权就是排他性利用企业资产，特别是利用企业资产从事投资和市场营运的决策权。控制权如同货币报酬一样，也可以对企业家产生激励约束作用。控制权的激励作用是通过控制权收益体现出来的。从企业家的效用结构中可以看出，企业家的收益包括货币收益和控制权收益在企业家的效用函数中占有很大比重（图 5—1）。

---

① 周其仁：《“控制权回报”和“企业家控制的企业”——“公有制经济”中企业家人力资本产权的个案研究》，《经济研究》1997 年第 5 期。

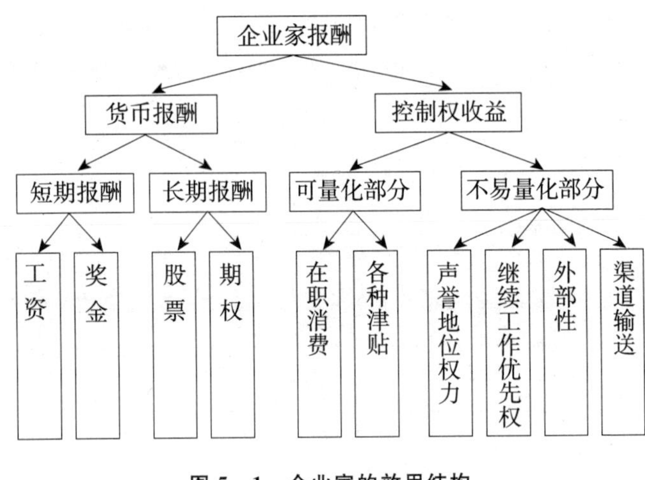

图 5—1 企业家的效用结构

由图 5—1 中可以看出，控制权对企业家所产生的效用主要是指因拥有和使用控制权而得到的满足感和成就感，具体来看，它能满足企业家三方面的需要：一是在一定程度上满足企业家施展才能、体现“企业家精神”的自我实现的需要；二是满足控制他人或感觉优越于他人、感觉自己处于负责任的权力需要；三是使得企业家具有职位特权，享受职位消费，给企业家带来正规报酬激励以外的物质利益满足。能满足企业家这三方面的需要是控制权成为企业家激励因素的内在机理。需要指出的是，当企业控制权并不能带来对剩余的索取时，“控制权回报”就意味着以“继续工作权”作为企业家“努力工作”的回报，并将控制权理解为在市场上竞价出售“企业家精神和才能”的机会权。①

而控制权对企业家所产生的约束机制则是通过限制和剥夺企

---

① 周其仁：《市场里的企业：一个人力资本与非人力资本的特别合约》，《经济研究》1996 年第 6 期。

业家的控制权从而控制收益得以实现的。很明显,控制权的安排在发挥积极的激励作用的同时,也会对组织和社会经济效率产生一定的消极影响,因而运用适当的约束机制对企业家控制权进行约束就成为必然,如根据企业业绩决定控制权的授予与否、何时授予、授予多少。就具体的约束方式而言,对企业家的约束机制来自企业内部和外部两个方面:内部约束机制就是企业治理结构,其首要功能就是配置企业契约参与者的控制权,并通过规定在不同状态下由谁、如何控制企业、风险和收益在不同所有者之间如何分配得以实现。也可以通过股东会、董事会、监事会等结构发挥作用,即所谓的"内部人监督",通过企业治理结构,投资者可以借助"用手投票"的方式对企业家进行监督和控制,实现对企业家的约束;外部约束机制就是市场,主要包括资本市场和企业家市场,这将在下文中具体分析。

5.4.3 企业家外部激励约束机制

由上述分析可以看出,企业通过多元化的报酬体系和适当的控制权安排等内部治理结构,一定程度上矫正了企业家的自利行为,维护了所有者和企业的长远发展利益。但是,单纯依靠内部激励约束机制还无法完全解决问题。

根据 Leibenstein 的 X 效率理论,任何决策程序与利润最大化背离的程度依存于外部压力(如竞争)的程度;与压力的存在相联系的一个概念是惰性,这个概念假设只有在外部压力充分大时人们才会改变他们的行为。其基本假设前提是:对于所有企业家来说,努力在一定程度上是一个相机抉择的变量,即个人在一定限度内能够选择他们的某些行动、他们实现这些活动的速度和他们的努力的质量。每个个人做出选择的性质将取决于引起动机的系统。惰性、压力和效率之间的关系可以用下面的"惰性区域"模型来说明。

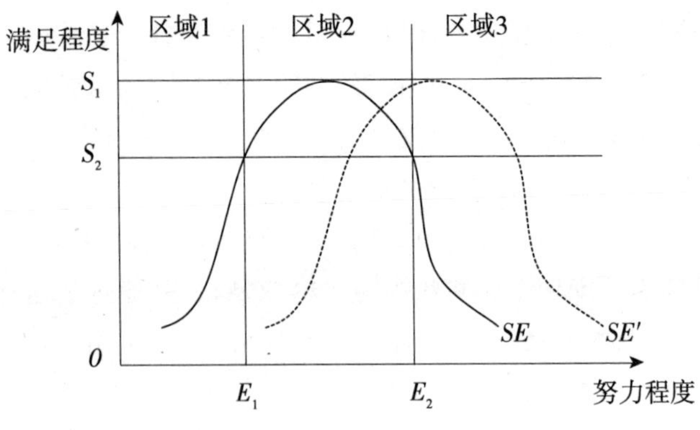

图 5—2 X 效率理论的惰性区域

如图 5—2，曲线 SE 表示努力程度和满足程度之间的关系。这条曲线可以分为三个部分：第一部分是区域 1，即小于或等于 E_1 的努力程度范畴，在这一区域，努力程度所产生的满足感以递增的速度增加，在达到满足程度 S_2 以前，个人宁愿选择较大的努力而不选择较小的努力。第二部分是区域 3，即大于 E_2 的努力程度，在这一区域内，努力程度所带来的满足感以递增的比率减少，努力程度超过 E_2 后，个人宁愿选择较小的努力，而不选择较大的努力。第三部分是区域 2，这是以努力程度 E_1 和 E_2 为边界的区域，在这一区域内，每一个努力——满足点与其他任一个努力——满足点难以区分，这一区域称谓“惰性区域”。由惰性区域理论我们可以得出一个推论：当企业家的努力程度处于惰性区域范围时，如果外部环境没有很大变化，则对企业家的任何刺激都将不起作用或只起到很小的作用。如果希望产生有效的激励（SE 曲线右移到 SE'），需要通过改变外界环境，引导激烈的外部竞争来满足职业经理人增加自身满足感的需要，即完善市场机制，建立积极有效的产品、资本及企业家市场。

企业家的行为一般受到产品市场、资本市场和企业家市场三方面竞争的激励约束。产品市场的竞争情况在一定程度上显示出职业企业家的能力和努力程度的信息;资本市场的信息披露制度及企业的市场价值在一定程度上反映了职业企业家的能力和努力程度,而资本市场的兼并、破产及接管机制直接危及职业企业家的控制权;企业家市场的优胜劣汰竞争机制保持了企业家的危机感。其中,资本市场和企业家市场是核心。各种市场的充分信息显示和竞争机制都构成了对企业家的监督约束,这种监督约束的效果取决于市场完善的程度。

(1)资本市场。资本市场是出资者监控、约束和筛选企业家的重要外部市场条件之一,它是公司制企业股本出资者不可退股这一制度特征的直接产物。企业家是企业创新职能的人格化载体,企业是企业家与出资者相结合实现创新的一种组织形式。企业家与出资者的对立统一矛盾运动是企业制度演化的内在动力。出资者通过一套有效的资本市场机制正确反映并评价企业家的经营绩效和经营才能,从而使得劣等企业家一旦被发现能够被逐出职位,剥夺其对资源的控制权,将其转交给真正优秀的企业家。资本市场对企业家的约束作用通过两种不同的机理实现:一是“用脚投票”,二是接管。有效率的资本市场能够客观地反映企业的业绩,进而间接反映企业家的能力和努力程度。当企业业绩不佳或者投资者预期不到企业的好前景时,投资者就会采取“用脚投票”的方式出售手中的股票,从而实现对企业家的惩罚和约束作用。接管的实质是通过市场对企业控制权的争夺。如果企业家努力程度或能力不够,企业业绩不佳,股票价格下跌,只要企业前景还好,就会有实力雄厚的企业或者个人把分散的股份收购起来,当股份集中到一定的程度,接管者就有了对公司的控制权,可以更换在位企业家,从而实现了对企业家的约束作用。当然,资本市场对企业家约

束的前提是市场本身的有效性，这是分析中国控制权市场应该特别关注的条件。

（2）企业家市场。企业家市场是对企业家约束的另一重要途径。企业家作为运作商品和资本的主体，其使命就是通过对资源的合理配置来产生更大的效益。只有通过市场竞争由企业来决定人选，才能实现企业家人才资源的优化配置，从而确保企业经营管理的质量，使投资者的收益最大化。发达的企业家市场提供了充足的后备企业家，投资者选择企业家的余地大，可以较低的成本找到合适的企业家更换在位企业家。因此，在位企业家受到很大的可能被更换或者被解雇的压力，促使企业家努力工作和不断提高自己的经营能力，从而企业家市场提供了对企业家的约束功能。从另一个角度看，如果一个企业家经营不善导致企业亏损甚至倒闭，那么，该企业家在市场上的人力资本就会贬值，不仅影响到其人力资本的竞争力，而且会影响其未来收入。因此，企业家为了长远利益，即使不存在其他的激励或约束，也会努力工作。这即是所谓的“隐性激励”。

（3）声誉或荣誉激励机制。这一机制作用的发挥是与市场机制紧密联系在一起的。根据马斯洛的理论，人的需要是多层次的，不仅有物质利益方面的需要，更有精神方面的需要。对于企业家而言，一般非常注重自己长期职业生涯中的声誉，强烈的成就欲以及由事业成功而得到良好的职业声誉、社会荣誉及地位是激励经理人员努力工作的重要因素。企业家的良好声誉会给当事人带来长期收益（不能排除这种收益仅仅是道德或心理上的满足），为了获得长期收益，当事人要树立良好声誉，而要得到好声誉则需当事人采取他人认可、赞赏的行为，尽管这些行为对当事人在一段时间内是一种“损失”或负担，当事人仍心甘情愿而为之，旨在树立良好声誉获得长期收益。声誉作为一种激励约束人的行为的因素，其作用机理也就在于此。

声誉机制对企业家的激约束作用是和经理市场的竞争选聘机制紧密联系的。企业家市场的实质是经营者的竞争选聘机制，竞争选聘的目的是将经营者的职位交给有能力和讲信用的经营者候选人。在企业家市场上，经营者的声誉既是经营者长期成功经营企业的结果，又是经营者拥有的创新、开拓、经营管理能力的一种重要的证明。没有长期化的行为，也就没有职业声誉。从企业家市场的角度看，如果把企业家的报酬作为企业家市场上企业家的"价格"信号的话，那么，企业家的声誉则是企业家市场上企业家的"质量"信号。企业家的"价格"信号和"质量"信号共同构成企业家的评价标准，没有良好"质量"信号的企业家是不可能成功竞聘的。

主要参考文献：

Leibenstein, h. 1988:"Entrepreneurship and Development", *American Review*. Vol. 58.

W. Jj. Baumol, 1990:"Entrepreneurship: Productive, Unproductive, and Destructive", *jpe*. Vol. 198. No. 5.

Joseph E. Stiglitz: Knowledge for Development, Economic Science, Economic Policy and Economic Advice, Paper for Annual World Bank.

马克思：《资本论》第1、2、3卷，人民出版社1975年版。

林炎志：《国有资本人格化》，河南人民出版社2000年版。

西安交通大学《企业家成长机制研究》课题组：《社会主义市场经济条件下企业家成长机制的实证分析与理论研究》，西安交通大学出版社2000年版。

王玉珍、范晋明：《资本人格化研究》，经济科学出版社2000年版。

吴辉：《资本人格化》，经济科学出版社2005年版。

郑江淮：《企业家行为的制度分析》，人民出版社2004年版。

年志远：《人力资本产权与国有企业所有权安排》，经济科学出版社2004

年版。

黄群慧:《企业家激励约束与国有企业改革》,中国人民大学出版社 2000 年版。

彭正龙:《企业经营者评价系统与激励机制研究》,华夏出版社 2002 年版。

米歇尔·克罗齐埃:《科层现象》,上海人民出版社 2002 年版。

彼得·布劳、马歇尔·梅耶《现代社会中的科层制》,学林出版社 2001 年版。

盖瑞·J. 米勒:《管理困境——科层的政治经济学》,上海三联书店、上海人民出版社 2002 年版。

熊彼特:《经济发展理论》,商务印书馆 1997 年版。

张完定、李垣:《企业家的定义、角色及其选择分析》,《经济研究》1998 年第 8 期。

周其仁:《"控制权回报"和"企业家控制的企业"——"公有制经济"中企业家人力资本产权的个案研究》,《经济研究》1997 年第 5 期。

年志远:《国有企业资本家人力资本的归属、特征与定价》,《当代经济研究》2005 年第 5 期。

6 公有产权制度演化条件下国有企业治理结构

随着国有企业改革的发展，企业治理问题不断显现。从某种程度上讲，国有企业治理结构能否有效建立，直接关系到国有企业改革的成败。中国国有企业的治理改革及其深化归根结底是一个关于其企业治理模式的选择与构建问题。中国国有企业治理模式的选择与构建，必须基于中国国有企业改革的基本思路及其治理环境的动态发展乃至世界公司治理运动的总体趋势而进行动态演化。我国近几年来，伴随着国有企业产权改革的推进，也逐渐将其作为微观经济研究的中心问题之一。然而随着国有企业公司化改造，其法人治理结构形同虚设，收效甚微。究其原因，是因为政府与企业之间关系刚性的存在，导致政府与企业的异质性博弈，结果引起国有企业治理的形式化。实际上，国有企业的法人治理结构不过是一种悖论。所谓国有企业治理悖论是指，由于国有产权范围内政府与企业之间存在着非市场化关系而导致政企之间发生的博弈是一种异质性博弈，因此，国有企业治理结构无论怎样设计、建构，都只有形式上的意义而不能产生法人治理结构能够产生的实际效果。这在世界各国国有企业的发展中都存在，不过，在经济转型的国家中尤为突出。

6.1 公有产权制度演化中的政企博弈与企业治理

6.1.1 产权与企业治理

企业治理(即公司治理,Corporate governance),是指一组联结并规范所有者(股东)、经营者(董事会、经理)、使用者(职工)相互权力和利益关系的制度安排,以解决公司内部不同权利主体之间的监督、激励和风险分配等问题。从本质上来讲,公司治理是指在公司法人资产的委托—代理制下规范不同权利主体之间权、责、利关系的制度安排。公司治理的基本制度就是委托代理制,而委托代理制的深层次问题就是在所有权与经营权分离条件下的权利配置问题,也就是产权问题。

两权分离即企业所有权与控制权分离,是随着股份企业的产生而产生的。在业主制或合伙制这样传统的企业制度下,企业的所有权与控制权是合二为一的,所以,企业经营管理的动力机制得到了很好的解决。而在股份企业这种现代企业制度中,所有权与控制权是分离的,这时,企业经营管理的动力成为一个重要的问题。最早对现代企业"两权分离"进行研究的是伯利(Berle)和米恩斯(Means),他们在 1932 年出版的《现代公司和私有产权》一书中,提出了由于股份企业股权的广泛分散,企业控制权已转入管理者手中,而企业所有者则降为资金提供者的角色。

根据"经济人"假说,在股份企业中经理的目标与股东的目标不可能一致。股东是企业的所有者,企业的控制权自然应该属于股东,不过,由于企业的两权分离,股东虽具有对企业的所有权,但经理人员实际上却对企业具有控制权,由于信息不对称可能导致的道德风险和逆向选择,经理人员可能为自己的目标而损害股东的利益，所以必须对经理人的活动进行监督，以保证所有者收益的最大化，由此引出“委托—代理”治理模式。这是一种狭义的企业治理，它排斥了企业其他利益相关者担当委托人的资格。在现代产权条件下，企业不完全是私人合约的产物，而是各种投入的组合，股东仅仅是资本的提供者，此外，供应商、贷款人、顾客特别是企业职工对企业都做出了专门化的特殊投资，他们对企业经营的影响是不能忽略的，应当享有企业治理权。美国经济学家玛格丽特·M.布莱尔说，“任何一个公司治理制度内的关键问题都是如何力图使公司经理人员能够对其他的企业资源贡献者负有义不容辞的责任”。[①]因此，委托人主体资格不仅仅是股东，还应包括“利害相关者”。广义的公司治理理论认为，以整套的制度安排规范利益相关者（包括股东、经理、债权人、职工等等）之间的关系，并从这种联盟中实现经济利益，从而形成了“利益相关者”治理模式。

一般而言，完善的企业治理包括两方面，即内部治理结构和外部治理结构。内部结果就是指股东大会、董事会、经理层以及他们相互之间的一整套控制与激励机制。这既体现在公司法、证券法等相关的法律制度中，也体现在公司章程等公司的内部规则中。外部结构首先包括国家的法律、法规等外部制度环境。这种外部环境旨在明确产权，增加透明度，增进协调机制和监管体系，以达到减少交易成本，使企业有稳定可预期的外部环境的目的。其次是一系列所谓的声誉机构，即以提供评估咨询等服务，靠声誉生存的机构，如律师事务所、会计师事务所、审计机构、财经媒体等。他们的存在对企业的活动起一种外部监督作用。最后是外部市场约束，包括资本市场，利用“用脚投票”的规则对企业的经营活动形成

① 玛格丽特·M.布莱尔：《所有权与控制》，中国社会科学出版社 1999 年版，第 2 页。

压力；竞争性的经理人市场的存在，对经营不好的在位经理形成可能会被替代的压力；产品市场的压力，这要取决于产品市场的性质，通常情况下，竞争性的产品市场比垄断性的产品市场更能对经营者形成激励。上述公司治理结构可以用图 6—1 来表示：

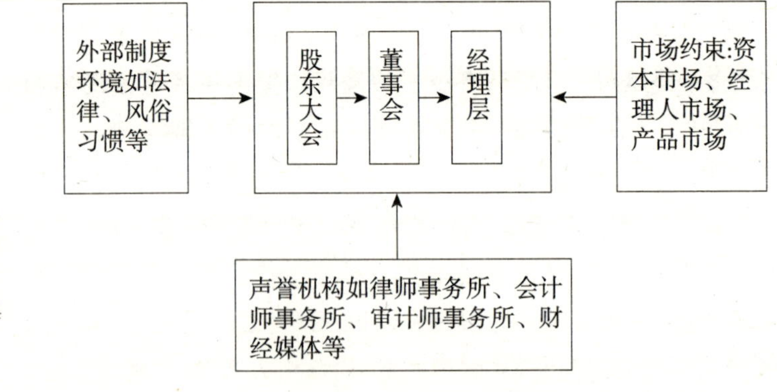

图 6—1 公司治理结构

6.1.2 公有产权制度演化中的政企博弈特征

政府和企业是社会经济运行中两个最基本也是最主要的主体，具有不同的经济利益。在传统公有产权制度和计划经济条件下，企业隶属于政府，不是独立的经济实体，一般来说，企业与政府、企业与企业之间不存在经济利益的冲突。我国向社会主义市场经济体制转型后，企业以独立的利益主体与政府进行着追求利益的博弈，政府为了实现社会经济目标要对企业追求利润的行为给予一定程度的限制，因此，政府与企业的博弈才有经济上的意义。

在市场经济条件下，企业具有独立的法人资格，在市场竞争中具有强烈的寻求利润最大化的理性意识，这是企业一切经济活动的出发点和归宿。在利益最大化目标的指导下，企业必须根据市场情况以及其他经济主体的行为，选择有利于企业经济利益的经营管理决策。在市场经济中，市场各个经济主体都是企业博弈的对象，因此，必须在市场份额总量存在增长的可能性时，使自己的战略决策尽可能减少失误而带来大于其他企业的收益。当然，企业理性与社会理性常常出现矛盾，当政府代表社会理性参与博弈时，政府要纠正企业的博弈行为，政府和企业之间会产生利益冲突，导致博弈行为的发生。政府参与市场经济活动特别是与企业进行博弈时，具有宏观经济主体和微观经济主体双重身份。当政府以宏观经济主体身份调节社会经济运行时，政府必须保持社会经济运行的协调和持续发展，将政府控制的资源投入到社会发展滞后的部门和行业，并控制社会发展过剩以及不健康部门和行业的发展。因此，政府会采取一系列措施甚至是行政措施，要求企业接受政府的宏观目标，这样就有可能出现政府宏观调控行为与企业自主要求的冲突。

企业和政府在博弈中分别存在不同的产权约束。政府在博弈中所支配的资源属于全社会所有，政府是代表全社会来管理和支配这些资源的，政府进行博弈时是委托能够代表政府的个人来进行的，但是，代表政府参与博弈的个人不可能直接承担支配资源的后果，因此，经营管理成败与否对于个人的利益影响不大。企业在博弈中所支配的则完全是企业自己的财产，企业博弈决策者要承担所有后果的责任。企业在与政府博弈时，首先考虑的是博弈收入大于支出，这是企业参与博弈的前提，否则，企业就会放弃博弈。而且，企业和政府在博弈中的价值判断存在差别，企业是以“经济人”的身份出现，而政府则是以“行政人”（或“政治人”）的身份出现。众所周知，任何国家的政府必然要代表一定政党的利益，在经济活动中要体现政党的目标要求。我国政府在与企业的博弈中必然会把贯彻党的政治主张摆在主要地位。而企业在任何时候都要以经济利益作为行为的唯一出发点。

在与政府的博弈谈判中,企业可以在盈亏临界点以上多次与政府讨价还价,最后形成一个有利于企业的博弈契约。可以用一个例子进行说明。假定企业与政府在 X 资源储备问题上存在博弈。政府为了调节市场供求状况,需要掌握一定数量的 X 资源,但政府机构不可能直接经营或保管 X 资源,而是通过与企业博弈的方式让企业储备。企业经营或储备 X 资源需要支付费用,双方要通过博弈来确定合理的费用水平。当双方经过大量的调查认为每单位 X 资源需要 a 单位货币储备费用时,双方在签订 X 资源储备契约当中会出现以下博弈矩阵(见表 6—1)。

表 6—1　政府和企业关于 X 资源储备决策博弈

政府	企业		
	第一方案	第二方案	第三方案
第一方案	0,4	2,3	2,2
第二方案	0,3	2,4	0,0

根据表 6—1,政府在与企业的谈判中要么是让企业以 a 单位货币的价格接受储备,要么不让企业储备。而企业至少可以做出以上三种的战略选择,经过双方的讨价还价,企业和政府最终能够在政府的第一方案和企业的第三方案上达成一个纳什均衡。①

政府与企业的博弈可分为合作博弈和非合作博弈两种基本形式。政府与企业的博弈内容和相应的社会环境,决定着采取合作

① 纳什(Nash)是西方对博弈论理论研究做出了重要贡献的经济学家。纳什均衡指的是剔除了劣势战略后的博弈主体所一致预测的均衡战略。

博弈决策，还是采取非合作博弈决策。

(1)合作性博弈

合作性博弈是博弈双方在平等自由的条件下进行的目标一致的博弈行为。合作博弈的前提是政府已有合作意向，需要通过与企业的合作来完成政府目标。除了政府本身存在合作需求外，政府决策者个人的政绩目标也会推进决策者与企业达成合作。在合作博弈的条件下，政府和企业代表着各自的利益充分地讨论合作方案，并在双方能够接受的方案的基础上达成统一。[①] 可以通过一个工程招投标的例子来分析政府与企业的合作博弈。政府要将某一项工程以招投标的形式交给企业建设，政府与企业在招投标的博弈中常常出现图 6—2 的情况。A 点是政府经过调查研究后给出的招标价；B 点是企业经过分析后所出的与政府进行讨价还价的投标价。政府若是与企业在 A 点上达成合作博弈，则企业只能获得市场平均利润；政府若是在 B 点上与企业达成合作，企业可以取得图中的阴影部分的超额利润。政府和企业最后是在哪点上达成合作，必须取决于双方合作性博弈过程。

一般而言，合作性博弈常常出现政府的合作意愿强于企业。政府是社会宏观调节主体，当政府从调节宏观经济运行出发，需要达到某一调节目标时，政府总是要从宏观经济效益的角度考虑与企业的博弈，而不会过多地计较某一局部的博弈成本。这是因为政府在某一局部博弈的成本损失常常可以在宏观收益上得到补偿。实际上，这也在一定程度上拓展了企业在谈判过程中讨价还价的空间。

① 蔡玉峰:《政府和企业的博弈分析》，中国经济出版社 2000 年版，第 82～87 页。

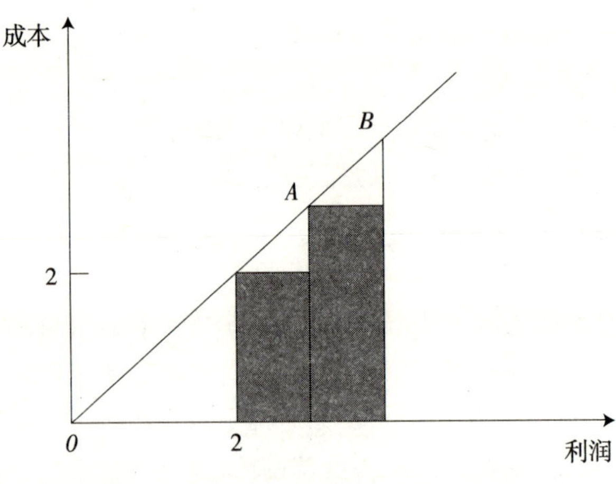

图 6—2　政府和企业工程招投标博弈例子

(2)非合作性博弈

在市场经济条件下,可能会出现政府和企业都不愿合作的情况,但受到社会经济环境的制约,双方又必须通过合作来完成某些任务,这便出现了政府和企业的非合作性博弈。非合作性博弈是一种非均势的博弈,博弈过程取决于对方的强制力,非自愿参加博弈的政府和企业由于没有充分的选择权,不可能对多种博弈方案进行比较,合作的形成在很大程度上要屈从对方的强制规定。无论是政府还是企业,都具有自身的内在强制,这种强制来自于各种经济主体内在的质的要求。政府的强制来自于集体的决策,政府的决策一经形成就不可能更改,具有明显的强制力。企业的强制来自于企业的产权性质,不同产权性质的企业与政府发生非合作性博弈,在博弈的形式、内容和效果上都存在较大的差别。在双方强制力支配下形成的博弈合作,往往要以某一方的利益损失为代价。非合作性博弈在双方的合作过程当中常常表现出不稳定性。由于存在非自愿的倾向,在履行合作契约中常常出现不遵守契约或随意修改契约的情况。一方面，政府决策部门具有设租和撤租的偏好；另一方面，企业具有应租的偏好，二者合作的效率不高。长期以来，我国国有制企业改革进度缓慢，并发生大面积亏损，从博弈理论的角度进行分析，实际上是政府和企业非合作性博弈的必然结果。

6.1.3 国有企业的产权改革与治理的形式化

我国国有企业产权有一个历史演变过程，主要经过了改革开放前、后两大历史阶段。改革开放前，国有企业不是一个独立经济实体，不具备独立的财产。国有企业由政府部门集中人力、物力和财力兴建，企业的盈亏由国家统负，利润和折旧全部上交。企业进行固定资产更新和技术改造所需的各种费用，由国家财政部门按定额拨给，季节性、临时性的超定额部分由银行贷款解决。企业由于没有可供自己支配的财产，因而也不存在基于其上的所谓法人财产权。从严格意义上讲，国有企业不过是大工厂里的车间，其企业的治理是一种直接的行政治理，企业被纳入行政系统，其特点是政企合一，政府通过行政渠道保持着对企业活动的控制。

改革开放后，我国开始了渐进的体制转轨过程。为了改变国有企业运行的低效率，我们一直在如何处理好政府与国有企业的关系中寻找出路，即在“是实行国家所有权委托代理，还是政府直接干预”二者之间徘徊。当政府直接管理企业时，不仅企业缺乏活力，同时又有碍政府公正行使职能，于是就倾向实行委托代理，曾先后实行过承包制、厂长负责制等。而在国有企业框架下，委托代理缺乏制度基础，代理方的努力并不反映国家所有者的利益，一旦实行委托，往往意味着失去了制衡。在企业失控并出现种种非正常行为时，政府部门又开始收回权力，倾向于直接干预。(1)承包制是在不改变原有企业财产制度的前提下，对企业的治理制度的一种变革，试图通过契约的方式来解决政企合一和企业内部经营机制问题。但由于与行政部门仍有千丝万缕的联系，所以其治理制度仍打有行政的烙印。(2)厂长负责制是针对原先的党委领导下的厂长负责制而推行的一种治理结构，厂长具有一定经营自主权。尽管这些权利并没有真正落实，但它对企业生产经营方面所起的积极作用是不容置疑的。(3)租赁制是经济体制改革过程中出现的一种对国有财产新的治理形式。在不改变原有产权制度的前提下，实行所有权与经营权的分离。国家委托企业主管部门和政府财政部门作为出租方，将企业财产有期限地租给承租方经营，承租方以一定的财产作抵押，取得对国有财产的控制权，依照有关合同规定对企业实行自主经营、自负盈亏、独立承担风险，并承诺定期向出租方缴付租金的一种新的经营管理方式。这种治理形式一般适用于国有小企业。(4)法人治理结构是国有企业通过产权改革而要达到的企业治理目标。自 1986 年我国第一家股份制企业在上海证券交易所上市后，1987 年开始进行股份制试点，1991 年开始进行建立企业集团试点，1993 年确立了现代企业制度为国有企业改革目标，并开始了建立现代企业制度的试点和探索。不过，在企业治理上，仍然沿用传统的行政任命和请示汇报模式。1994 年我国第一部《公司法》颁布，提出了有限责任公司、国有独资公司和股份有限公司三种公司制企业的治理结构模式。

随着国有企业公司化改组的深入，政府代表出资者享有出资者产权，不再干预企业的经营管理活动，企业拥有独立的法人产权；外部进行政府机构改革，撤销了主管企业的专业部门，一定程度上改善了政企关系。但国有企业毕竟是国有资产的载体，它完全与政府脱离是不合逻辑的。因此，国有企业必须与其他政府部门"挂钩"。一方面，在资产上要与财政部门"对接"，另一方面，在人事上要与企业工委或组织部门"对接"。在改制过程中，国有企业一般都改为有限责任公司或股份有限公司，目前我国多数股份公司都是国有控制公司或国有独资形式的股份公司，国有股份为国家股和国有法人股，在中国股市占大约三分之二的比重，且不能流通。

国家作为控股大股东，公司是很难达到法人治理的效果的。第一，董事会是公司的最高决策机构，它决定公司的重大经营决策和任命高层经理人员等。目前我国国有公司有两种情况：一是不设董事会，这仅限于部分国有独资企业，而是由政府直接派出经理人员；二是虽设董事会，但基本上由公司中高层领导和工会主席组成，外部董事较少，即使设立外部董事，他们也很难参与或不愿参与决策。政府之所以不派政府董事，原因是公司的领导人本身即为政府官员，他们体现的就是政府意图，而我国国有企业的非控股股东股权比较分散，没有动力也没有能力选派自己的董事。第二，“老三会”的作用改变，其中权利得到维持和加强的是党委会在“新三会”中的地位，明确规定公司董事长或副董事长由党委书记兼任，党员董事、监事和总经理进入党委会，使得党委会在公司重大决策、人事考核等方面拥有很大的权力。职代会与工会的作用下降，二者只能在涉及职工切身利益以及职工董事或监事选举时有一定的权力，基本没有参加公司重大经营决策权。第三，政府仍然可以利用控股地位依据过半数的投票原则，强行通过有利于自己的议案。第四，国有股权目前不能流通和交易，导致公司控制权无法发挥作用，从而也使得代理权缺乏竞争，经理层的替换权只能由政府和组织部门掌握，现有经理可以通过低成本贿赂主管官员而不是努力经营来保持位置。

上面的分析表明，我国国有企业治理结构，其形式大于效用。在国有股权仍处于控股地位的情况下，按照公司治理逻辑，董事会、监事会和经理班子的成员大部分都应当由政府这一大股东指派、推荐或任命，服从政府这一大股东的权威。在这种情况下，国有企业治理无论怎样设计，都只有形式上的意义而不能令人满意。

6.1.4 政府与企业的关系刚性与国有企业治理失效

为什么国有企业治理出现形式化？这不能简单地从政企没有能分开的思路寻找原因。其实，“政企分开”的说法是值得推敲的，因为对于国有企业而言，政企关系是不可能分开的。这种认识上的差错导致国有企业产权制度改革陷入一个无法解决的怪圈，一边想方设法分开“政”、“企”，另一边却是问题不断出现。实际上，政府与企业的关系，不是要分开的问题，而是怎样理顺的问题，也就是说，如何按照现代市场规则规范政府与企业的行为。因此，准确认识政企关系的基本特征是理顺二者关系的关键。根据国有企业产生和产权制度的演变，我们认为，政企之间存在着关系刚性，这种关系刚性是政企关系不能彻底理顺的根本所在，也是国有企业治理形式化的根本所在。

政企之间的关系刚性，是指在国有产权范围内政府与企业之间存在着非市场化关系，而且并没有随着产权制度的改革而发生根本性的变化。就我国国有企业而言，政企之间的关系刚性由于传统计划体制作用而显得更为突出。不过，如果抽象掉体制方面的因素，政企之间的关系刚性的存在也是不可避免的。这是因为：(1)政府与企业的目标函数不同。政府的目标函数是多元的，政府本身是政治的产物。政府不仅具有经济功能，而且具有政治、社会功能，不仅要完成预定的经济目标，而且要满足国家的政治、社会目标。企业则不同，它的目标函数是单一的。企业是生产经营实体，企业的职能就是通过生产经营活动来实现自己的价值，生产性活动是企业最基本的经济行为。以尽可能少的支出获得尽可能多的产出是企业最基本的目标。企业在任何时候都必须把完成生产经营任务放在企业的突出位置。(2)政府与企业行为规则不同。政府行为主要受行政规律的约束，政府作为社会宏观主体进行调控时，政府行为具有全局性，并依照法律程序进行广泛的论证和进行具体的操作。由于政府的多层次性，从而政府的社会行为呈现出层次性和周期性特征①；企业则不同，其行为则主要受市场经济规律的约束，市场信号是企业行为的主要依据，并能根据市场信号做出快速反应。(3)政府与企业的行为交叉。政府和企业在经济运行中分别担当着宏观经济主体和微观经济主体的职能。但在实际的经济活动中，政府和企业的行为是交叉的。在调节宏观经济运行中，政府投资是一种经常性的行为，不过政府投资不能以抽象的宏观经济单位为对象，而要将资本投入到具体的生产单位，政府投入后要对投资单位履行所有者的监控责任。可见，由于现实中政府与企业行为的不确定性，政府的投资行为很难用宏观经济行为还是微观经济行为来界定。

由于政企之间关系刚性的存在，政府与企业之间的博弈必然是一种异质性博弈。传统计划体制下，国有企业没有自主权和预算约束力。体制改革以来，企业在这两个方面都有所加强，不过政府(主管部门)对国有企业经理任命和解职的制度没有发生本质变化。由于政府和企业是两个不同性质的组织，政府是行政组织，而企业则是经济组织，两种不同性质的组织都同时在“经理”这个关节点上发生作用，而且它们的预期是不同的，从而决定了两种组织之间发生的博弈是一种异质性博弈。在市场经济条件下，经理不需要与行政组织发生关系，只与企业组织形成一种契约关系，其间发生的博弈是同质性博弈。政府对企业的控制不是通过市场约束来实现的，而是通过对经理人员的更换，以及行政官员职务的提升和各种行政奖励来实现的。当这两种组织行为发生交叉时，异质性博弈随之发生，体现在国有企业经理人员身上的便是“行政人”

---

① 蔡玉峰：《政府和企业的博弈分析》，中国经济出版社2000年版，第35页。

和"经济人"的双面特性[1]。

政府与企业的异质性博弈会引起国有企业治理的失效。实际上,对于同质性博弈而言,博弈本身就是一种约束,而对于异质性博弈来说,则会导致效率损耗。在政府与企业之间进行异质性博弈时,双方处于一种非均势的博弈,博弈的结果取决于对方的异质强制力。政府和企业都有自身的内在强制,这种强制来自于自身质的要求。政府的内在强制来自于集体的决策,企业的内在强制来自于企业的产权性质。国有制企业对决策的执行情况主要由政府控制,因此,在具体的谈判中由于政企之间关系刚性而缺乏足够的弹性。异质性博弈表现出较多的不稳定性,而且在双方强制力支配下形成的异质性博弈往往是效率较低的。改革以来,我国国有企业制度变迁进度缓慢,并发生大面积亏损,从根本上看,就是政府和企业的关系刚性引发异质性博弈而导致的。

其实,政府和企业的关系刚性在西方发达国家的国有企业运行中也是存在的,只是在经济转型的国家这种关系刚性表现得更为突出而已。在英国,政府所介入的市场活动主要限于不适合由私人企业经营的一些基础设施和公共服务方面。即使如此,政府也还是通过托管、出租等方式,尽可能地吸引私人企业或非营利组织来参与经营管理,以此来弱化企业之间的关系刚性。1979 年以前英国的工党执政时,曾对许多企业实行赎买政策使私人企业变为国有企业,但这些国有企业中的大部分连年亏损。1979 年撒切尔夫人任首相的保守党上台后,又对这些国有企业实行了大规模的私有化。近年来,缩小国有企业的市场范围,仍然是各国国有企业改革和发展的主要趋势。由于政企之间的关系刚性的存在,发

① 葛扬、林乐芬:《"后行政人控制"与企业治理结构》,《社会科学辑刊》2000 年第 4 期。

达国家国有企业的治理与一般的公司治理是不同的，其主要特征是[①]：其一，企业治理结构主要通过立法的形式来确定，一般采取一个企业一个法律的原则；其二，企业经营管理权，一般由政府部门或专设机构行使；其三，企业经营者产生，一般由政府主管部门提名、任免并管理；其四，企业内部权力设置，通常由董事会来代表政府行使所有者的权力，企业的经营管理实行董事会领导下的经理负责制，一般不设股东大会和监事会，监督职能主要由政府设置的机构来行使；其五，企业经营者约束，主要由各种法律、契约（合同）的规定和事后监督及奖惩为主。而企业经营者的激励，主要通过报酬激励、社会地位激励、个人荣誉激励和行政级别等多种方式，不过，报酬激励明显弱于同类非国有企业。

6.2 公有产权制度演化中国有企业的家族化现象

6.2.1 家族化对国有企业的影响

家族化概念源于“家”概念，在中国“家”概念又在不断地泛化，其内涵非常丰富，不仅包括泛化了的亲属关系，还包括泛化了的人们的各种特殊关系。我国著名社会学家费孝通在《乡土中国》一书中首次提出泛家族主义的概念，他认为，家族在结构上包括家庭，最小的家族也可以等于家庭。因为亲属结构的基础是亲子关系，父母子的三角关系。家族是从家庭基础上推出来的。“自家人”虽然源于以及由血缘关系来定义，但是，在人们日常生活中具体运用它时，这一概念已成为一种社会心理概念。费孝通以此分析中国

① 张金昌：《21世纪的企业治理结构和组织变革》，经济科学出版社2000年版，第144～145页。

社会中出现的“差序格局”现象，在他看来，利用亲属的关系去组合社群，经营各种事业，使这基本的家变成氏族性的了。

从一定角度看，任何家族以外的社群、机构以及企业或国家，都是家的扩大。因此，泛家族主义对中国的影响是深远的。这是因为长期以来中国传统中人们的家族意识太强，几乎促使全部的人与人的关系家庭化。这样的结果，就会使家族主义的取向在家族以外的团体或组织中得以泛化。也就是说，家族的结构形态与运作原则、伦理关系、角色关系及家族生活中的态度和行为等在家族以外的团体和组织中得以泛化。家族主义的泛化直接导致裙带关系的出现，这是泛家族主义的一种物化形式。企业组织的亲缘化程度越高，泛家族主义存在的物质基础越坚厚；反过来，泛家族主义物质基础越坚厚，泛家族主义对企业组织的影响也就越高，甚至成为企业文化的核心内容。其实，家族化不是中国特有的现象，在欧美国家中也照样存在，只是程度上存在差别。美国著名学者帕森斯和希尔斯经过分析研究，提出了与家族化大体相同的“特殊主义”的概念。他们认为，如果采取“特殊主义”的原则，依据关系远近和利益的原则认定对象及其行为的价值高低，就会使企业的组织行为和生活缺乏原则性，从而大大降低社会的法律、机构、制度、运作方式的公共性。

家族化企业不仅在横向上存在于世界上的大多数国家，也在纵向上存在于企业发展的各个阶段和层次，特别是在东南亚的许多国家更是普遍，在我国企业中存在着“泛”家族化的倾向。随着市场化改革的深化和企业改制的深入，我国企业出现了双向逆动现象：一方面，民营企业（三资企业除外）在经历了最初的“家族化”过程后，开始克服“家族化”的弊端，其中一些经营规模大、发展好的民营企业已经有计划地逐步向现代企业转变；另一方面，国有企业特别是那些属于“放小”对象的国有中小企业却走着相反的道

路,“家族化”在原有软约束条件下由暗变明。尽管国有企业泛家族化现象能够起到凝聚企业内部力量的作用,但是,从一个经济组织角度来说,家族化对国有企业的负面影响还是比较显著的。

第一,家族化对国有企业员工产生双重负面影响:一是导致企业员工非经济性依赖过度,也就是说,企业员工过分地依赖企业。比如,福利设施、社会保障等,即使在实行住房分配货币化和养老保险社会化的今天,上述依赖性也是比较强烈的;二是强化了国有企业中存在的裙带关系。这在国有企业内部管理尤其是用工、赏罚等方面表现得非常明显。企业的财务、人事等要害部门一般都是由经营者亲朋好友把持着,国有企业成了企业经营者的“家天下”。可见,企业的经营活动差不多是依托裙带关系而运行。

第二,家族化使国有企业具有官僚制和“父权主义”的双重性格。尽管我国国有企业基本完成了公司制改革,但由于长期置身于“家长主义”浓厚的实际环境,企业经营管理者的家族化取向明显,导致其权力的滥用。再加上国有企业仍然具有国家意志的物质外壳,每一个国有企业都被赋予一定的行政级别。国家对企业,既体现着“父权主义”的控制,又表现着“父爱主义”的呵护[①]。因此,经理为了使自己能够不断升迁,只要对提拔自己的上级主管部门及其领导负责,很难也无须对公司的股东大会、董事会和监事会负责。结果,企业经营管理者他们的主要精力放在同上面搞好关系上,出现了“政治人”行为下的“企业政治”的现象。

第三,家族化强化了企业利益核心主义。家族化的利己主义倾向使企业在决策时往往从自己利益的角度来思考和决策,不愿意承担社会责任并从社会公益的角度来规定企业行为,而是更多考虑企业自身的利益、生存和发展。甚至有些企业为了自身的经

---

① 张翼:《国有企业的家族化》,社会科学文献出版社 2002 年版,第 64 页。

济利益，钻我国现阶段市场体系不完备、经济法规不健全的空子，采取偷税漏税、高额回扣、弄虚作假、仿冒名牌商品等损害国家利益、其他企业利益和消费者利益的手段。也有一些上市公司由于缺乏有效的约束机制，长期和大股东人员、财务、资产三不分，在日常经营中弄虚作假、非规范运作，损害中小股东的利益。在公司内部，还有可能出现以群体的利益目标替代组织的利益目标的情况，比如，过分的在职消费，工资、奖金、福利等收入增长过快等。这些现象都体现了企业利益核心主义。

第四，家族化降低了企业社会资源的使用效率。国有企业预算约束的软化程度取决于企业与主管部门之间的讨价还价的结果。科尔内指出："软预算约束综合症的一个非常重要的因素是，外部援助是为了更多的补贴、免税，为了得到所允许的行政价格等而进行的讨价还价的问题。一切都可谈判的——不是在市场上，而是在父爱主义的官僚制度内。"①科尔内的分析表明，国有企业在父爱主义的体制环境里，趋于把"走上层路线"或进行疏通当做"生产活动"的一个重要部分，不过，这个生产活动不是发生在"生产领域"，而是发生在"控制领域"。因此，当企业在外部谋利更大、成本更低时，就可能放松对企业内部交易的管理，注重于外部活动，造成企业创新能力下降和经营不善以及社会信用的混乱，增大社会信用风险，加大社会经济活动的经济成本，从而降低了企业社会资源的使用效率。

6.2.2 国有企业"家族化"现象产生的原因分析

(1)国有企业"家族化"是经济转型条件下市场竞争策略的一种选择

---

① 科尔内:《高缪卡论软预算约束:一个答复》,《计划经济学》1985 年第 2 期。

从计划经济向市场经济转型过程中，国内企业的经营环境面临着许多法制盲点和宏观调控无法顾及之处。各种非公有制企业在买方市场条件下与国有企业竞争，结果是，国有企业不如民营企业和个体企业。其中重要的原因在于，非国有企业的经营管理方式较好地适应社会转型时期企业经营环境的变化。因此，在外部经营环境无法得到完全改善的情况下，国有企业必须充分利用自己的条件，运用与非国有企业一样的手段，力求改变自身在竞争中的劣势，而"家族化"为国有企业的这种行为提供了基础。企业"家族化"的结果就是一张庞大的社会关系网的形成，由于这张网中的每一个成员与外界的社会联系都有可能构成另一张网，故网网相扣，网中有网。通过这张庞大的网络，企业获得许多经营机会，从而为企业解决许多按正常途径无法得到解决的问题。在我国社会转型时期，在不正当竞争环境无法得以迅速改善和生产力水平还比较低下的客观条件下，社会环境对企业的影响在很多情况下超过了管理规范对企业的影响。因此，"家族化"的形成特别是社会关系"网"的形成就显得非常重要。

(2)国有企业"家族化"是经济转型期企业制度变迁的过渡方式

中国的经济转型是政府推动下的超常规的转型，是在改革国家各方面的制度配置和行为标准中所进行的转型。从本质上说，体制改革是在打破旧的利益格局基础上对新的利益格局的重新建立。在渐进式改革的逻辑中，对旧有利益格局并不是一次性打破，而是分阶段进行。因此，由于改革触及社会各个方面的利益，人们对这些改变会有一个在价值判断和行为标准的评价机制上的接受过程。在经济转型过程中，一方面计划经济条件下的制度规范不断弱化，另一方面市场经济条件下的制度规范又尚未形成，"家族化"也就成为企业制度过渡的一种形式。在组织中，"家族化"管理一般是以血缘关系和感情纽带为基础，聚合各种价值取向，减少摩擦，平衡利益。因此，在特定条件下，“家族化”管理能够使复杂的组织结构简单化，不仅节省了决策成本，而且从一定程度上提高了企业经营管理效率。

(3)国有企业“家族化”是经济转型期企业管理者控制权集中的有效路径

从理论上讲，国有企业虽然明确了厂长经理在经营管理决策中的主导地位，赋予了厂长经理很大的决策权，但是，在具体的实践过程中，情况并非如此。而国有企业的“家族化”能够在最大限度内维护厂长经理的权威，保证了厂长经理决策内容的贯彻执行。在经济转型期，企业经营的外部环境变化频繁，一旦失去了机会就意味着企业利润的损失。由于“家族化”管理中各成员的沟通比较容易，对决策实施过程中的种种问题能够及时反馈，减少了信息传递过程中的干扰，不仅缩短决策时间，而且有利于厂长经理对决策实施过程的控制。因此，“家族化”可以有效地避开决策制定过程中需要反反复复、耽误决策的时机等问题。

(4)国有企业“家族化”是经济转型期企业“人性化”管理的主要体现

在计划经济时代，国有企业职工因为终身制而感受到了浓郁的“人情味”，对于企业职工来说，企业有一种“家”的感觉。随着国企改革，一方面厂长经理的经营自主权越来越多，另一方面企业职工的危机感越来越强，生存的压力越来越大，企业职工很难把握自己的命运，“家”的感觉越来越淡，“打工”的意识越来越浓。在激烈的市场竞争中，每一个企业都必须通过全体员工共同努力，以团队精神提升自身的竞争力，赢得企业在市场中的份额。特别是在知识经济时代，人在企业中的重要作用开始超过资本和劳动工具，能否形成凝聚力是企业成败的关键。而“家族化”利用“人情味”在一定程度上让企业员工找回一些“家”的感觉，形成共同的“家族利益”，从而推动企业中的“人性化”管理得以顺利展开。这在一定程度上呼应现代企业中企业与员工的新型合作关系。

6.2.3 国有企业中的“家族化”现象及其克服路径

上面的分析表明，“家族化”在某种程度上顺应了我国市场化改革的现状和经济转型的客观要求，“家族化”在特定时期中能够明显地推动企业经济效益的提高。国有企业家族化所形成的资源配置方式，既不同于国家，又不同于市场，还不同于企业组织，它是另外一种特殊的资源配置。尽管国有企业出现“家族化”的现象存在其合理性，但是，“家族化”仍然有着很大的弊端。在经济转型期，国有企业家族化是一种必然现象，而且在短时间内不可能消除。

一般而言，市场对资源的配置，只在市场体系之中发挥作用；国家对资源的配置，只在国家调控力能够触及的社会场域发挥作用。在企业内部存在“家族化”条件下，人们奉行非正式制度来配置其所掌握和拥有的资源。当家族关系进入企业科层制组织后，非正式组织对资源的配置力融进了企业。市场的外部环境，乃是政府的制度约定。国家的调控结构，靠的是政府各级部门的有效运作。在政企分开的前提下，企业作为一个具有其特殊利益的客观存在，它的行为取向，应该是在既定的市场中获取最大的收益。不过，国家、企业、工人或管理人员都有各自的利益，在这样一个巨大的社会利益博弈之网中，存在着诸多的不协调。因此，在家族化条件下，市场常常是失灵的，政府的宏观调控也是失效的。因为家族化使得政府和市场这“一只看得见的手”和“一只看不见的手”都大打折扣。

任何企业的组织形式和管理方式都必须与本国的具体情况相结合。日本的企业借鉴了许多发达国家的经验，但又不拘泥于其中，形成了日本特色的现代企业模式。因此，我国的国有企业必须针对“家族化”赖以生存的社会环境，加快市场经济发展步伐，不断克服企业家族化的弊端，不断探索中国式的国有企业模式。

首先，必须进行制度创新。制度创新的基本动力是行为主体追求利益最大化。诺斯认为，制度创新的诱致因素，在于经济主体期望获得最大的潜在利润，即试图通过制度创新获取在已有制度安排中所无法取得的潜在利润。当制度安排没有达到帕累托最优，还存在潜在利润的空间，制度便处于一种非均衡状态，也就必然存在着制度创新的基本动力。企业制度创新的核心问题是产权制度创新。家族化企业在产权制度上最显著的特征是股权构成的集中化。因此，必须根据发展过程中的具体情况，充分利用资本市场的力量来调整企业的所有权结构和治理结构，为弱化家族化的负面效应提供制度基础。

其次，必须进行管理创新。必须汲取现代企业的精神，克服国有企业家族化与市场经济不相适应的缺陷。在组织管理上努力采用扁平式管理结构；在人才管理上，不唯亲，只唯贤，不讲情，只讲能，形成一种“能者上，平者让，庸者下”的人才竞争机制；在生产管理上，运用现代科学管理方法，严格实现成本管理和质量管理，促进企业良性循环；在营销管理上，建立用户信用管理制度，最大限度地吸引顾客；在研发管理上，建立与产品研发水平相适应的管理体系，推动技术创新和产业升级。

再次，必须进行文化创新。从现象上看，国有企业家族化的形成是一种企业经济问题，其实，从深层次上讲，更是一个企业文化问题。企业文化是企业在长期的经营过程中逐渐形成的，为全体成员共同遵守和奉行的价值观念和行为准则。企业文化的创新，一方面可以通过优秀文化的塑造，增强企业的凝聚力，营造企业良好的团体氛围，塑造职工良好的行为方式，并以此塑造企业的良好形象；另一方面，通过企业精神文化的建设，培养新型的人际关系，使家族企业职工在共同的价值观念作用下，激发主动性，自觉地为实现企业共同目标而努力工作。通过现代企业文化的塑造，把优秀企业文化融入企业的规章、道德规范、行为准则、精神风貌等方面，从而有效克服企业家族化的负面效应。

6.3 委托代理理论与国有企业治理异化

6.3.1 委托代理理论

委托—代理关系产生的深层原因是产权的复合性及分裂性。完备的产权是以复合形态出现的，即包括所有权、控制权、使用权、收益权、处置权和让渡权等一组权利。这些权利既可以复合的整体形态出现，同时每一项权利也可以独立的形态出现，不同的权利能够重新组合。①

根据构成产权的权利层次差别，产权配置可以划分为所有权转换和非所有权转换两种形式。所有权转换是指财产的所有权在不同的产权主体之间的交换，相应的其他权利随之全部或部分出现了交换。非所有权转换是指资产的最终所有权保持不变，只有所有权以外的其他权利中的一项或几项在主体之间发生变化。在现实经济中常常出现的是非所有权转换，所以当发生非所有权转换的产权再配置时，所有权的拥有者变成委托方，而经营权的拥有者则成为代理方。伯利（Berle）和米恩斯（Means）认为，每个提供资本者，都想行使对企业的支配地位，这是不可能的，“自由

① 侯永庭等：《企业国有资产管理模式研究》，山东人民出版社 1996 年版，第 117 页。

否决权”对于一致行为的实现，具有极大的不利，因此把支配权交给过半数持股股东，是属于自然的一般都能接受的方法。这实际上表明，随着产权结构的变化，企业委托—代理关系便是自然的。

委托—代理问题是社会生产力和分工发展的必然结果。在现代企业中，一方面，规模庞大的资本归属于分散股东所有，所有权出现分散化现象；另一方面，资本的营运则需要集中经营，一般来说所有者不可能也不愿意甚至没有能力参与经营。于是产权便发生非所有权换位再配置。股东作为资本的投入者，拥有产权中的剩余索取权和所有者监督权，产权中其他的权利则配置给经营者。现代经济的发展促使社会分工纵向深化，分工愈来愈细并且专门化，管理职能从企业的生产活动中逐步分离出来，由此形成了职业企业家队伍。由于禀赋及知识积累专门化的差异，当委托别人代为处理的成本更低时，双方都会在这一交易中获益，委托—代理关系便产生了。委托代理理论强调治理机制的建设，认为治理机制建设的重点可以是来自内部的剩余索取权的安排，也可以倚重于外部的市场竞争机制的作用，可以是激励，也可以是约束，或者激励约束并重。总之，治理机制的选择要以节省代理成本、提高企业治理效率为标准。

随着企业科层组织的变迁，特别是所有权与控制权的分离，企业科层结构基本上形成了决策和执行两大基本权力系统。在不同的层级上，不同的行为主体具有不同的信息优势和信息劣势。一般而言，处于较低层级的行为主体由于他们处于直接生产经营活动的第一线，具有相对充分的信息量；而处于高层级的行为主体由于不在生产经营活动的第一线，则具有相对贫乏的信息量，而且层级越高信息量越贫乏。同时，企业科层组织还可能出现由于信息“时滞”等原因而导致信息失真，或者出现下层对信息进行加工处理而导致信息扭曲的现象。可见,企业科层组织难以避免信息不对称的情况。这实际上表明,企业组织的科学化管理与企业信息不对称性存在着悖论。如果让掌握信息不充分的上层管理企业的一切活动,不仅可能导致决策失误和效率低下,而且还会使得掌握充分信息并具有信息优势的下层丧失自主权和积极性。因此,上层级通过代理契约下放一些权力,把企业的经营管理权委托给公司董事会和经理,不失为一种明智的选择。

所有者与经营管理者之间的交易,属于大量可以以委托—代理关系建模的交换的集合。当代理人(或者一个代理企业)的行动或者属性关乎委托人的净收益,但是委托人却不知道或无法证实时,代理问题就产生了。隐藏属性问题有时候称为逆向选择,例如,那些知道自己生了病的人将比那些知道自己健康的人购买更多的健康保险,表达的是这样一种关注,即被保险者将比没有保险时挑战更多的风险。因此,隐藏行动问题被称为道德风险。① 委托—代理关系的本质是委托方与代理方之间权益的博弈。一个参与方(委托方)要求另一个参与方(代理方)按照自己的权益选择行动,但委托方又不能直接观测到代理方选择了怎样的行动,能观测到的只是另一些变量,这些变量由代理方的行动和其他外生的随机因素共同决定,其实只是代理方行动的不完全信息。委托方的目标是如何根据所能获取的信息来奖惩代理方,以激励其选择有利于委托方的行动。

当一个参与方(委托方,用 P 表示),从另一个参与方(代理方,用 A 表示)的行动(a)中获益,采取这个行动对于 A 是要支付成本的,并且不受制于一个可以无成本执行的契约时,称 P 为委

---

① [美]萨缪·鲍尔斯:《微观经济学:行为,制度和演化》,中国人民大学出版社 2006 年版,第 185 页。

托方,A 为代理方。这一定义的一个关键结论是,P 是 A 的行动的某些不可契约化结果的剩余索取者,意味着在 P 的所有契约义务得到履行之后,A 的行为影响着 P 的福利。受代理方的行动影响的结果 q 是可观察的:

$$q=\alpha(a)+\mu$$

其中 μ 是一个均值为零、对于 q 的不可观察的随机影响因子。对于 P,a 是不可观察的,或是观察成本太高,以至于在合同中规定 a 是不可行的。要不是 μ 是不可观察的,委托方就可以通过观察 q 和了解 $\alpha(a)$ 和 μ 来推断出 a。P 和 A 的目标函数分别是 $\pi(q(a),\cdots)$ 和 $u(a,\cdots)$,$\pi_q q'$ 和 u_a 异号(从而对于 a 的水平,P 和 A 有着冲突的利益)。以下两个性质是产生委托代理问题的充分必要条件:交易中的某些方面不受制于一个可以无成本执行的契约,且在这一方面,必然存在利益的冲突。

6.3.2 企业科层组织运行中代理成本分析

现代经济学中,委托—代理关系被视为一种契约。詹森(M. Jenson)和麦克林(W. Meckling)把委托代理关系定义为,“一个人或一些人(委托人)委托其他人(代理人)根据委托人利益从事某些活动并相应地授予代理人某些决策权的契约关系”。契约理论认为这种委托代理契约实际上是一种不完备的契约。由于人的自制性、有限理性和风险规避性,以及委托双方的条件各异、需要有别、利益目标不尽相同,“如果这种关系的双方当事人都是效用最大化者,就有充分的理由相信,代理人不会总以委托人的最大利益而行动”。① 1976 年在《公司理论、管理行为、代理成本和资本结构》一文中詹

---

① 迈克尔·詹森、威廉·默克林:《企业理论—代理成本所有权结构》,见陈郁编:《所有权、控制权与激励》,上海三联书店、上海人民出版社 1998 年版,第 5 页。

森和麦克林使用“代理成本”概念，并认为主要由三部分构成，监督费用、约束费用和剩余损失[①]。钟朋荣认为，人们经常讲企业激励机制和约束机制，其实，最原始的、最好的激励和约束，是来自产权的激励和约束。为了分析的简化，主要考虑以下两类主要成本。

第一，因信任程度不足而导致双方博弈形成无谓损失。这部分无谓损失主要由两部分构成：由外部环境如法制等原因造成的约束不足和按照费孝通的“差序格局理论”形成的因心理隔膜而导致的博弈损失。在差序格局中，社会关系是逐渐从一个一个人推出去的，是私人关系的增加，社会范围是一张张私人联系所构成的网络，以“己”为中心，像石子一般投入水中，和别人所联系成的社会关系，不像团体中的分子一般大家立在一个平面上的，而是像水的波纹一般，一圈圈推出去，愈推愈远，也愈推愈薄，信任度也随之愈低[②]。我们通过建立一个关于信任问题的博弈来做进一步说明。

表 6—2　职业经理人和企业主关于信任问题的博弈

		博弈方 1（职业经理人）	
博弈方 2（企业主）		不投机	投机
	信任	a，b	c，d
	不信任	e，f	g，h

两博弈方的利益主要包括如下比较可能和有意义的情况：

① 所谓剩余损失，是指“代理人的决策与使委托人福利最大化的决策之间存在某些偏差，由于这种偏差，委托人的福利将遭受一定的货币损失，这也是代理关系的一种费用”。

② 费孝通：《乡土中国》，北京三联书店 1985 年版，第 86 页。

博弈方1的利益有 $a>e$ 和 $c>g$，$a<e$ 和 $c>g$ 两种可能，博弈方2的利益则有 $b<d$ 和 $f<h$，$b>d$ 和 $f>h$，$b<d$ 和 $f>h$，$b>d$和 $f<h$ 四种可能。由于在我国长期以来社会关系中信任程度并不是很高，所以两博弈方最终结果基本上会倾向于 g，h，明显低于 a，b 这个最优结果。其差额部分即为无谓损失中的一部分。

第二，科层层级增加导致的无效性。随着企业规模的扩大，科层制组织不可避免的会面临以下三个方面的问题：(1)企业沟通成本、协调成本及控制监督成本的上升；(2)部门或个人分工的强化使得组织无法取得整体效益的最大化；(3)难以对市场需求的变化作出迅速而灵敏的反应。

为了分析的深入，可以将两权合一与两权分离所产生的两种成本通过构建模型量化分析，并进行比较。

假定委托人的期望收益是 $W_p{}^e$，代理人的期望收益是 $W_a{}^e$，一般认为 $W_a{}^e<W_p{}^e$(因为企业不属于代理人所有)；

又假定：委托人自己经营的收益是 $\theta_p W_p{}^e$($0<\theta_p<1$，θ 是委托人的经营能力)；

代理人经营的收益是 $\theta_a W_a{}^e$($0<\theta_a<1$，θ 是代理人的经营能力)；

一般假定 $\theta_a>\theta_p$(否则委托人就不需要代理人)；

代理人为委托人带来的收益 R_p 为：

$R_p=\theta_a W_a{}^e-\theta_p W_p{}^e$

(1)两权合一时的成本

$$C_1=C(I)+C(D)$$

$C(I)$：当企业达到一定规模时，因信息效率下降所引致的损失。$C(D)$：因决策失误所导致的损失。

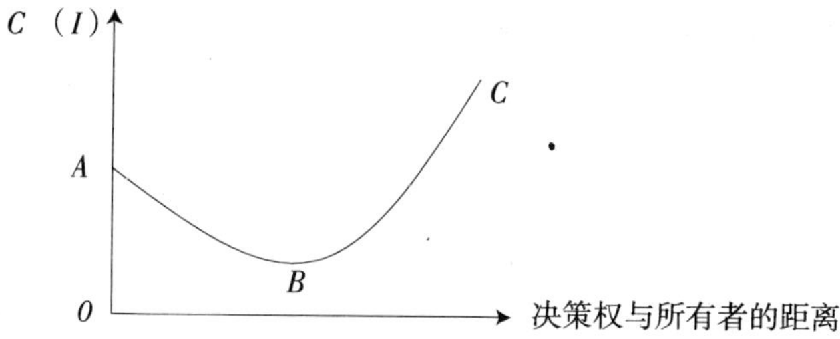

图 6—3 决策权与所有权分离条件下的成本状况

A 点[①]：权力集中在所有者手里，因信息缺乏所产生的成本（A 点具体位置又与企业规模有关，一般当家族企业规模较小时，A 点位置越接近 0 点）；

C 点：权力极度分散（代理人采取机会主义行为概率增多）成本上升；

B 点：权力在一定程度上相对分散（两权分离）成本最小化。

（2）两权分离时的成本：

$$C_2 = C(A) + C(T)$$

$C(A)$：代理成本，按照委托—代理理论，在执行阶段代理人的行为策略有两种：利用或不利用 A 为自己谋取私利。由于代理人与委托人之间存在信息不对称，所以代理人在一定的风险偏好下会采取 A 行为。$C(T)$：委托—代理双方基于不信任所导致的博弈损失，如委托人的监督成本和因不信任代理人的意见而引致的损失。

当 $C_2 = C(A) + C(T) < C_1 = C(I) + C(D)$

且 $R_t = \theta_d W_d^e - \theta_t W_t^e > C_2 = C(A) + C(T)$ 时，企业会选择

① 参见钟朋荣：《中国企业为谁而办》，中国税务出版社 2001 年版，第 151 页。

两权分离的方式,代理关系产生。

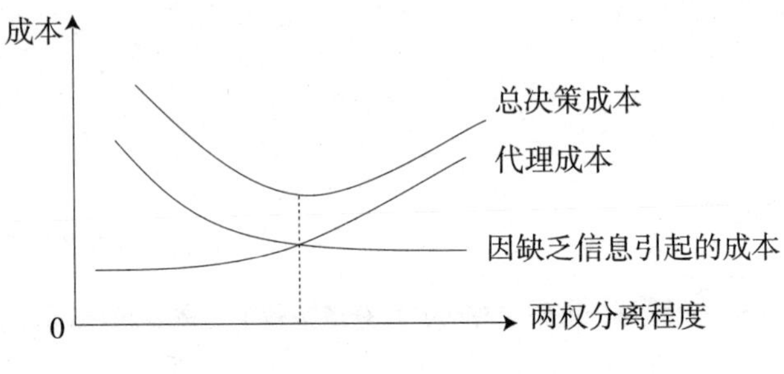

图 6—4　决策权的最优选择

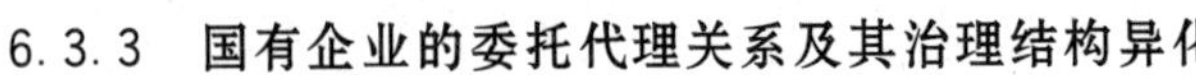

6.3.3　国有企业的委托代理关系及其治理结构异化

在市场经济条件下,国有企业同样存在委托—代理关系。由于国有企业具有不同于其他企业组织的性质,因此,委托—代理关系呈现出不同的特点,而正是这些特点在经济转型期导致国有企业治理结构的异化。国有企业委托—代理的特点主要表现在以下四个方面:

第一,国有企业的委托—代理关系的第一个特点是具有双重性。与非国有企业比较,国有企业双重代理关系表现为:第一重委托代理关系是全体人民以委托人的身份将法律上属于自己的资产托付给国家各级政府,从宪法层面看,国有企业所有资产的终极所有权为全体人民,而能够代表“全体人民”行使相关权力的最适合主体当然是人民政府,因此,各级政府就取得了相应的代理人的角色;第二重委托代理关系是各级政府以委托人身份将企业资产经营管理权再委托给国有企业领导人代理,与非国有企业的差别就是出现在这一重委托代理关系中,作为委托人的各级政府只是第一重委托代理关系中的代理人,因此,在国有企业的委托代理链中,政府具有双重委托代理身份,既是上游委托人的代理人,又是下游代理人的委托人。由此可见，在国有企业委托代理链中政府的作用举足轻重。上面的分析是从理论层面进行的，如果从中国国有企业改革及运营的实际，委托代理关系更为复杂，委托代理链条也更为冗长，不只是双重的，而且常常是多重的。比如，可能会存在这样的国有企业委托代理链：全体人民——全国人大及其常委会——国务院——地方人民政府——企业主管部门（国资办）——资产经营机构——国有企业。

第二，国有企业委托代理关系的第二个特点是委托人具有非经济人理性的行政性。在国有企业的委托代理链中，政府具有双重委托代理身份，委托代理理论是以经济人假设为前提的，凸显了委托人、代理人的经济人理性。不过，在国有企业中，国企委托代理关系并非建立在经济人理性的基础上，而是表现出行政人特征，或者说表现出行政性色彩。从第一重委托人的角度来看，“全体人民”由于在经济活动中其主体身份的虚拟化而不具有经济人属性，无法按经济人的理性追求效用最大化，“全体人民”已成为法律上或政治上的一个空洞术语；从第二重委托人的角度来看，各级政府很难人格化，也不具有经济人的理性。政府按照行政要求、行政目标来设计委托代理合同和选择代理人。政府作为委托人往往是由具体的官员担任的，其行为目标与企业资产所有者的利益目标之间并不存在必然的一致性，其对代理人的选择也不是由市场来进行甄别的，而是由政府作为委托人直接从政治上考虑进行委任的。因此，代理人之所以能够选举代理人，根本原因就在于政府具有行政权力，可以违背经济人的理性而根据一定的政治目标选择代理人。值得注意的是，在这样的情况下，委托人与代理人之间的契约关系并不具有实际的约束性和确定性，代理人并没有支付詹森和麦克林所说的担保成本，他们负盈不负亏，这表明所谓的委托代理契约不过是一种形式。

第三，国有企业委托代理关系的第三个特点是低效率性。在国有企业中，由于委托代理关系具有的多层次性，委托代理链条过长，衍生出过多的中间环节，导致委托代理契约中的有关信息传递缓慢，信息大量“跑冒滴漏”，委托人对代理人行为的观察和考核存在诸多障碍，也就是存在严重的信息不对称。上述这些情况使得国有企业具有较高的管理成本、监督成本和激励成本，也就影响了国有企业的竞争力和所有者的利益回报。而且，国有企业委托代理链条的多层次性，还会造成企业外部效率的低下，由于空耗了大量的社会资源，直接导致社会效率的损失。

第四，国有企业委托代理关系的第四个特点是存在道德风险。委托代理理论表明，代理人行为存在机会主义动机，具有道德风险和逆向选择的倾向。在国有企业中，由于委托人具有虚拟性质，委托代理合同具有很大的弹性。在一定的条件下，作为企业经营者的代理人可能会以各种方式予以规避，甚至“撕毁合同”，致使由契约而形成的约束作用沦落为一纸虚拟的“代理约束”。比如，代理人畸形的在职消费、普遍性的贪污、受贿及其他形式的“寻租”行为，导致国有企业代理成本居高不下，实际上是国企委托代理道德风险在企业治理方面的一个集中的反映，这直接对国企治理结构的效用产生致命性的影响。

上面的分析表明，国有企业中的委托—代理关系从一开始就存在着历史逻辑的缺陷，难以保证国企治理结构的有效性和正常化。从委托主体的先天残缺这个意义上说，国有企业治理结构异化是国有企业委托代理关系的必然结果。

6.3.4 国有企业治理的“后行政人控制”

“后行政人控制”是我国国有企业的“行政性”特点，是随着“放权让利”改革而出现的新现象。我国国有企业改革经历了扩大企业自主权、利改税和实行经营承包责任制等几个阶段，其基本思路是“放权让利”。以此在保持国有制性质条件下，通过具体的企业组织形式保证经理人员拥有程度不同的经营决策权，推动企业参与市场竞争。尽管国有企业的一系列改革大大改善了高度集中的经营管理体制，但是，企业的领导体制仍然保持着行政性特征。国有企业公司化是国有制改革的深入和发展，也是所有转轨经济的必经阶段。然而，由于国有企业的股份制改造及公司化过程中，仍没有摆脱“放权让利”的框架，因此，“后行政人控制”的形成是不可避免的。

“后行政人控制”既有别于传统计划体制下“行政人控制”，又有别于“内部人控制”。它的基本特征是：(1)在政府社会经济管理职能与国有资产所有者职能尚未完全分开的情况下，政府对国有企业的行政干预，可以借助所有者身份来实现。比如，可以国有股股东身份行使“一票否决权”来控制股东大会，也可通过派出的国有股代表来支配董事会及企业的生产经营活动。(2)政府与经营者之间的委托代理关系一旦确立，经营者便从政府那里取得了经营决策权，随后便可以独立地行使这种权力。作为所有者的政府则将企业的经济效益与经营者职位的晋升、收入的提高及精神鼓励等捆绑在一起，以此激励经营者追求并实行国有资产保值和增殖的目标。不过，上述激励机制中，仍保留着行政控制的痕迹。(3)职代会和工会是体现企业职工权利的重要企业组织，但是，职代会、工会的作用往往流于形式。因为经理人员作为企业的法人代表处于支配地位，职工的权利仍处于一种弱化的境地，民主管理尚未形成。

“后行政人控制”的基本特征决定了由此形成的企业治理结构必然存在着弊端：(1)由于经理人员只是股东的代理人，不是所有者，因此，他作为一个独立的“经济人”(钱德勒称之为“经济人新亚种”)必然要追求自身利益的最大化。经理人员利用控制企业的特

殊地位和拥有企业全部信息的有利条件,设法弱化所有权的约束,侵害所有者的权益。由于政企关系尚未理顺,政府对企业行为的约束常常采取任免企业经理人员的手段,因而带有明显的行政约束的缺陷,而且,在实际操作中,这种政府行为又很容易导致腐败行为的发生。(2)激励机制与约束机制的非对称性,造成了经理人员行为的非规范。从我国国有企业已经建立起来的激励机制和约束机制的情况来看,经济手段和法律手段尚未到位,出现激励与约束非对称现象,难以对经营者行为实施有效的激励与约束。在激励机制和约束机制非对称的情况下,就会导致经理人员要么缺乏经营动力,要么侵害所有者利益。(3)政府对企业的控制是通过委派官员进行监管来实现的,对于被委派的官员,既不分享监督经营者行为所带来的效益,也不对投票后果承担责任。因此,所委派的官员处于一种制度约束与利益引诱的非平衡状态,从而导致机会主义行为的发生,出现政府委派官员与企业经营者形成企业内、外“共谋”,侵害国有资产的现象。(4)由于信息不对称性的存在,政府利用有限信息来评价企业的经营绩效,所作的评价结果既不客观,又大大提高了成本,浪费了监督资源,最终还不能监控经理人员的机会主义行为。(5)股份公司具有很强的筹资能力,从而大大提高了企业对于大规模、高风险项目的投资能力,不过,另一方面也为经理人员侵害股东利益的机会主义行为提供了可能,使一种很好的制度安排演化为“后行政人控制”的工具。

6.4 利益相关者与国有企业治理

6.4.1 利益相关者共同利益最大化是现代企业的必然选择

从本质上说,企业是利益相关者的契约集合体,利益相关者是所有那些在公司真正有某种形式的投资并且处于风险之中的所有权主体。对所有权的拥有是利益相关者参与公司治理的基础，也是利益相关者权益得到应有保护的理论依据。企业利益相关者包括股东、经营者、员工、债权人、顾客、供应商、竞争者、国家等等。契约的不完备性使得利益相关者共同拥有企业的剩余索取权和剩余控制权，进而共同拥有企业的所有权。

20 世纪 60 年代，利益相关者理论（Stakeholder Theory），首先在美国、英国等长期奉行外部控制型公司治理模式的国家中逐步发展起来。斯坦福大学研究小组提出的“利益相关者”表示与企业有密切关系的所有者。所谓利益相关者是指，对企业来说存在这样一些利益群体，如果没有他们的支持，企业就无法生存和发展。这个定义对利益相关者界定的依据是某一群体对于企业的生存是否具有决定性影响。虽然这种界定方法是从非常狭义的角度来看待利益相关者的，但是它却使人们认识到，股东的价值不是企业存在的唯一目的，在企业的周围还存在许多关乎企业生存的利益群体。利益相关者理论经过多年的不断发展之后，20 世纪 90 年代以来日益受到理论和实业界的重视。

利益相关者理论是在扬弃股东至上主义的基础上，强调以企业利益相关者服务为根本目标。与传统的股东至上的企业理论主要区别在于，利益相关者理论认为，任何一个公司的发展都离不开各种利益相关者的投入或参与，企业不仅要为股东利益服务，同时也要保护其他利益相关者的利益。利益相关者理论的基本依据是，作为以不同的契约形式而相联结的企业，是各个合作所有者的资源通过合约而形成的相关集合。因此，任何一个企业毫无例外地在考虑所有者权益问题时不能仅仅只关注股东的利益，凡是与企业生产、经营等环节相联系，从而与企业发生双向互动的个体及团体，都是企业的利益相关者。利益相关者理论创始人弗里曼认为:利益相关者包括雇员、顾客、股东、银行、政府,以及能够帮助或损害公司的其他团体。[①] 因此,从广义的利益相关者概念来看,必须以不同的方式和途径为企业利益相关者参与分配企业剩余服务为目标来进行制度设计。而传统的以股东利益服务为目标所设计的企业治理结构只是一种单边的治理结构。

在现代的经营生产环境中,随着企业股权的不断分散、企业间相互参股的增加、战略合作伙伴关系的发展,以及知识资本、人力资本在企业经营中的日益重要等原因,使企业几乎成了"社会的企业"。这是由于在企业中股东投入了专用性物质资产,而其他利益相关者在企业投入了关系专用性资产。那些注重与企业利益相关者之间长期合作,能考虑到利益相关者广泛利益的企业,更有可能成功地创造出企业价值和社会价值。因此,不单只有股东掌握企业剩余索取权,利益相关者也同样掌握企业剩余索取权。现代契约理论认为,专用性资产的特点在于:一是专用性资产的价值依赖于公司的价值;二是这部分资产一旦改变用途,其价值就会出现降低。因此,投入公司的这部分资产也就具有风险的特征。为激励关系专用性资产进入公司,需要设计利益相关者相应的剩余收益制度。所谓关系专用性资产主要是指专用性的人力资本。这些专用性人力资本的所有者一旦进入企业,就必然要承担企业的剩余风险,同样,员工、债权人、供应商等也要分担企业的剩余风险,显然,就需要契约安排和治理制度来分配给所有的利益相关者一定的企业控制权。因此,这种双边或多边式的合作模式被称为"共同治理"。

尽管企业是以营利为目的的组织,其出发点和归宿都是营利。

---

① 爱德华·弗里曼:《战略管理——利益相关者方法》"前言",上海译文出版社2006年版,第2页。

但是，现代企业与传统企业在营利目标上的最大差别是，利益相关者共同利益最大化。现代企业不仅要考虑企业价值最大化或股东财富最大化，还要考虑其作为社会组成部分应该承担的社会责任，要求将企业及社会价值最大化作为其目标，实现企业价值最大化和社会价值最大化的统一。在传统的企业中，有关企业投资收益分配问题，占统治地位的一直是以企业的所有权和控制权两权分离理论为基础的所谓股东利益至上理论。由于资本的投入者就是企业的所有者，企业是权益资本投入者的企业，所以企业经营以股东利益最大化为目标来进行运作。与此相对应的企业治理制度就是"股东治理"结构模式。

在实践效果上，利益相关者理论明显优于股东至上理论，因此，该理论已经日益被更多的企业所认同。在利益相关者理论研究中，利益相关者相关程度是一个重点问题，即企业的利益相关者的相关度序列，哪些属重要的利益相关者，哪些属次要的利益相关者。这个问题到目前为止还没有形成一个统一的认识。同时，与利益相关者理论有密切联系的一个研究领域就是公司社会责任和利益相关者理论的融合问题，这类研究的出发点是考虑如何通过两种原来相对独立的理论之间的结合，使彼此原有概念更为清晰化，并尝试在研究方法上能够相互借鉴。利益相关者理论是一个崭新的理论，也是一个有很大发展空间的理论。

利益相关者理论在实践效果优于股东至上理论，在世界范围内正日益被更多的人所接受。目前利益相关者理论研究重点是在利益相关者的界定上，即哪些是组织的重要利益相关者，哪些属次要的利益相关者，潜在的真实的利益相关者，自愿和非自愿的利益相关者等。关于利益相关者的定义据称有 30 种之多。因此，无论是狭义的，还是广义的利益相关者概念，至今还没有形成一个统一的定义。造成这种状况的原因主要与主张利益相关者观点的研究者各自的学术研究背景不同有关。与此相联系的就是利益相关者研究的方法论问题，即是采用实证主义的方法、工具主义的方法，还是采用规范主义的方法，抑或兼而有之的“一体化”的方法等。

6.4.2 利益相关者逻辑与国有企业发展

如果从理论体系的角度看，利益相关者理论形成于 20 世纪 60 年代前后的美国和英国，但如果从实际操作的层面看，则最早是在中国出现的，可以说中国利益相关者的实践比西方早了十年以上。纵观新中国建立后经济发展历程，利益相关者共同利益最大化，使得新中国成立后的经济取得了飞速的发展，社会财富迅速增加，人民生活得到极大的改善。这一特定历史条件下的国有企业实际上是利益相关者所有的企业。

在社会主义初级阶段，国有企业的实质不是全民所有，而是利益相关者所有。国有企业与全民所有企业存在明显的差别，比如，不是每个人都能够到国有企业工作，不是每个人都可以到国有企业支出费用，国有企业只为管理者及其员工提供报酬，支付有关费用。在当时，一切交易包括银行贷款是大环境下的关联交易，国有企业向作为所有者的国家上缴利税。1949 年新中国成立后，我国所有新建企业都是由国家进行资本投入的，对建国前的资本主义工商业主要采取社会主义改造的方式改变其企业性质。随着 1956 年老企业公私合营的基本完成，我国工商企业全部实现了国家所有或集体所有，形成了中央企业、地方企业、集体企业等企业形式。企业的所有者是国家或其代表，企业向国家上缴利润和税收。由于实行计划经济体制，企业生产所需的一切资源都是由国家相关部门按计划供给的，企业按计划组织生产，企业的生产品也是按计划进行统一调配，企业既没有资源配置的要求，也没有产品销售的压力。从而形成了计划经济条件下企业的供应商、客户、竞争者等利益相关者，在这样的利益相关者的共同体中，国家利用其权力起着主导作用,国家不仅决定着产品的价格,而且调节、分配着利益。在计划经济时期,金融是国家控制并管理的,银行的经营行为直接受国家政策的指导,体现政府对经济发展的导向,实际上,银行是国家的出纳,按建设计划为企业提供建设资金,按生产计划为企业提供流动资金。计划经济条件下的国有企业中,经营者和员工都是国家职工,企业的主人,尽管他们在企业中没有股份,而且领取较低的工资,却享受着巨大的福利:企业为职工无偿提供住房、免费提供医疗,子弟学校为职工子女提供良好的教育等等,可以说国有企业对于职工的生、老、病、死无所不包。

随着我国经济转型的不断深入,我国国有企业市场化程度不断提高,多数国有企业都已由工厂变成了公司,政府由原来的上级机关转变成企业的股东,经营者由原来的书记、厂长变成了董事长、总经理。因此,企业利益相关者方式出现了一些新的变化,开始从计划到市场转型。不过,实行公司化改革后,我国国有企业的效率没有普遍地得到明显提高。我国学者在对国有企业代理成本水平的估算工作方面进行了很有价值的开创性的研究工作。他们运用"2002 年国有企业改制调查"中的激励工费数据集,采用特定的统计分析方法,对国有企业代理成本的水平进行了估计与识别,他们研究的结论是:中国国有企业的代理成本,相当于 60%～70%的利润潜力。也就是说,在现存的国有企业体制下,代理成本使企业效率只达到了 30%～40%。①短期财务指标的局部改善在很大程度上是由国家扩大内需等宏观经济政策和债转股等扶植措施造成的,它并不表明企业的经营机制得到了明显的强化。低效、亏损、资不抵债、等待破产的国有企业仍普遍存在。

① 平新乔、范瑛、郝朝艳:《中国国有企业代理成本的实证分析》,《经济研究》2003 年第 11 期。

针对国有企业改革中出现的问题，我国学者提出退出国有产权的改革思路。既然国有产权和国家的主导作用与企业的灵活性存在矛盾，那么改革的出路就应是改变企业的产权结构，降低国有产权的比重，收缩国有经济的战线。国有产权应该退出竞争性领域。这是“民营化”改革的思路，“抓大放小”、股份制改造、管理层收购和实行国有经济的战略调整等等，都是这一思路在政策上的具体化。在具体运作中，在很多地方，地方性国有企业通过破产、拍卖、兼并和股份制改造等方式，已经完全改变了产权基础。当然，无论怎么改，中国不可能没有国有企业。在一些关键性的行业如自然垄断行业、新兴高技术行业等，企业的活动具有很大外部效应，私人或民间企业不能提供社会所需要的外部效应，需要国家提供这部分社会所需要的外部反应。否则，就会导致外部经济方面的资源配置不足。

只要国有企业存在，就必须有相应的治理结构，利益相关者治理是国有企业治理结构有效形式。在现代微观经济领域里，利益相关者治理模式正在日渐式微。这种模式在日本和德国的企业中率先进行了尝试并获得比较好的效果，目前已逐渐成为包括英美国家在内的各国公司治理结构改革的现实选择。哈佛大学研究人员约翰·P. 科特和詹姆斯·L. 赫斯特的一项研究也表明，关心利益相关者利益的企业能比排斥利益相关者的企业做得更好。他们在一个很长的时间里比较了两类公司的业绩，一类公司比较注重利益相关者的价值，另一类则只重视传统的价值。他们发现，在11年的时间里，同样强调员工、客户和股东利益的大公司的销售额和就业情况分别是强调股东利益至上的公司的4倍和8倍。此外，在对英国一些遵循尊重利益相关者原则的公司进行研究后，克莱因活特·本森也发现，32种上市股票在3年半时间内增长了90%，而所有股票只平均上涨38%。

6.4.3 国有企业利益相关者治理结构的建构

公司治理结构没有固定和通用的模式，社会文化传统以及上层建筑对公司治理结构的形成有很直接的影响。企业的利益相关者论不仅要求我们在国企改革过程中要关注作为股东的国家的利益，也要同时注意工人和债权人的利益，一个有效率的治理结构应该可以在各利益相关者的利益矛盾中取得平衡，这种创新思路主要体现于两类机制：共同治理机制和相机治理机制。

从理论上讲，在社会主义国有企业中，企业的所有者、经营者和企业职工的根本利益是一致性的，这就为在国有企业建立利益相关者公司治理结构提供了基本保证。在国有企业中，经营者和职工作为全体劳动人民的一员与企业中的实际从业者的双重身份，又为保证企业职工切实成为公司管制中的必不可少的一员、参与公司剩余控制权和剩余索取权的分配提供了现实的基础。在经济转型期，随着国有企业公司制的改革，出现了一些新的情况。由于经理人员对企业控制权的取得并不取决于职工，而是取决于他们与政府主管部门一对一谈判之后的政府授权，因此，基本形成了股东利益至上的治理模式，而且股东利益的优先程度远远超过西方国家规范的公司。结果，其他利益相关者或由于产权的公共性和归属不清，或由于组织性和谈判能力薄弱，其利益常常受到侵害。国有企业进行公司制改造后，扮演所有者角色的政府在约束经营者的机会主义行为以及处理国有资产流失现象时往往处于管与不管的两难境地。无论是从市场经济的一般原理还是从国有企业改革的实践来看，股东至上主义逻辑存在着内在的缺陷，必须放弃。要建立利益相关者共同治理的公司治理结构，强化利益相关者治理，尤其是企业职工的治理，限制股东权力既要强化股东治理，保护财产所有者的利益，防止国有资产流失，又要对其他利益

相关者的利益尤其是企业职工的利益加以保护。

国有企业应该建立共同治理与相机治理相结合的治理结构。共同治理是利益相关者公平地参与企业所有权的分配，不仅是利润分享或股权激励，而且要有参与决策和实施监督、惩罚的机会。共同治理的核心，是通过公司章程等正式制度安排来保证物质资本所有者与人力资本所有者具有公平参与企业所有权分配的机会。同时又依靠相互监督的机制来制衡所有者、企业经营管理者、企业员工、企业债权人等各产权主体的行为。还可以选择适当的投票机制和利益约束机制来稳定合作的基础。共同治理模式包括两个并行的机制：董事会和监事会。董事会中的共同治理机制确保产权主体有公平的机会参与公司重大决策；监事会中的共同治理机制则确保各个产权主体公平地享有监督权，形成多元动态的、相互制衡的治理机制。同时，还需要董事会或经理人来协调利益相关者的冲突，因为企业无法回避利益相关者的冲突。利益相关者的冲突直接影响经理人的决策质量，利益相关者为实现各方利益均衡的博弈，导致协调成本和决策成本增加。因此，需要通过契约安排和治理制度来协调利益相关者的冲突及各方利益，尤其是涉及企业社会责任时，更需要经理人协调利益相关者的利益，制止有损公司价值的短期行为，实现企业价值最大化，推动企业的持续发展。

相机治理是利益相关者治理结构不可或缺的组成部分，少了相机治理，利益相关者治理便名实不符。相机治理就是要求在企业出现问题和产生风险而影响业绩时，任何受伤害的利益相关者不仅有权利而且有机会向实施机会主义行为的人采取可确信的惩罚，比如，重组领导层、起诉违法者等。相机治理机制是一个企业在运行过程中出现危机征兆时，作为企业产权主体的利益相关者有权进行监督，见机行事，重新分配企业控制权，采取措施整顿企业，防止未来的权益受到侵害。企业所有权安排形式的多样化决定着企业存在不同的经营状态。从动态的角度来考察，企业所有权安排形式的多样化实际上是其状态的依存性。[①] 一般而言，企业经营处于正常状态时，所有者最有积极性控制企业；当企业处于亏损或无法偿债的境地时，债权人最有积极性重组企业；当企业面临倒闭时，企业经营管理者最有积极性挽救企业。可见，企业控制权的退出机制实质上就是企业的相机治理机制。"相机治理机制主要是通过控制权的争夺来改变既定利益格局"。[②]

主要参考文献：

Berle A. and Means G.: *The Modern Corperation and Private Property*, London, Mecmillan, 1932.

蔡玉峰：《政府和企业的博弈分析》，中国经济出版社 2000 年版。

张维迎：《博弈论与信息经济学》，上海人民出版社 1996 年版。

费孝通：《乡土中国》，三联书店 1985 年版。

沈天鹰：《国有企业治理结构畸形化及其矫正对策研究》，人民出版社 2004 年版。

杨瑞龙、周业安：《企业的利益相关者理论及其应用》，经济科学出版社 2000 年版。

罗建钢：《委托代理：国有资产管理体制创新》，中国财政经济出版社 2004 年版。

何维达：《企业委托代理的比较分析》，中国财政经济出版社 1999 年版。

张翼：《国有企业的家族化》，社会科学文献出版社 2002 年版。

段强：《中国国有企业的管制革命》，经济科学出版社 2004 年版。

---

① Philippe Aghion and Patrick Bolton:"An Incomplete Contracts Approach Financial Contracting", *Review of Economic Studies*, (1992), pp. 473～495.

② 杨瑞龙、周业安：《企业的利益相关者理论及其应用》，经济科学出版社 2000 年版，第 319 页。

爱德华·弗里曼:《战略管理——利益相关者方法》,上海译文出版社2006年版。

[美]萨缪·鲍尔斯:《微观经济学:行为,制度和演化》,中国人民大学出版社2006年版。

科尔内:《高缪卡论软预算约束:一个答复》,《计划经济学》1985年第2期。

7 所有制、产权制度变迁与经济增长

持续增长的经济是人类社会不断发展的基础,经济增长的动力一直是宏观经济学研究的核心,在新古典分析范式看来,经济增长的核心因素是资本、劳动力和技术,并没有把制度变迁看做是外生变量加以研究,国外著名的研究成果有哈罗德—多马模型、索洛模型等。但是,新制度经济学从根本上改变了这种观点,他们通过研究世界范围内的经济增长史得出了资本积累、劳动力、技术进步等因素是经济增长的本身,经济增长的根本原因是制度的变迁,道格拉斯—诺斯把制度变迁作为经济增长的内生变量引入模型中,并指出制度变迁是经济增长的决定因素。新制度经济学认为,制度变迁决定经济增长,一种提供适当个人刺激的有效产权制度是促进经济增长的决定性因素。对于中国改革开放以来的经济增长,国内有不同的解释,但制度是经济增长的一个重要因素已经成为众多学者的共识。

7.1 制度变迁与经济增长的理论分析

7.1.1 制度及其变迁的原因、方式和过程

制度经济学讲的制度是 institution 而不是 system,system 通常指“体制”,如经济体制、政治体制等,诺斯称之为“制度环境”。

而 institution,即经济学意义上的制度,是一系列被制定出来的规则、服从程序和道德、伦理的行为规范,诺斯称之为“制度安排”。“制度是人类相互交往的规则。它抑制着可能出现的机会主义和乖僻的个人行为,使人们的行为更可预见,并由此促进着劳动分工和财富创造。制度要有效能,总是隐含着某种对违规的惩罚。它既包括人类社会的经济规则,也包括社会规则和政治规则”。[①] 制度的构成主要要素是:正式制约(例如法律)、非正式制约(例如习俗、宗教等)以及它们的实施,这三者共同界定了社会的尤其是经济的激励结构。

马克思经济学认为,制度是上层建筑范畴,是与经济基础辩证统一的。经济基础决定了上层建筑,而上层建筑对经济有着反作用。当制度变迁适应经济发展情况时,可以促进经济增长;反之,也会阻碍经济发展。制度成为经济增长的一种资源,在很大程度上决定着其他因素的投资及其效率。因此,制度对经济增长具有促进作用,是经济增长的间接动力,同时,制度变迁是经济增长的要求结果。当制度变迁适应经济发展情况时,经济增长才能变为现实。

制度经济学对于经济增长的思路是:创造一种产权体系,从而产生足够的激励机制和降低交易费用,最后导致总产出的增加。制度变迁是指制度创立、变更及随时间变化而被打破的方式,所以制度变迁是指一种制度框架的创立和被打破,是制度诸要素或结构随时间推移、环境变化而发生的改变,是制度的替代、转换和交易过程。制度变迁在大多数情况下,仅仅指某个特定制度安排的变迁(结构中的其他制度安排不变),而不是指整个结构中每个制

① [德]柯武刚、史漫飞:《制度经济学——社会秩序与公共政策》,商务印书馆 2003 年版,第 35 页。

度安排的变迁。经济增长的途径是通过制度变迁实现的。在诺斯看来,经济增长的原因是有效的所有权体系降低了交易费用,这是靠制度的变迁作保证的。他把古典经济学中成本—收益方法引入,认为当制度变迁的收益大于成本时,才会发生。也就是说,如果预期的净收益超过预期的成本,一项制度安排就会被创新。只有当这一条件得到满足时,才可望发现在一个社会内改变现有制度和产权结构的企图。因此,制度创新的终极动力在于追求个人利益最大化,即一项制度安排是在预期的净收益超过预期成本。正是由于获利能力无法在现在的安排结构内实现,才导致了新制度安排的形成。而产生潜在利润是由于许多外部性变化,包括规模经济的变化、外部成本与收益的变化、对风险的厌恶以及市场失败与不完善等等,这些外部因素的变化成了诱致人们去努力改变制度安排的来源。正如诺斯所认为的,如果预期收益超过预期成本,一项制度安排才会被创新。诺斯认为制度创新以渐进式为主,强调变迁是完全连续的,制度变迁一般是渐进式的,把制度变迁的路径描述成一条从边际部分开始,只有量变没有质变的、平稳的、渐进的、连续的和谐之道。

根据戴维斯和诺斯的分析,制度变迁是一个从制度均衡到制度非均衡再到均衡的反复过程,一般经历五个步骤:[①]一是通过要素价格变化、市场规模变动、技术进步等,形成能发现制度变迁潜在利润并推动制度变迁的初级行动集团;二是初级行动团体提出有关制度变迁的方案,当然,这里所提出的方案应该得到基本制度结构或制度环境的许可;三是初级行动团体以利润最大化为原则对方案进行评估与选择;四是形成推动制度变迁的第二行动集团,

① 戴维斯、诺斯:《制度变迁理论:概念与原因》,《财产权利与制度变迁——产权学派与新制度学派译文集华》,上海三联书店 1991 年版,第 271～274 页。

第二行动集团团体可能是个人或团体，也有可能就是政府部门本身；五是初级行动集团和第二行动集团一起努力使新的制度方案得以通过并付诸实施，实现制度变迁。制度非均衡的存在必然会导致制度的变迁。制度非均衡消除的过程，就是新制度替代旧制度的过程，也就是制度创新和变迁的过程。

经济制度决定着经济活动的激励水平及交易成本的大小，从而决定着能否将生产推进到生产的可能性边界。一个“好”的制度通过对技术进步、劳动力发挥、资本数量及效率作用，进而促进经济增长。诺斯在他的《制度、制度变迁与经济绩效》一书中，阐述了制度变迁与经济增长的关系。诺斯强调制度变迁比技术变迁更优先、更为本质。制度变迁在经济增长中起决定性作用。他认为制度变迁的动力是相对价格的变化和追求制度创新的收益。制度变迁的主体都是财富最大化或效用最大化者，他们从事制度创新与变迁都是为了最大化自己的利益，无论政府、团体、个人，其制度变迁行为的最终目的都是一样的。

在一个动态经济系统中，已有的制度安排决定了现有的成本—收益结构，从而决定了经济增长的收入流以及速度。正是获利能力无法在现在的安排结构内实现，才导致了新的制度安排的形成。因而，只有当制度创新与变迁有利可图，人们才会发动制度创新与变迁。当某种外在性的变化传导到经济系统中，从而引起相对价格的变化，将改变现有的收益——成本结构。但这种变化引起的潜在收入流，在现有制度安排下不可能实现。只有进行制度的变迁与创新，通过新的制度才能把潜在的收入流转变为现实的收入流①。上述关系可以用图 7—1 简洁地表示出来。

① 王艾青、安立仁：《激励机制、制度变迁与增长效用分析》，《西安电子科技大学学报》2005 年第 3 期。

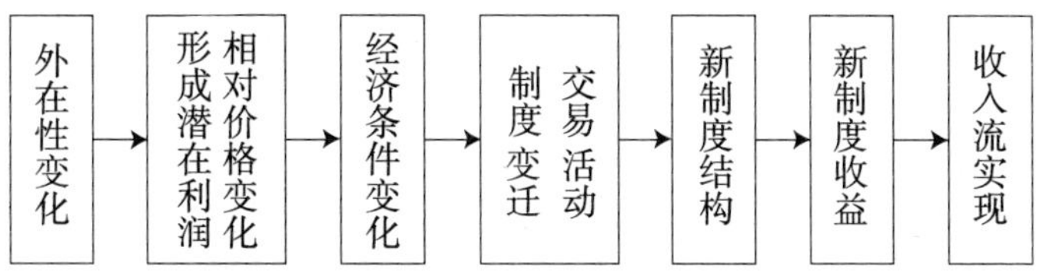

图 7—1 制度变迁与经济增长的关系

新古典政治经济学认为，经济发展不是一个简单地运用现行市场机制的过程，大多数发展中国家经济发展不顺利的原因在于制度基础过于薄弱及由此导致的激励问题和信息问题。制度主要通过以下几个方面对发展中国家的经济发生着直接的影响：一是制度通过影响信息和资源的可获得性，建立交易的基本规则，可以降低信息成本和交易成本，由此扩展人类选择的机会。二是制度结构决定“矫正价格”①努力的成败。发展中国家市场经济制度基础极不完善，政府于是频频诉诸强制干预，导致价格扭曲日益严重。只有“矫正制度”才能真正建立市场体系，完善市场机制，促进经济发展。三是制度决定着技术创新的能力。发展中国家由于受要素市场发展过程中大量寻租活动的影响，技术创新缓慢，只有建立起界定产权、明确契约关系或分担外部性风险的种种制度安排，才能促进和保护创新，形成经济发展的内在动力。

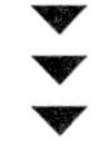

7.1.2 经济增长中制度变迁的机理与方式

(1)制度变迁的机理

在新制度经济学家看来，“经济人”是制度变迁主体人格结构中的基本构成因素。制度经济学家认为，制度变迁对经济增长的决定作用是通过人的行为来实现的。制度变迁的原因在于制度稳

① 矫正价格是新古典主义把市场价格机制对资源的合理配置放在理论和政策建议的中心地位，是与计划管理体制下政府政策的扭曲相对应出现的概念。

定性、环境变动性和不确定性及人对利益极大化的追求三者之间持久的冲突。制度变迁是新的制度替代了旧的制度，它是制度稳定性、环境变动性和不确定性及利益极大化追求三者之间持久冲突的结果，这是一个必然的、合理的过程。合理的制度随着时间和空间的变化会逐渐变得不合理，人们唯一的选择就是改变现有已失去了合理性的制度，创造新的合理的制度。[①] 如果制度变迁能对人们的努力加以保护，能为人们提供更大的活动自由和发展空间，那么这样的制度变迁就能够促进经济发展。

对于制度变迁的机理，可以通过一个简单的博弈模型来分析。[②] 假设参与人是企业的两个员工，这两个人有两种策略：偷懒和勤快。这里有两种制度：奖勤罚懒和平均主义。首先看一下在奖勤罚懒的制度下两个员工的积极性（如表 7—1）。如果甲勤快乙偷懒，那么甲得到的报酬是 4 而乙是 2，在这种激励下，乙为了得到 4 单位的报酬很快会学习甲的做法，选择勤快。很明显，两个员工最优的策略都是选择勤快，那么最优策略的均衡是两个人都勤快。

表 7—1　奖勤罚懒博弈

		乙	
		偷懒	勤快
甲	偷懒	2 2	2 4
	勤快	4 2	4 4

还可以通过同样的方法分析平均主义制度下两个员工积极性

① 国彦兵：《新制度经济学》，立信会计出版社 2006 年版，第 426 页。

② 汪莹、董韶华、李林：《基于新制度经济学的制度变迁与经济增长关系分析》，《经济师》2005 年第 11 期。

的差别。(如表 7—2)在这个制度下,甲乙二人无论勤快还是偷懒,得到的报酬都是 2 个单位。甲如果选择勤快,乙在偷懒,那么甲得到的效用是 1,而乙却是 3,甲付出多的劳动但得到的效用却在降低,甲的心理会不平衡,他也会向乙那样选择偷懒。同样,如果乙勤快甲偷懒,乙也会效仿甲的做法。最终他们都会选择偷懒。

表 7—2 平均主义博弈

		乙	
		偷懒	勤快
甲	偷懒	2 2	3 1
	勤快	1 3	2 2

从上述博弈中可以很清晰的看出,好的制度激发人们的积极性,差的制度挫伤人们的积极性。用奖勤罚懒制度取代平均主义制度,自然会促使人们发挥劳动积极性,从而促进经济增长。可见,制度变迁在经济增长中发挥着重大作用。

在理论分析的基础上,詹森和梅克林建立了一个包含制度变量的生产函数。其公式如下:

$$Q=Fa(L,K,M,b:T)$$

式中,Q 为产出数量,L、K、M 分别为劳动、资本和原材料投入,T 是一个描绘与生产有关的知识和物质技术状况的向量,b 是一个广义文化指数,用来描述一系列的组织形式的选择,或者是一定的 a 条件下企业可选用的内部博弈规则,a 是描述企业赖以生存的契约和产权体系的有关方面的一个特征向量或参数向量。符号 F 代表生产函数族,它的成员根据权利体系的特征值 a 而有所不同,所以 Fa 代表了这个函数族的某一特定成员,排除不确定性,$Q=Fa(L,K,M,b:T)$就代表了企业实际产出可能性的边界,

该企业在 a 描述的权利体制中，采用了 T 表示的适用技术，选择一种组织结构 b，并使用投入品劳动 L、资本 K 和原材料 M。

权利结构 a，作为外生变量，表示为企业赖以生存的政治、社会和法律体系，它概括了外部博弈规则。这种外生权利结构变量 a 也界定了一系列潜在的、适用于企业的组织结构 b。组织结构或界定 b 的各种要素的内部博弈规则的特征值包括合伙或合作形式、成本部门化或利润中心、分散决策程度、是拥有还是租赁设备、补偿计划的性质、就业条件以及和消费者有关的契约的性质等参数。其中，权利结构 a 和组织结构 b，在激励自我利益和个人最大化以达到实际上可能的产出方面起着重要作用。

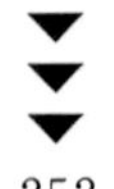

当然，对于经济转型国家制度变迁，一方面通过经济增长制度结构的改变影响经济增长的要素形成，从而使资本、劳动和技术等生产要素的规模不断增长并使其潜能得以更大程度的发挥；另一方面，制度转型通过改变要素的激励机制而不断提高生产要素的效率，从而制度变迁引致的激励机制的改进也就成为经济增长的重要源泉。

(2)制度变迁的方式

制度变迁方式，是指制度创新主体为实现一定目标所采取的制度变迁的形式、速度、突破口、时间路径等的综合。制度变迁方式的选择主要受制于一个社会的利益集团之间的权利结构和社会的偏好结构。根据制度变迁的主体的不同，可以分为诱致性制度变迁和强制性制度变迁。

诱致性制度变迁指的是现行制度安排的变更或替代，或者是新制度安排的创造，它由个人或一群人在响应获利机会时自发倡导、组织和实行。诱致性制度变迁的发生必须要有某些来自制度非均衡带来的获利机会。制度非均衡则意味着获利机会的形成，就可能诱致制度的变迁。新的获利机会是个人或群体自发地要改变现行规则或秩序的动力。新的获利机会来自制度的不均衡，它意味着现行的制度结构中出现了失效的制度安排，或者是某个制度安排不再是特定制度安排选择集合中最有效的一个。诱致性制度变迁的特点有：①赢利性。即存在某些来自于制度不均衡的获利机会，使制度变迁的预期收益大于预期成本（包括组织成本、谈判成本和监督成本等）时，有关群体才会推进制度变迁。②自发性。诱致性制度变迁是相关的利益主体对新的获利机会的一种自发反应。这使其对制度变迁的结果往往缺乏明确的预期和自觉的变迁路径选择。因此，诱致性制度变迁的过程是一个不断试错的过程，而其过程的绩效往往取决于制度变迁的主体自身的素质及运行能力和环境。③渐进性。诱致性制度变迁是一种自下而上、从局部到整体的制度变迁过程。诱致制度变迁是否发生，主要取决于个别创新者的预期收益和预期成本的比较。但对于创新者而言，不同制度安排的预期收益和预期成本是不同的。所以说，制度转换、替代和扩散的过程，其间要经过许多复杂的中间环节，需要花费时间，需要为达到一致同意而谈判，这就决定了它具有自发性、局部性、时滞性和渐进性。④由于诱致性制度变迁的主体是个人或自愿性团体（即竞争性组织或初级行动团体），因而不仅其组织成本和实施成本较高，而且面临着普遍的外部效应和"搭便车"问题。⑤诱致性制度变迁依据的只是共同利益和经济原则，但它要受到制度环境和其他制度安排给新制度所留下的空间和边界的制约。如果新的制度安排超出了制度环境所允许的边界，即使是预期收益大于预期成本，制度变迁也不大可能发生。

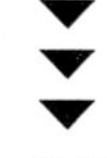

强制性制度变迁，就是在政府对制度变迁的目标模式具有理性认识的基础上，由政府通过法律和命令而实现的制度变迁。强制性制度变迁的主体是国家，国家的基本功能是提供法律和秩序，并保护产权以换取税收。根据新制度经济学的分析，国家在使用强制力时有很大的规模经济。强制性制度变迁是一种非自发的、自上而下的变迁过程,而且可能在较短期间内完成。与诱致性制度变迁相比,强制性制度变迁具有如下特点:①政府为制度变迁的主体。强制性制度变迁是政府看到了潜在的租金或者潜在的产出,主动设计和安排制度,政府成为制度变迁的推动力量。②程序是自上而下的。因为政府是制度变迁的主体,其程序当然是由政府制定后,由各级地方政府或者部门来推行,直到制度开始起作用。③激进性质。不管是整体性制度创新,还是单项制度安排,都不是渐进的,而是制度一出台就一步到位,具有明显的激进性质。④存量革命性质。对整体性制度变迁而言,强制性制度安排能够从核心制度开始进行改革,而不必像诱致性制度变迁那样先从核心制度的外围开始再逐步深入。

7.2 所有制、产权制度改革对经济增长贡献的计量分析

7.2.1 不同所有制企业对经济增长贡献的计量分析

为了研究的方便特别是数据获得的方便,我们选择中国经济发展最快的区域之一——长三角地区作为研究的对象。在研究长三角地区各种所有制企业对经济增长影响时,笔者将企业类型划分为两大类:国营企业和民营企业[①],其中国有企业包括:国有企业和城镇集体企业;民营企业包括乡镇企业和个体企业。之所以这样划分,第一个原因是:因为城镇集体企业是由国家企事业单位

---

① 民营或民营经济是从经营层次上说的,指的是以民为经营主体的经济。只要不是国有、国营或官办的经济,全都是民营或民营经济。在民营经济中,既包括私有制经济,也包括除了国有、国营以外的其他公有制经济,例如乡镇企业、合作社经济,以及社区所有制经济、社团所有制经济、基金会所有制经济,等等。

出资、筹办、组织兴建的，管理方式与国有企业相同，都有一个行政机关来领导集体企业，领导者由上级任命，生产经营由上级规定，企业的产品质量评比等采用与国有企业一样的标准，内部机构设置、职工福利、生老病死残等待遇与国营企业也完全一样，所以把国有企业和城镇集体企业划分为一大类。第二个原因是：从20世纪90年代中期开始，长江三角洲地区的乡镇企业开始大规模的产权变革——民营化，并且在2000年以前基本上完成了改制，部分或全部地民营化了(这些我们在上一部分已经介绍过了)。改制完成后的乡镇企业已不再是集体经济，而是私营企业了，因而我们将1995年以后的乡镇企业和个体私营企业对经济增长的贡献合起来进行分析。

我们首先截取1978～2004年间长三角地区工业利税率、劳动生产率、企业职工在岗人数和国内生产总值GDP等数据为样本值[①]，以通过可比价格计算的长三角地区国内生产总值增长速度为因变量，以长三角地区企业职工在岗人数占长三角地区全民的比重、企业利税率指数、劳动生产率指数为自变量进行回归分析，得出的回归方程如下：

$$Y=2.347+0.721X+0.254W+0.124Q$$

$$R^2=0.991, D.W=1.524, F=132.64$$

式中，Y为长三角地区国内生产总值的增速，X为长三角地区企业利税率指数，W为长三角地区劳动生产率指数，Q为长三角地区企业职工在岗人数占长三角全民的比重。

由此可以得出企业利税率、企业劳动生产率、职工在岗人数比例对长三角地区国内生产总值增速的弹性分别为0.721、0.254和

① 由于2004年以后，统计口径出现比较大的变化，因此，这里以1978年～2004年之间的数据做为研究的对象。

0.124。我们将企业利税率、劳动生产率、在岗职工比例分别设为M_1、M_2、M_3，则企业制度结构对经济增长的贡献率(R)为：

$$R = 0.721 \times M_1/GDP + 0.254 \times M_2/GDP + 0.124 \times M_3$$

然后，我们分别截取1978～2004年长三角地区国有及国有控股工业部门、城镇集体工业部门、乡镇企业和个体、私营企业的企业利税率、劳动生产率、在岗职工比例各项数据并带入公式，即可求出长三角地区企业制度结构体系中各种企业制度对长三角地区经济发展的贡献率，计算结果见表7—3。

表7—3　1978～2004年长三角地区各种企业制度对经济增长的贡献率

<table>
<tr><th colspan="2">年度
企业制度</th><th>1978</th><th>1981</th><th>1984</th><th>1987</th><th>1990</th><th>1993</th><th>1995</th><th>1998</th><th>2001</th><th>2004</th></tr>
<tr><td rowspan="2">国营企业</td><td>国有企业</td><td>0.7877</td><td>0.6837</td><td>0.5977</td><td>0.4931</td><td>0.4225</td><td>0.3087</td><td>0.2970</td><td>0.2762</td><td>0.2573</td><td>0.2628</td></tr>
<tr><td>城镇集体企业</td><td>0.0943</td><td>0.0975</td><td>0.0993</td><td>0.1103</td><td>0.1198</td><td>0.1232</td><td>0.1286</td><td>0.1247</td><td>0.1132</td><td>0.1251</td></tr>
<tr><td rowspan="2">民营企业</td><td>乡镇企业</td><td>0.1000</td><td>0.1957</td><td>0.2648</td><td>0.3527</td><td>0.4023</td><td>0.4987</td><td rowspan="2">0.5803</td><td rowspan="2">0.5824</td><td rowspan="2">0.5812</td><td rowspan="2">0.5743</td></tr>
<tr><td>个体私营企业</td><td>0.0180</td><td>0.0231</td><td>0.0382</td><td>0.0439</td><td>0.0554</td><td>0.0694</td></tr>
</table>

数据来源：本文所有数据均来自《中国统计年鉴》、《上海统计年鉴》、《江苏统计年鉴》、《浙江统计年鉴》、《中国财政统计年鉴》、江苏乡镇企业网、长三角地区各市统计网站。其中国内生产总值GDP为采用当年价格计算的数值，个别城市少数年份数值缺失，我们采用相关指标前后年份的数值滑动平均替代。

通过表7—3可以看出，在改革开放之初的1978年，长三角地区经济增长的贡献主要来源于国有企业和城镇集体企业这些国营企业，其中国有企业对经济增长的贡献率为78.77%，在长江三角洲地区企业制度结构体系中名列第一，城镇集体企业为9.43%，国营企业对经济增长的贡献率达到了将近90%的程度，占据着绝对的优势。而民营企业对长三角地区经济增长的贡献率仅占11.8%，其中乡镇企业占据了10%，个体、私营企业仅占1.8%。这是因为在计划经济时期，长三角地区企业制度体系中，国有企业是占主导地位的企业制度，因而国有企业对经济的发展发挥着主导作用；城镇集体企业虽属国营企业，但1978年才开始陆续兴办起来，因而它的贡献率并不高。江苏省在20世纪70年代已有一批乡镇(社队)企业产生、发展，但浙江省和上海的社队工业廖若晨星，而且乡镇企业当时并未取得主要地位，所以也没有发挥主要作用。

随着我国经济体制改革的深入和现代企业制度的逐步建立，全国单极贡献的格局日益被打破，尤其是乡镇企业迅猛发展的长江三角洲。乡镇企业这一新的企业制度不断成长、壮大，产业领域也从工业扩展到商业、贸易、运输、建筑业等领域。在国有企业和城镇集体企业发展趋缓的情况下，乡镇企业个体、私营企业飞速发展，在经济增长中扮演着越来越重要的角色。1981年，长江三角洲地区民营企业对经济增长的贡献率由11.8%上升至21.88%，其中乡镇企业由10%上升到19.57%，个体、私营企业由1.8%上升至2.31%。而国营企业对经济增长的贡献率却由88.2%下降到了78.12%，其中国有企业由78.77%下降到68.37%，城镇集体企业由9.43%升至9.75%。1984年，长江三角洲地区乡镇企业对经济增长的贡献率已经达到26.48%，个体、私营企业对经济增长的贡献率也升至3.82%，民营企业对经济增长的贡献率达到了30.3%，而国营企业对经济增长的贡献率下降到了69.7%。国有企业对经济增长的贡献率下降到59.77%，下降了将近20个百分点。

进入20世纪90年代初，长三角地区乡镇企业对经济增长的贡献率已经达到40.23%，个体、私营企业也上升至5.54%，民营

企业对经济增长的贡献率达到45.77%；而国有企业对经济增长的贡献率为42.25%，城镇集体企业对经济增长的贡献率为11.98%，国营企业与民营企业对经济增长的贡献率已经基本持平，各占据了“半壁江山”。

1993年乡镇企业对长三角地区经济增长的贡献率超过了国有企业19个百分点，上升到了工业经济的主要份额，成为长三角地区经济增长的主要源泉。至此，乡镇企业成为长三角地区企业制度体系结构中的主要或主体企业制度，与20年前形成了鲜明的对照。

反观国有企业对长三角地区经济增长的贡献率1995年为29.7%，1998年为27.62%，2001年为25.73%，下降的幅度不仅减小，还在2004年升至26.28%。出现这些状况的原因是：90年代末期，国企改革初现成效，部分国有企业正逐步建立现代企业制度。

7.2.2 所有制、产权结构变迁对经济增长贡献的计量分析

根据目前的研究成果，要对中国经济增长的增长因素作实证分析并对各项因素进行精确和详细的分解尚有一定困难，因为这不仅涉及理论问题，同时也面临统计数据的可靠性和可获得性等等因素。在吸收已有研究成果的基础上，通过一些指标换算，运用生产函数方程对中国增长引擎进行分解，并就我国经济增长的制度变迁因素进行经济计量检验。

我们采用的生产函数是一个包括资本和劳动投入，技术和制度变量的柯布—道格拉斯函数。我们的基本方程具体形式如下：

$$Y=AK[a]L[b]I[c]e[\varepsilon] \tag{1}$$

式中Y代表产出；A代表技术进步、人力资本等其他未显示的进入生产函数的增长因素，对此我们沿用索洛余值法来处理；K和L分别代表资本投入和劳动投入；I代表制度变量，a，b，c为参数，ε

为随机扰动项。对于收入，我们使用历年《苏州统计年鉴》提供的国内生产总值数据来描述，对于劳动投入，我们使用从业人数来代表；对于资本投入我们采用全社会固定资产投资完成额数据来描述。

为了对制度变迁进行量化测度，参考金玉国的研究成果①并考虑到数据的可得性，引入四个制度变量分别对制度变迁的几个方面进行描述：

(1)非国有化率(*FGYH*)，反映经济成分多元化的程度。转型时期经济成分多元化在宏观层面上主要表现非国有化，由于经济成分的非国有化改革集中体现在工业领域，因此非国有化率可以用工业总产值(或增加值)中非国有工业的总产值(或增加值)来代表。

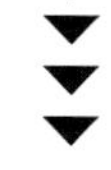

FGYH＝非国有工业总产值(或增加值)/全部工业总产值(或增加值)

(2)市场化程度(*SCH*)，用来反映资源配置经济决策市场化的广度和深度。因为我国经济运行机制的市场化程度及其变化特征可以从生产要素(资金、劳动力、技术水平等)配置的市场化和经济参数(价格、汇率、利率等)决定的市场化反映出来，所以市场化指数是上述两个方面按其重要性不同加权合成的一个指数。然而由于资料的制约，我们仅使用生产要素市场化指数来表示市场化程度。

SCH＝生产要素市场化指数

式中，“生产要素市场化指数”用投资的市场化代表，它是全社会固定资产投资中“利用外资、自筹投资、其他投资”三项指标的比

① 金玉国：《宏观制度变迁对转型时期中国经济增长的贡献》，《财经科学》2001年第2期。

重，因为这三项投资的规模基本是由市场决定、投资者自主决策的，其比重大小大致可以反映投资领域的市场化程度。

(3)国家财政收入占 *GDP* 的比重(*CZSR*)，即 *CZSR* ＝地方财政收入/当年 *GDP*

这一指标主要反映经济利益分配中国家分配份额的大小。

(4)对外开放程度(*DWKF*)，对外开放表现在包括出口的各个方面，因此采用包括国际贸易、国际金融、国际投资三方面内容的对外开放指数(即这三方面指标占 *GDP* 比重的加权平均数)来代表对外开放的程度才能够比较全面的反映对外开放的程度。考虑到资料的制约，本文仅采用进出口总值和实际利用外资总额这两个指标占 *GDP* 比重的加权平均数来代表对外开放程度。

DWKF＝(进出口总值/*GDP*)×0.3＋(实际利用外资总额/*GDP*×0.7)

根据上述公式，可以利用苏州统计年鉴各年的相应指标计算出 1995～2004 年我国各年的经济增长资料以及制度变量，如表 7—4 所示。

表 7—4　1995～2004 年苏州经济制度变量

(单位：%)

年份	非国有化率(*FGYH*)	市场化程度(*SCH*)	财政收入比重(*CZSR*)	对外开放程度(*DWKF*)
1995	87.97	85.27	5.96	28.13
1996	87.71	88.18	6.39	30.51
1997	93.80	86.96	6.76	31.75
1998	92.21	89.56	7.01	33.41
1999	92.92	85.28	8.05	35.27
2000	93.51	83.38	10.27	43.20
2001	95.98	84.48	11.87	43.32
2002	97.17	82.59	13.98	56.84

续表

年份	非国有化率（FGYH）	市场化程度（SCH）	财政收入比重（CZSR）	对外开放程度（DWKF）
2003	98.16	73.54	14.63	72.27
2004	98.62	75.28	16.96	82.73

注：1997 年非国有化率和市场化程度两项指标为缺失值，在对其他各年数据进行线形回归的基础上，用线形预测值来代替缺失值。

根据表 7—4 我们应用主成分分析法对制度变迁进行量化测度，并据此得到各制度变量加权处理公式：

$$I = 0.252 \times FGYH - 0.257 \times SCH + 0.27 \times FCZSR + 0.271 \times DWKF——(MYM)$$

从而，我们可以得到产出、资本和劳动力各变量数据（见表 7—5）。

表 7—5　1995～2004 年苏州经济制度变量及主成分得分值

（单位：%）

年份	非国有化率（FGYH）	市场化程度（SCH）	财政收入比重（CZSR）	对外开放程度（DWKF）	制度变迁（I）
1995	87.97	85.27	5.96	32.23	9.49
1996	87.71	88.18	6.39	38.11	9.43
1997	93.80	86.96	6.76	40.74	11.72
1998	92.21	89.56	7.01	42.13	11.17
1999	92.92	85.28	8.05	47.05	13.23
2000	93.51	83.38	10.27	61.67	16.62
2001	95.98	84.48	11.87	62.73	17.42
2002	97.17	82.59	13.98	81.97	22.44
2003	98.16	73.54	14.63	107.05	29.37
2004	98.62	75.28	16.96	129.83	32.50

资料来源：据表 7—4 数据和公式（MYM）计算所得。

表 7—6　各变量数据表

年份	国内生产总值（万元）Y	资本投入（万元）K	劳动力（万人）L	制度变迁（%）I
1995	9031127	3340991	324.45	9.49
1996	10021368	3805873	323.84	9.43
1997	11325941	4051760	320.47	11.72
1998	12500133	4501061	307.52	11.17
1999	13584312	4751365	311.29	13.23
2000	15406798	5164346	313.89	16.62
2001	17602795	5648539	321.96	17.42
2002	20803673	8128145	323.75	22.44
2003	28015600	14089329	346.19	29.37
2004	34500000	15547986	358.82	32.50

资料来源：表中制度变量测度数据来源于表 7—4，其他数据来源于《苏州统计年鉴》各相关年份。

除了计算出上述数据外，估计的方法还需要简单讨论一下：

为了估计的方便，对(1)式两边取自然对数，得：

$$\ln Y=\ln A+a\ln K+b\ln L+c\ln I+\varepsilon \tag{2}$$

这就是需要估计的基本方程。不过，由于各变量之间的相关系数较大，存在多重共线性问题，这样建立起来的回归模型稳定性较差，会造成各个解释变量的回归系数估计值的不稳定性，因此不能直接用最小二乘法进行参数估计，必须首先剔除共线性问题。为此，我们采用产出和资本的密集形式（即 $y=Y/L$，$k=K/L$）重新构造生产函数：

$$y=AK[\alpha]I[\beta]e[\varepsilon] \tag{3}$$

两边取对数得：

$$lny=lnA+\alpha lnk+\beta lnI+\varepsilon \tag{4}$$

用 eviews5.0 软件对(4)进行估计，结果如表 7—7 所示。

表 7—7 Eviews 5.0 软件估计结果

Dependent Variable：Y

Method：Least Squares

Date：10/24/06 Time：16:46

Sample：1995 2004

Included observations：10

Variable	Coefficient	Std. Error	t-Statistic	Prob.
C	6.651915	1.388461	4.790856	0.0020
K	0.246354	0.202123	1.218832	0.2624
I	0.623366	0.224711	2.774072	0.0275
R-squared	0.977430	Mean dependent var		10.78993
Adjusted R-squared	0.970982	S. D. dependent var		0.405068
S. E. of regression	0.069002	Akaike info criterion		−2.266027
Sum squared resid	0.033329	Schwarz criterion		−2.175252
Log likelihood	14.33014	F-statistic		151.5742
Durbin-Watson stat	1.551820	Prob(F-statistic)		0.000002

根据回归结果我们可以得到以下方程：

$$\ln y = 6.651915 + 0.246354\ln k + 0.623366\ln I \qquad (5)$$

各项统计指标都良好，说明此回归对生产函数拟合得较好。

根据上面的实证分析，可以对 1995～2004 年间制度变迁对经济增长的贡献率进行了测算。结果显示在 1995～2004 年的经济增长中，制度变迁的贡献率为 61.5%，这充分显示了制度变迁对经济增长的巨大作用。

7.3 乡镇企业制度变迁对经济增长的推动

7.3.1 乡镇企业所有制、产权变迁的基本特征

乡镇企业是由中国农民运用智慧创造出来的特殊经济体，以

农民为主、在乡镇或村庄兴办的从事生产、交换、服务活动的经济组织的总称。诞生于新中国成立初期，再经过 1978 年以后的改革开放，乡镇企业在这近几十年中冲破了一个又一个的发展障碍，在中国经济高速发展的过程中被不断地历练，有利地推动了农村生活水平的提高，发展成为一支新生的经济体。

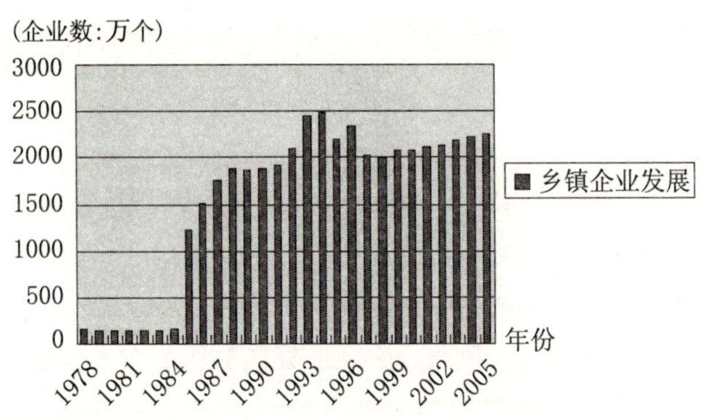

图 7—2　1978～2005 年乡镇企业单位数发展情况

资料来源：由 1978～2006 年中国乡镇企业年鉴整理所得。

诺斯的《经济史中的结构与变迁》认为，制度变迁是制度创立、变更及随着时间变化而被打破的方式。各地乡镇企业进行产权变革，它们的发展的外部环境、内部因素等条件不尽相同，就其发展过程来看，乡镇企业在起步方式、结构特征、运行机制等方面也存在差异，从而，通过实践，形成了多种发展模式。从上表和前面的描述中我们可以看出，“苏南模式”和“温州模式”产权制度变迁都是处于改革发展这个经济飞跃的大背景下，依靠人民和政府的努力与投入慢慢发展建立起来的，但它们又是在具有不同的地方背景和特有的人文风格上实现的，也注定了其产权改革上具有的各自异同性。

苏南乡镇企业一开始就走在中国乡镇企业发展的前面，最早追溯到人民公社时期，苏南农村的社办企业采用的是“一平二调”的方式，土地、资金、劳动力和生产资源主要从各生产大队和生产队调用，队办企业由各生产队共同出地、出钱、出物、出劳动力。在撤社改乡后，乡村新办企业所需资金主要是已办企业的上缴利润及调用骨干企业闲置资金，或以社区集体名义向银行的贷款。因而，苏南乡（镇）办企业的所有权是属于全乡（镇）劳动农民共同所有，村办企业属于全村劳动农民共同所有。但实际上，社区政府是集体产权的代表者，行使着所有者的全部职能。

20 世纪 90 年代以来，苏南地区乡镇企业不复以往的辉煌局面，整个乡镇企业利润效益呈下滑状态，政府为此致力于乡镇企业的改制工作，在 1993 年、1994 年，其重点在转换经营机制，提高经济效益，1995 年、1996 年在产权制度方面的改革动作仍然不大，仅限于股份合作制及“小、微、亏”企业的兼并、拍卖，其改革力度基本上在国企改革的框架之内，没有形成自己的特点。

1997 年以后，苏南乡镇企业改制才有了实质性的变化，苏南提出要以“三个有利于”作为检验乡村集体企业改革成功与否的根本标准，以建立现代企业制度为目标，加大乡镇企业改革的力度。苏南乡镇企业的产权制度改革，通过全面彻底的清产核资和资产评估，基本理清集体企业的存量资产，从过去提倡股份制、股份合作制、租赁、承包、兼并、拍卖、转让等多种形式发展为“拍卖转私”一种形式，社区集体所有制的乡镇企业逐步演变为混合所有制企业和个体私营企业。政府推动下的这次改革力度大、速度快，是自上而下突进式变迁。但是由于设置“不可分配给个人的集体股”，地方政府可以通过集体股掌握决策权，“地方产权制度”问题仍然存在。2000 年以后，苏南许多县市进行了“二次改制”，其方向是政企分开，打破地方政府的“地方产权制度”，确立生产者和消费者在市场中的自主地位、私人作为独立产权主体的地位。截止到2000年，苏州的改制产权企业已达到其企业总数的95.6%，除了一些“大而盈”、“大而亏”的难以改制的乡镇企业外，到现在已经基本完成了产权改革。

与苏南模式的改革由政府推动不同，温州模式是由其创建者们和温州企业家们发展起来的，并且在极力倡导和实行这场新的改革。温州乡镇企业在发展初期一般采用合伙制或不规范的股份合作制组织形式，这种产权制度和资本组织形式适应了当时温州地区生产力发展水平，但是当这种合伙制组织形式及家庭工业资本随着温州经济的巨大发展，其不适应现代市场经济的内在制度要求时，温州的企业家们顺应时代潮流，积极采取措施，将合伙推进到现代公司制的发展阶段。

由于历史的原因，国家在浙江的投资严重不足，不及全国平均水平的一半，自然资源也无明显的优势，1978年以前的浙江经济发展缓慢，经济总量在全国排在第12位。可以说“温州模式”中的社区政府没有起到主导乡镇企业的制度变革，但其也起到了积极的作用。地方复杂的血脉、人脉关系，使社区政府官员不仅在经济上与地方有千丝万缕的关系，而且官员失意时多得到企业的聘用和赏识，降低了地方官员改革的风险。经过成本—收益分析，社区政府会主动地谋取较多的制度供给，为民间制度创新提供了宽松的环境。

所以，温州模式的变迁是当市场化改革遇到阻碍时，经济主体在地方政府的支持下，成功地突破束缚，争取到改革的进入权，获得巨大制度创新的潜在收益，从而推进了市场化改革。初级行动集团（企业家）一旦获得巨大制度创新的潜在收益，客观上就会形成进一步制度创新的欲望，从而诱发更多的制度创新，形成路径依赖，促使温州模式走上良性循环的道路。

7.3.2 乡镇企业在产权变迁中对经济增长的贡献

乡镇企业的异军突起，经济总量不断扩大，整体素质不断提高，在繁荣农村经济、支持农业生产、增加农民收入、保持农村稳定等方面发挥了重要作用，同时也成为我国农村经济的主体力量和国民经济的一大支柱。对国家经济增长，财政收入增加以及提高农村人口生活水平上起着很重要的作用，为全面建设小康社会，进一步解决“三农”问题作出了积极的贡献。

1978 年以来，乡镇企业不仅数量在发展，其质量也在不断提高中，在中国经济增长中扮演着越来越重要的角色。由表 7—8 可以看出，20 世纪 90 年代初期，农村第二产业对国内生产总值的贡献份额较高，最高曾超过 50%。尽管 20 世纪 90 年代中期，其贡献份额一度回落到 20%，但进入 90 年代后期，又重新提高到 30% 以上。总的来看，乡镇企业超过了城市第二产业对经济增长的贡献率。这表明，农村第二产业已成为改革开 20 余年间带动中国经济增长的引擎。乡镇企业对国内生产总值的贡献主要源于制度变革所引起的资源重新配置和进而产生的效率。根据王小鲁的计算，在 1981～1982 年间，由于制度变革而导致的农村劳动力向非农产业的转移，以及与之相应的资产转移对经济增长做出了 15% 的贡献，使得按社会总产值计算的平均净增长率加快了 1.7%。折算成对国内生产总值的贡献。大约为 1.4%，从 8.3%提高到 9.7%。如果同 1961～1978 年间的国内生产总值增长速度 (7.9%)相比，改革时期 1980～1992 年间的经济增长率提高的主要部分应归功于这种制度变革造成的农村生产要素的重新配置①。

① 王小鲁:《农村工业化对经济增长的贡献》,《改革》1999 年第 5 期。

表 7—8　城乡各部门对国内生产总值的贡献率

（单位:%）

指标＼年份	1993	1995	1997	1999	2000	2002	2004	2005
GDP 增长率	13.5	10.5	8.8	7.1	8.0	9.1	10.1	9.9
第一产业	8.1	9.4	7.2	6.5	4.7	4.1	7.6	6.2
第二产业	67.7	67.4	66.0	66.5	67.2	59.2	62.3	65.8
城市第二产业	10.4	43.3	30.8	36.7	37.8	33.4	39.9	35.8
乡村第二产业	57.3	24.1	35.5	29.7	29.4	25.8	28.4	30.0
第三产业	24.2	23.3	26.8	27.1	28	36.4	30.1	28.0
城市第三产业	14.2	14.3	11.9	18.4	19.9	26.2	20.6	20.0
乡村第三产业	10.0	8.9	14.9	8.6	8.2	10.2	9.5	8.0
城市合计	24.6	57.6	42.7	55.1	57.7	59.6	54.5	55.8
乡村合计	75.4	42.4	57.3	44.9	42.3	40.4	45.5	44.2

资料来源:中国社会科学院农村发展研究所、国家统计局农村社会经济调查司:《2001～2002 年:中国农村经济形势分析与预测》,社会科学文献出版社 2002 年版;《2005～2006 年:中国农村经济形势分析与预测》,社会科学文献出版社 2006 年版。

为了进一步说明乡镇企业对国民经济所作的贡献率,我们还收集了从 1978 年到 2004 年的乡镇企业实缴税金的数据,从图 7—3,可以很清楚地看出,乡镇企业对国家财政收入的贡献一直处于增长状态,但是与上面乡镇企业的数目发展相比,税金增长比较稳定和平缓。值得注意的是,在上面乡镇企业数目增长 1985 年的爆炸点上,乡镇企业的企业数目增长了 641%,但是与之相对应的税金情况表其只比上一年增长了 97.5%,表明了当时至少 80 年代的乡镇企业还是处于一个比较原始的企业状态,粗放经营,依靠政府特权,投入产出比率较低,企业的经营效率差。随着时间的推移,乡镇企业逐渐接受现代企业发展潮流,从原来的比较单一的集体企业,发展到目前集体企业、私营企业、个体企业为主中间夹杂中外合资、中外合营等多种企业形式。在我国大力发展市场经济，政府越来越退出市场管理者这个大背景下，产权不清已经成为越来越制约乡镇企业发展的瓶颈，国内各经济学家也已经充分了认识了这一点，在内外动力下，我国在1997年、1998年拉开了乡镇企业产权改革的大幕，在这两年中，涌现出了无数的优秀改革企业，其中江苏苏南的乡镇企业和浙江温州的乡镇企业是改制比较成功的，并取得了巨大的经济效益。

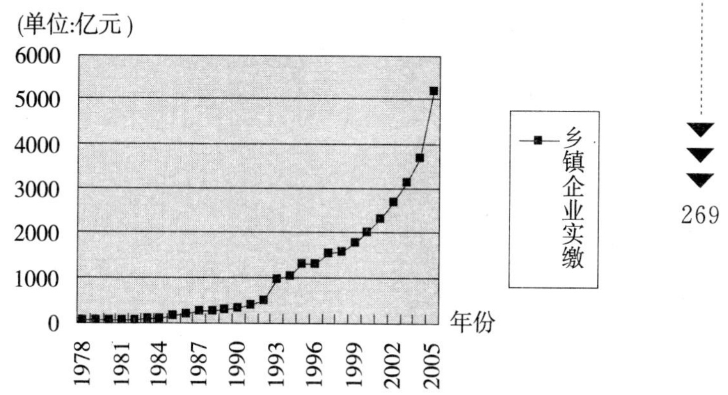

图 7—3　1978～2005 年乡镇企业实缴税金增长情况

资料来源：由1978～2006年中国乡镇企业年鉴整理所得。

7.3.3　江苏和浙江所有制、产权条件下乡镇企业发展的比较

各地乡镇企业进行产权变革，它们发展的外部环境、内部因素等条件不尽相同，就其发展过程来看，乡镇企业在起步方式、结构特征、运行机制等方面也存在差异，从而，通过实践形成了多种发展模式。为人们所熟知的乡镇企业发展模式有“苏南模式”、“耿车模式”、“阜阳模式”、“温州模式”、“晋江模式”、“珠江模式”、“窦店模式”。其中江苏和浙江都是乡镇企业改革起步较早，改革较成功的地方。

产权制度变迁的动力可分为内外两个方面，只有具备了这两

种动力，制度才会发生变迁。制度变迁的内动力是制度变化的内在源泉，即当现行的制度不能适应生产力、技术水平提高等的要求时，制度与生产力之间产生矛盾，于是制度必然发生变迁。就这方面来看苏南乡镇企业的所有制的基本属性就是以社区政府为代表的集体经济。与私有企业相比，乡镇企业在名义上归社区全体成员所有，但控制权实际掌握在乡镇基层政府手中，就像上面提到的是一种“模糊产权”。这种产权不清的产权关系，不适宜市场经济中企业的发展，具有产权变迁的内在动力。而与苏南模式相比，浙江温州模式中的乡镇企业个体私营企业是占了多数的，其产权关系相对明晰、自主经营、自负、自担风险，从社会总收益作为判断企业最优产权安排的标准来看，在具有较高的经济自由和完善的市场体系情况下，明确产权的私营企业相比国有企业和集体企业来说也是最优的产权安排方式。产权变动的外动力是变迁主体从事变迁的动力，也就是制度变迁主体发动制度变迁的动因。在乡镇企业制度变迁过程中，始终有着这样一群发动制度变迁的人，他们为了使企业能够走向市场进一步发展，为了能够得到企业的剩余追索权，积极要求乡镇企业的产权制度向着更为市场化的方向发展。这就是后来乡镇企业的控制权逐渐向经理层转移，经理层的收入与企业的剩余挂钩。就外部动力来看，部分的由于浙江“永嘉文化”的影响，在浙江的温州模式下的乡镇企业家比江苏“吴文化”背景影响下的企业家，明显更具有开拓创新精神，特别是浙江的乡镇企业家们在产权明晰后所带来创业热情，使得温州、浙江的企业家们不顾政治风险、经济风险及其生产经营中的一切困难，坚定不移的发展民营经济，才使得浙江在很短时间内就完成了乡镇企业的产权制度改革；而“苏南模式”下的乡镇企业则经过很长时间才基本完成。

在 20 世纪 90 年代中期以前，江苏和浙江乡镇企业发展的最大差异在于所有制结构不同。前者以集体独资的乡村企业为主，后者则是个(体)私(营)居多。那个时候浙江省乡镇企业的经济总量仅占江苏省的1/3,但是随着改革开放的发展,市场经济在我国的全面推广,没有明确产权的江苏乡镇企业表现出对市场经济的不适应性,而明晰产权的浙江乡镇企业则快速发展。

对江苏和浙江的乡镇企业产业结构的相关数据进行统计分析。从产权改革来看,江苏乡镇企业产权改革明显滞后于浙江乡镇企业,早在20世纪80年代中后期,浙江省温州、台州为代表的浙南个私经济就积极向股份合作制发展,到1995年,以资产转让、经营者持股为主要特征的股份制经济形式已经形成。在1990年江苏省的乡镇企业从数量上虽然占绝对的优势,但是通过增长值和乡镇企业总产值的比较就可以发现积极进行自身发展产权改革的浙江乡镇企业的质量已经远高于江苏的乡镇企业,1990年仅从企业平均产值上看,江苏企业平均每家创造13.74万元,而浙江则高达15.64万元。经过5年比较彻底的改制,浙江特别是杭州湾一带的非公有制经济迅猛发展。从数据来看,浙江乡镇企业在1995年的数量和质量上都超过了江苏乡镇企业。相对于浙江乡镇企业的迅猛发展,江苏乡镇企业发展缓慢,甚至有落后的趋势,此时到1995年江苏尝了明确产权后浙江乡镇企业发展的甜头后,此时开始重视起江苏乡镇企业的改制,但是真正的产权改制也到了1996年以后才正式起步。鉴于规模大的企业较多,其改制的复杂性远远大于浙江,改革的不彻底也就可以想见。改制到2000年,江苏乡镇企业非集体资本占62.5%,而浙江已经高达77.5%。之后到2001年、2002年乡镇企业进一步发展,但是可能产权改革的不彻底使江苏乡镇企业始终落后于浙江乡镇企业,特别是到2001年,尽管江苏乡镇企业的营业收入突破了1万亿元,但只及浙江省的73%,乡镇企业上缴的税金,也只有浙江省的69%。造成这

种发展悬殊的局面，除了目前经济学者普遍认为的浙江已明确了产权关系的个体私营所有制的乡镇企业制度更适应市场经济发展的需要和一些人文地理发展原因外，乡镇企业本身产权结构上的分布及变化也是影响和促进乡镇企业发展的一大因素。

表 7—9　浙江与江苏乡镇企业宏观经济数值比较

（单位：个，万元）

指标＼年份	2005	2004	2003	2002	2001	2000	1995	1990
江苏乡镇企业数量	1164302	1103535	1020503	951042	938512	903456	924235	1058369
浙江乡镇企业数量	1120555	1082178	1081237	1073202	1079775	1081514	902241	494047
江苏乡镇企业增长值	71922694	55070466	42848473	33465356	27845047	24413965	16509337	3214357
浙江乡镇企业增长值	62756744	53111553	45551533	38116418	32679230	28392427	6954697	1571597
江苏乡镇企业总产值	304317151	244010927	191132071	154406719	129032507	113884843	89322585	14538025
浙江乡镇企业总产值	312252189	264161606	220622475	183190340	154645200	134123716	74781618	7724794

资料来源：由 1978～2006 年中国乡镇企业年鉴整理所得。

7.4　外商投资、制度变迁与长江三角洲经济增长

7.4.1　外商投资的制度变迁效应

中国选择了渐进式的经济体制改革道路，但同时也会面临一

个巨大的矛盾，即必须在改革过程中不断寻求推进改革的动力。长三角地区在经过国有企业改制、乡镇企业改制后，把对外开放、吸收外商直接投资作为了改革的强大动力，作为经济增长的新引擎。中国经济制度的变迁主要表现在产权制度的变迁、市场化程度提高、分配格局变化和对外开放程度四个方面。一国经济增长是在一定的制度框架中实现的，利用外国直接投资作为中国对外开放的行为之一，其本身就是一种制度变迁。此外，外国直接投资主要来源于发达的市场经济国家，为了吸引更多投资，必须改善市场环境，从而促使中国市场化程度不断提高。在中国渐进式的改革过程中，外商直接投资的制度变迁效应显得尤为重要。这在前面的计量分析中可以清楚地看到。

进入 21 世纪后，长三角地区外商投资速度加快。2005 年长三角地区协议注册外资达到 710 亿美元，同比增长 15.1%，到位注册外资 262 亿美元，同比增长 19.0%。从协议注册外资来看，16 个城市中 4 个城市总量超过 50 亿美元。苏州协议注册外资达到 152.72 亿美元，居首位，上海列第 2 位，无锡居第 3 位。增速上，一半的城市增长超过 20%，无锡的协议注册外资同比增长 20.3%，高于江苏沿江 8 市 4.6 个百分点，高于长三角平均水平 5.2 个百分点，列长三角第 8 位。从到位注册外资来看，4 个城市总量超过 20 亿美元。上海到位注册外资达到 68.5 亿美元，居首位，苏州列第 2 位，无锡以 20.1 亿美元列第 4 位。从长三角构成情况看，16 个城市中，上海市协议注册外资 138.33 亿美元，同比增长 18.3%，到位注册外资 68.5 亿美元，同比增长 4.7%。江苏沿江 8 市协议注册外资 424 亿美元，同比增长 15.7%，到位注册外资 124 亿美元，同比增长 32.9%。浙江 7 市协议注册外资 148 亿美元，同比增长 10.8%，到位注册外资 70 亿美元，同比增长 13.0%。从所占比重情况看，协议注册外资上海占 19.5%，江苏板

块占59.6%，浙江板块占20.9%。到位注册外资上海占26.1%，江苏板块占47.2%，浙江板块占26.7%。[①]

根据新制度经济学的观点，制度是一种重要的经济增长要素，一国通过制度变迁会促进经济增长及发展，从而产生制度绩效。外国直接投资在中国产生的制度绩效，主要是指它通过影响了中国决定制度供给和制度需求的某些因素，来促进中国经济的发展。外商投资不仅是20年来中国经济高速成长最有力的推动者，而且是资源配置方式及经济制度变迁的强大动力。外商投资不仅是资本进入，还是一种产权制度的进入。人们在争论外商投资企业是否冲击了民族经济、挤垮了民族品牌时，往往莫衷一是，且易忽视外商投资的制度效应。

首先，加速了中国所有制结构的变迁，对形成以公有制经济为主体、多种所有制经济共同发展的格局起到了积极的推动作用，而这样的所有制结构正是社会主义市场经济的微观基础。据统计，在已批准设立的34万多家外商投资企业的产权中，国有和集体成分大约占57%，公有经济在混合所有制经济的发展中实现了资产的保值增殖。同时，外商投资企业的发展，拉动了收入分配制度变迁。收入分配机制的改革，一方面，提高了中国外企职工的收入水平；另一方面，打破了长期以来国内"不患寡而患不均"的大锅饭体制，把资金、技术、管理、知识纳入收入分配范畴，可以全方位地提高资源配置效率。

其次，加速了企业制度变迁。外商投资企业与国有企业之间的合作，是两种基本经济关系的混合。外商投资企业与国有企业

① 参见：上海对外经济贸易委员会2004、2005年统计数据；江苏对外经济贸易委员会2004、2005年统计数据；2004、2005年浙江省外经贸总和运行情况所列数据。

所形成的混合经济，既包括外生型合作企业形式，也包括内生型合资企业的形式；在合资企业、合作企业中，约有 90%是与大中型国有企业联姻的。国有企业与外资嫁接以后，直接切断了企业与政府之间的脐带，摆脱了许多行政干预，劳动、人事、分配、进出口经营权和投资自主权等落实到位，为现代企业制度的建立奠定了基础，大批企业逐步走上按照国际惯例改革，按照国际惯例运营的轨道。

7.4.2 外商直接投资推动长江三角洲的经济增长

(1)推进所有制改革

随着我国经济的持续增长，国内市场规模的不断扩大，国外越来越多的大型跨国企业的投资将不断增大，其中全球性战略导向的大规模投资会越来越多。外商投资规模的增大和对我国国民经济影响力的加强，还对我国所有制结构和实现形式带来直接影响，推动我国混合所有制经济的发展。特别是随着我国国有企业的改革，外商投资企业与国有企业之间所进行的各种方式的合作，在合资企业和合作企业中，有 90%左右是与大中型国有企业联姻。从本质上说是两种基本经济关系的混合，上述混合所有制经济，既包括外生型合作企业形式，也包括内生型合资企业的形式。

(2)带动 GDP 增长

FDI 一方面增加了区域总量资本的供给，提高了资本形成的水平，另一方面，通过竞争环境的改善、技术的引进、外部经济和溢出效应的加速，提高了资本的边际产出，提高了资本的生产效率。近十年来，长三角的 FDI 年均增长 39.28%，高出全国平均均值 10.68 个百分点，而同期 GDP 年均增长 18.52%，高出全国均值 8.85 个百分点，可见 FDI 增长与 GDP 增长呈正相关关系。通过计算 GDP 和 FDI 的增长弹性比可以发现，长江三角洲的增长弹性为 0.4715，高于全国平均的 0.338，说明在长江三角洲 FDI 对

GDP的带动作用比较强。平均而言，长三角地区吸收的FDI每增长1%，GDP就会相应增长0.4715%。

(3)促进贸易扩张

FDI区位聚集带来的贸易扩张效应非常明显，区域内的外资企业对区域进出口，尤其是出口和加工贸易的规模和增长贡献巨大。以浦东新区为例，截止到2003年其外贸进出口总额占上海市的1/2，合同利用外资达220亿美元，有98个国家和地区的1万多家企业在浦东落户，上海对长江三角洲和长江流域的影响力不断提高。再以苏州市为例，由于对基础设施、政策、服务等硬、软件都作了很大改进，投资环境优越，引进外资规模不断扩大，目前外商投资已经占全市固定投资的一半以上，涉外税收占财政收入的1/2左右，与外资相关的出口占全市出口总额的85%以上，与外资相关的从业人员约占城镇从业人员总数的40%。由于外向型经济的发展，苏州市已成为江苏省经济发展最快的地区，2004年GDP占江苏省的22%。

(4)调整产业结构

改革开放以来，长江三角洲地区产业结构变化的总体特征是第一产业比重下降，第二、三产业比重不断上升。而这一转变又具有阶段性特征。在这种转变过程中外资在全社会固定资产投资中的比重不断提高，对区域投资的带动作用不断增强，且大部分外资流入第二产业，因此，作为固定资产投资主要来源之一的FDI及其投向成为促进本地区产业结构转变的重要因素。

由于流入长江三角洲地区的外资大多流向第二产业和第三产业，因此使得长三角地区第二、三产业固定资产投资规模迅速增加，而FDI的投资推动作用，又使得更多的资金进入第二、三产业，带动了产业间比例的变化。特别是近年来，由于长三角地区都紧紧抓住国际资本向长三角流域转移的有利机遇，纷纷提出打造国际制造业基地的奋斗目标，从而使长三角地区的产业结构中第二产业占 GDP 的比重不断上升。以 2003 年为例，长三角地区 15 个城市三次产业结构从 2002 年的 5.5∶51.9∶42.3 调整为 5.0∶54.5∶40.5，第一产业比重比上年下降了 0.8 个百分点，第二产业比重上升了 2.6 个百分点，第三产业比重下降了 1.8 个百分点。

表 7—10 2006 年外资行业结构比较

产业名称	上海		江苏		浙江	
	合同外资（亿美元）	比重（%）	合同外资（亿美元）	比重（%）	合同外资（亿美元）	比重（%）
第一产业	0.24	0.17	6.62	1.4	0.76	0.4
第二产业	47.88	32.85	361.42	79.5	142.30	74.5
第三产业	97.62	66.98	88.81	19.1	47.94	25.1

资料来源：上海对外经济贸易委员会 2006 年统计数据；2007 年江苏统计年鉴；浙江外经贸总和运行情况 2006 年统计数据。

(5)促进人力资本的成长

据相关研究成果表明：长三角地区 FDI 对平均工资水平的弹性值为 0.3143，也就是说长三角地区外国直接投资每增加 1%，该地区平均工资水平将增加 0.31 个百分点。而国内资本对平均工资的产出弹性值为 0.3306，表明内资与外资对工资水平的影响力大体相当。长三角地区由于资本集聚的原因，外资的进入促使了国内投资的活跃，反之也成立，内资和外资的积聚效应，共同产生人力资本总体水平的提高。如果不区分资金的来源，资本对工资水平的弹性值为 0.6449，显然要大大高于劳动的贡献。这个回归模型说明了这样一个问题，FDI 对长三角地区的工资水平的影响是显著的，FDI 连同固定资产投资和职工人数的增长一起对代表人力资本存量水平的实际工资水平有着显著的贡献，也就是说，长三角地区人力资本的成长因素显著地包含着来自 FDI 的需求方面的因素。

(6)促进技术、管理水平的提高

FDI 特别是大型跨国公司的直接投资所带来的技术在国际间的直接或间接转移,推动了投资区域传统产业的改造和新兴产业的发展。20 世纪 90 年代中期以来,跨国公司大举进入长三角地区,投资的项目很多属于资本密集型和技术密集型产业,如微电子、汽车制造、家用电器、通讯设备、计算机、制药化工等行业,从而使长三角地区的一些重要行业在短短 10 多年时间内跨越了发达国家所经历的传统历程。改革开放前的长三角地区产业结构"小而全、小而散、小而弱"的特征十分明显,外资的大规模持续进入对长三角地区产业竞争力的提升产生了重要的作用。目前,长江三角洲地区已经成为我国电子通信、生物医药、新材料等诸多高新技术产业重要基地,以微电子、光纤通讯、生物工程、海洋工程、新材料等为代表的高新技术产业也居全国领先位置。跨国公司大举进入长三角也带动了地区管理水平的提高。一般来说,外商直接投资的项目都有着先进的管理水平,在管理上起到了示范带头作用,外商直接投资企业引进了一些国外的先进设备、技术,给所在地区带来了新产业、新信息,提高了本地区的科学技术水平。同时,外商直接投资企业也带来了市场经济和竞争的意识、观念,培养了一批先进的科学管理人才和生产技术力量,促进了所在地区的科技水平和科学管理水平的提高。

7.4.3 外商投资过程中值得注意的几个问题

FDI 的区位聚集在促进区域经济发展的同时,也出现了一些值得人们思考的新问题,主要表现在:

(1)容易造成产业结构不合理

投资结构不合理,产业倾向性严重。外资主要投向第二产业,而且主要分布在电子、服装、机械等行业，而一些急需利用外资加快发展的领域，如创汇农业、城市基础建设、旅游、信息服务等产业和领域未取得重大突破。外商投资企业的竞争力具有明显的行业偏向性，由于受到技术、管理水平、营销能力等因素的影响，外资竞争力的行业偏向性较大，一般主要投资于电子和轻工业产品。与其资本投入专门化程度和劳动要素密集程度的线性关系并不十分明显，但是仍能从中反映出三者之间一定的偏向关系。这些会给地区经济带来一些负面影响，其中最主要的就是使地区的发展规划难以顺利实施。尽管外商投资虽然使GDP增加，但是其宏观效果和效益并不理想。在利用外资实践中，注重外商投资的货币资本功能，过分强调这种资本功能对经济增长的积极作用，而未能从总供给的生产角度，详细地分析、研究和判断外商投资对资本形成的作用与影响，对产业结构变化的作用与影响，以及这些作用与影响对经济发展中技术变革的综合效应及其长期性。

(2)在国内企业的竞争中产生“挤出效应”

主要体现在以下两个方面：首先，是资金方面的问题。地方政府往往制定一系列欢迎外资进入的优惠政策，在税收、企业经营管理和原材料供应、销售渠道等方面给予种种优待，使外资企业享受的待遇优于内资企业，形成了“超国民待遇”，内资企业在本国的土地上被无情“挤出”，不能与外资企业公平竞争。外资企业在经营管理方面比内资企业享有更大的自主权，具有更灵活的进出口经营权，对外商实施各种服务包括投资时的一条龙服务、企业建设中的全方位服务、投产后的经常性服务等等。这种挤出效应使得民间投资难以有效启动。其次，是市场方面的问题。随着FDI特别是跨国公司的纷纷涌入，我国企业的产品市场将越来越被挤占，FDI特别是跨国公司凭借其资金、技术和规模优势，占据有利的市场地位，扩大其产品的市场占有率。目前，外资企业在我国的部分行业中已经处于市场垄断地位，如在我国的微电子、移动通讯、制药、轿车等行业，外资已控制了相当的市场份额。

(3)缺少关键技术造成依赖

首先，外商以及跨国公司选择投资长三角有各种动因，其中最为主要的还在于利用长三角地区的自然资源、廉价劳动力和市场来谋求最大利润。与此同时，长江三角洲为了争取快速发展，对外资的需求亦十分迫切。在这种情况下，开展国际经济合作，无论对中方或是外方都有需求，发展得好是双赢的局面。但是外商企业的研发机构没有与外资一起进入长三角，成为长三角制造业缺少关键技术的主要原因。外资企业为牢固控制资源和市场，在输出资本和设备过程中，控制其核心技术，甚至控制关键部件的生产，同时在进出口贸易中即使有 WTO 的各种规章，发达国家也会设置各种新的技术标准加以约束，发展中国家常处于弱势。其次，尽管引进了大量资金和设备，但由于消化、吸收和创新性投入不够，自主开发技术的能力薄弱，因而不仅合资企业的技术和老企业的技术改造及产品升级换代依赖引进，不少引进技术的企业为实现新的技术进步仍主要依靠引进。这样，即使成为世界制造业基地，也仅仅只是加工或组装车间，如长期下去，势必处于被动地位。在经济发展过程中，技术水平提高不快，劳动生产率必然赶不及劳动力成本的上升，靠引进外资和投资拉动经济的力度将会下降。更为严重的是，如国际风云突变，出现世界性或区域性的经济风波，外部资金流出，留在本土的企业势必动摇。

(4)资源与环境压力效应

外向型经济的发展必然会消耗东道国的自然和环境资源。长三角地区近年来土地、能源、人才乃至水电等重要资源的矛盾十分尖锐，这与外资的大量聚集有着密切关系。同时外资的聚集也带来了区域环境的压力，特别是 FDI 企业中的重化工业的聚集给聚集区域生态环境保护带来了严峻挑战。同时，许多地方为引进外资，不惜以廉价土地转让，加以各级城市扩建，各类开发区、基础设施建设都需要发展的空间，结果损失了大量肥沃的农田。长江三角洲曾是国家重要的粮、棉、油基地，如今粮食已不能自给，所产的棉花供本区的纺织工业尚有缺口。当然，作为开放的社会，可以通过市场交换满足本地区的需要，问题在于长江三角洲人口稠密，土地资源极其有限，除本地常住有户籍的人口外，从其他地区来此的固定和半固定人口约 2000 万人，也就是说近 1 亿人口在此，所有的经济活动都要依附土地而延续。土地面积基本上不会减少也不会增加更不可能从其他地方获得。因此长三角在引进外资发展的过程中，必须十分注意保护土地资源。

针对 FDI 在推动当地经济发展的同时所存在的一些问题，必须予以关注，通过制度创新和政策调整，消除相关的负面效应，使得区域经济能够又好又快地发展。

第一，转变引资理念，构筑可持续发展的引资战略。一方面，要通过利用外资促进我国企业的持续发展。利用外资的目的是要积极参与国际竞争，积极学习别人的先进技术，利用别人的资金技术发展自己。因此，在思想意识上要克服那种把合资、外商独资看成是一种时髦或当成一种政绩的做法。另一方面，应从优惠政策为主转到开放政策为主，再到以投资促进为主。在大力吸引外资发展经济的同时，不能以牺牲环境和可持续发展为代价，单纯追求经济利益。应认真处理好引进外资促进地方经济发展同保护自然资源和城市环境之间的关系。

第二，在跨国公司的全球布点中，争取获得其产品价值链的关键环节，不断提高我国的国际分工地位。通过与 FDI 企业特别是跨国公司的竞争与合作，全面提升区域企业和产业的竞争力。同时，必须注重培养外商投资企业的根植性，立足区域产业特色，实施与产业政策相协调的外资政策，让外商投资企业真正在区域市场上扎根、开花、结果。同时，强化 FDI 企业与本地企业间的功能联系，推动产业结构高度化。

第三，调整外商直接投资参与地区经济发展。从长远利益出发，注意吸引外资的合理投向。在利用外资方面应更多地将外资投向能源、基础设施及农业方面。必须进一步改善投资环境，特别是软环境。营造各类企业公平竞争的市场环境，给国外资金提供投资渠道的同时也不能忽视国内投资的公平地位，市场上国内和国外企业公平竞争，政策上也应该做到“一碗水端平”。减少人为制造歧视的可能性，对外商投资企业逐步实行国民待遇。

第四，加强对外商投资企业的监管，建立有效的利用外资的监控体系和安全体系。一方面应增强为外资企业服务的意识，规范管理行为；另一方而应加强对外商投资企业的监督，督促其遵守我国法律、法规和政策，依法经营，依法纳税，治理污染，并对外商投资企业不正当竞争行为进行有效监控。在此基础上促使其更切实地履行各种社会责任，使外商投资企业不仅为区域经济增长和竞争力提升做出更大的贡献，而且履行其应尽的社会义务。同时，吸引外资必须注意区域经济安全等问题。

主要参考文献：

诺斯：《经济史中的结构与变迁》，上海三联书店 1994 年版。

诺斯：《西方世界的兴起》，华夏出版社 1999 年版。

[德]柯武刚、史漫飞：《制度经济学——社会秩序与公共政策》，商务印书馆 2003 年版。

科斯、阿尔钦等著：《财产权利与制度变迁——产权学派与新制度学派译文集》，上海三联书店 1991 年版。

V. 奥斯特罗姆等：《制度分析与发展的反思——问题与抉择》，商务印书馆 1992 年版。

张劲:《温州模式的探索和发展》,浙江大学出版社 1996 年版。

龚晓菊:《制度变迁与乡镇经济发展研究》,武汉大学出版社 2005 年版。

国彦兵:《新制度经济学》,立信会计出版社 2006 年版。

傅小霞、吴利学:《制度变迁对中国经济增长的实证分析》,《南开经济研究》2002 年第 4 期。

李子奈:《外资对中国工业企业生产效率的影响研究》,《管理世界》2003 年第 4 期。

江锦凡:《外国直接投资在中国经济增长中的作用机制》,《世界经济》2004 年第 1 期。

佘之祥:《长江三角洲的发展与外向型经济》,《长江流域资源与环境》2006 年第 3 期。

崔到陵、任志成:《外国直接投资与中国人力资本成长的实证分析——以“长三角”为例》,《国际贸易问题》2006 年第 3 期。

《浙江乡镇年鉴》2002～2006 年。

《江苏乡镇企业年鉴》1997～2006 年。

《中国乡镇企业年鉴》1978～2006 年。

《苏州统计年鉴》1995～2004 年。江苏统计信息网,2004 年 2 月 11 日。

8 公有产权制度演化与产业结构变迁

根据马克思的经济理论，生产资料的性质决定经济关系的结构，生产要素以及诸要素的技术组合方式决定着生产要素的社会组合方式的社会经济关系。产权主体要想使自己的生产资料为自己带来预期的收益，就必须遵循经济规律。在体制转轨时期，产权制度与产业结构变动有密切关系。产权制度及其结构是一种制度安排，由于不同的产权构成、产权主体目标以及竞争比较优势等，会对产业资源配置的方式及效率产生显著影响，从而推动产业结构的调整和升级。这是转型经济的一个重要特征。

8.1 公有产权制度演化条件下产业结构变迁的转型特征

8.1.1 公有产权制度演化条件下产业结构变迁

随着30年公有产权制度改革，我国产业结构也因此发生了很大的变化，总体发展的趋势与世界各国工业化加速阶段的一般规律十分接近。第二产业比重稳步上升并居国民经济的主体地位，第三产业比重也稳步上升，并于1985年超过第一产业成为国民经济的第二大产业，第一产业比重则持续下降。从就业结构看，第一产业比重持续下降，第二产业比重稳中略升，第三产业比重则持续稳定提高，表明从农业中退出的劳动力大多数进入第三产业，这些都是工业化加速阶段的典型特征。

20 世纪 80 年代，在需求总量迅速增长和需求结构快速变动的作用下，中国三次产业结构出现了新的格局，特别是 20 世纪 80 年代中后期第一产业的比重已经下降到 30%以下，第三产业的比重已经提升到 30%以上，第二产业则稳步增长。进入 20 世纪 90 年代后，三次产业结构进一步得到优化。在 1991 年至 1997 年间，国民经济持续快速增长，产业结构变动较大，从三次产业国内生产总体的结构变化看，第二产业增长最快，比重增加较大；第一产业也保持了较快的增长，但比重有所下降；第三产业增长较快，比重也有所增加。按当年价格计算的三次产业的构成由 1990 年的 28.4∶43.6∶28.0 变为 1997 年的 18.7∶49.2∶32.1。第一产业减少了 9.7 个百分点，第二产业增加了 5.6 个百分点，第三产业增加了 3.9 个百分点。三次产业劳动力构成由 1990 年的 60.1∶21.4∶18.5 变为 1997 年的 49.9∶23.7∶26.4。与 20 世纪 80 年代相比，20 世纪 90 年代产业结构变动速度明显加快，这是产业结构高度化的一个重要标志。进入 21 世纪后，三次产业结构进一步优化，其比例不断合理。

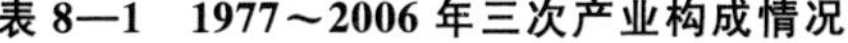

表 8—1　1977～2006 年三次产业构成情况

（单位：亿元）

年份	国内生产总值	第一产业		第二产业		第三产业	
		产值	比例（%）	产值	比例（%）	产值	比例（%）
1977	3201.90	942.1	29.42	1509.10	47.13	750.7	23.45
1978	3645.20	1018.4	27.90	1745.2	47.90	881.6	24.20
1979	4062.60	1258.9	31.00	1913.5	47.10	890.2	21.90
1980	4545.60	1359.4	29.90	2192.0	48.20	994.2	21.90

续表

年份	国内生产总值	第一产业		第二产业		第三产业	
		产值	比例(%)	产值	比例(%)	产值	比例(%)
1981	4891.6	1545.6	31.6	2255.5	46.1	1090.5	22.3
1982	5323.4	1761.6	33.1	2383.0	44.8	1178.8	22.1
1983	5962.7	1960.8	32.9	2646.2	44.4	1355.7	22.7
1984	7208.1	2295.5	31.8	3105.7	43.1	1806.9	25.1
1985	9016.0	2541.6	28.2	3866.6	42.9	2607.8	28.9
1986	10275.2	2763.9	26.9	4492.7	43.7	3018.6	29.4
1987	12058.6	3204.3	26.6	5251.6	43.5	3602.7	29.9
1988	15042.8	3831.0	25.5	6587.2	43.8	4624.6	30.7
1989	16992.3	4228.0	24.9	7278.0	42.9	5486.3	32.2
1990	18667.8	5017.0	26.9	7717.4	41.3	5933.4	31.8
1991	21781.5	5288.6	24.3	9102.2	41.8	7390.7	33.9
1992	26923.5	5800.0	21.5	11699.5	43.5	9424.0	35.0
1993	35333.9	6887.3	19.5	16454.4	46.6	11992.2	33.9
1994	48197.9	9471.4	19.6	22445.4	46.6	16281.1	33.8
1995	60793.7	12020.0	19.8	28679.5	47.2	20094.3	33.0
1996	71176.6	13885.8	19.5	33835.0	47.5	23455.8	33.0
1997	78973.0	14264.6	18.1	37543.0	47.5	27165.4	34.4
1998	84402.3	14618.0	17.3	39004.2	46.2	30780.1	36.5
1999	89677.1	14548.1	16.2	41033.6	45.8	34095.3	38.0
2000	99214.6	14716.2	14.8	45555.9	45.9	38942.5	39.3
2001	109655.2	15516.2	14.1	49512.3	45.2	44626.7	40.7
2002	120332.7	16238.6	13.5	53896.8	44.8	50197.3	41.7
2003	135822.8	17068.3	12.6	62436.3	46	56318.1	41.4
2004	159878.3	20955.8	13.1	73904.3	46.2	65018.2	40.7
2005	183084.8	23070.4	12.6	87046.7	47.5	72967.7	39.9
2006	209407.0	24700.0	11.8	102004.0	48.7	82703.0	39.5

资料来源：根据《新中国 50 年统计资料汇编》、《2006 中国统计年鉴》和第五次全国经济普查数据整理所得。

8.1.2 产业结构变迁的基本特征

我国产业结构变迁与公有产权制度的演化是一致的。首先，20 世纪 80 年代后，我国的经济制度改革已经从农村进入城市，国有企业以"放权让利"为主旨的改革已经启动。"放权让利"改革虽未保证政府获得稳定的财政收入，但对经济增长和产业结构的调整却起了一定的促进作用。而且在 20 世纪 80 年代中期，已经有些大胆的农民开始投资办企业了。有些单独办、家庭办，有些是农户合伙办，这就使乡镇企业自身的组织也出现了新形式——家庭企业和合伙企业。乡镇企业超常发展也在推动经济增长的同时促进了产业结构调整和优化。

20 世纪 80 年代后期，开始全面推行企业承包制改革。承包经营责任制是"放权让利"改革的延伸，它通过承包合同的契约的形式规定了企业与政府间在国有资产经营上的权、责、利关系，在合同期内，政府对企业的干预虽不能避免，但已明显减少，使得企业在经营权和利益上都具有了较大的独立性，进一步改善了激励机制。进入 20 世纪 90 年代以后，我国确立了以社会主义市场经济体制为我国经济体制改革的目标模式，公有制为主体、多种经济成分共同发展的格局基本形成。因此，在这一时期产业结构变动速度明显加快，三次产业的比例呈现更为合理的态势。

进入 21 世纪，随着国有企业改革的深入、国退民进现象的出现，非公有经济得到蓬勃发展。这一时期国有企业改革以推行公司制为中心，直接进行国有企业的产权制度创新，变国有企业单一的国家产权为多元化的产权主体结构。同时，乡镇企业从合伙制到股份合作制，甚至有些向有限责任公司、股份有限公司、集团化的演变，都是乡镇企业、乡镇企业的投资者和广大农民自己的事情，他们顺应市场产业变化的需要，很自然地完成了一次又一次产权关系和企业内部组织结构的创新。而且这一时期大量外国企业进入。因此，这一时期产业结构的优化得到了巩固并稳步发展。

产业结构的任何变化都是在已有格局的基础上展开的，并将一定程度地秉承现有的结构特征和变动趋势。我国产业结构随着产权制度的改革而发生变迁。总的来说，第一产业地位下降、第三产业比重提高是结构变化比较突出的方面，从对经济增长的贡献看，第二、三产业仍将是我国经济增长的主要支撑力量。其中，第三产业的快速发展趋势将使其贡献水平逐渐提高，并有可能逐步超过工业，成为经济增长第一位的拉动力量。首先，第一产业的收入比重和劳动力比重明显降低具有内在的必然性。从供给角度看，我国第一产业的相对劳动生产率一直低于第二、三产业，也明显低于世界平均水平。从需求角度考察，绝大多数农产品需求弹性较低，在最终消费需求中的比重将随人均收入水平的提高而有所降低，工业对农产品原料的需求比重也将随工业产品加工程度的提高而不断降低。其次，第三产业的劳动力和收入比重大幅度提高是工业化阶段发展规律使然。改革开放以后，第一产业和第二产业发展对第三产业的巨大需求不断显现并释放出来，有力地推动了第三产业的稳定、高速发展。这种增长趋势中，既有补课的成分，也有结构升级本身的必然性。随着我国经济增长方式的转变和城市化速度的加快，第三产业仍将呈现旺盛的增长势头。最后，第二产业劳动力比重和收入比重稳中有降的态势符合中国经济发展的实际。发达国家的经验表明，随着工业化的推进，第二产业比重的变化过程是一个由上升到下降的倒“U”型。从人均收入水平看，我国仍处于工业化加速发展时期，在这样的时期第二产业比重仍存在继续提高的空间。不过，从另一方面看，我国工业特别是制造业绝对比重已经大大超出其他相关国家，如果这种状况进一步加剧，就会加大我国产业结构与"一般模式"之间的扭曲程度。因此，"矫正扭曲"和优化内部结构将是我国工业化发展中的必然过程，这样，今后一段时期第二产业比重变化仍可能会出现稳中有降态势。

8.2　所有制、产权结构改革对产业结构变迁的理论研究

8.2.1　产权制度与产业结构变动关系问题的一般理论

尽管西方经济学界关于产权制度与产业结构变动关系问题的研究很少，但是，人们发现，仍然可以零星地在一些经济学著作中找到产权制度影响产业结构或通过影响产业结构变动因素进而影响到产业结构变动方面的内容①。

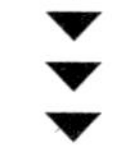

钱纳里在分析研究一国经济在非均衡增长模式下的增长的制约因素时认为，"生产自增长的成功的程度通过以下方式度量，一是观察增长与产业部门的联系的强度，二是观察使经济结构发生转变的激励机制"②。根据钱纳里把经济结构定义为"不同部门中劳动、资本和自然资源等生产要素的供给及使用"③，也就是说经济结构主要是产业结构，这样，一定的激励机制总是与一定的制度安排相联系的。因此，在非平衡增长模式下一国经济能否持续增长，不仅取决于该国经济增长在多大程度上是由该国产业部门增

① 郑建荣、汪斌：《制度与产业结构变动关系研究述评》，《浙江社会科学》2000年第3期。

② H. 钱纳里等：《工业化和经济增长的比较研究》，上海三联书店1996年版，第329页。

③ H. 钱纳里等：《工业化和经济增长的比较研究》，上海三联书店1996年版，第57页。

长，而且取决于一定的制度安排。库兹涅茨在他的研究中曾经关注制度变迁与产业结构变动关系问题。他在《现代经济增长》一书中分析不发达国家的非经济特征时认为，这些不发达国家的一个不能忽略的问题是"整合"不够，"整合是指不发达国家不久以前或目前的制度和精神条件，鼓励不同集团和地区之间的团结、合作与联合。它直接和间接地影响着经济结构：所谓直接是指它对劳动分工和市场的影响；所谓间接是指它影响着负责一国经济增长中重大问题决策的机构"。① 在《各国的经济增长》一书中，库兹涅茨总结经济的和非经济的结构变化时，也分析了制度变迁与产业结构变动关系的内容，他说："经济结构的变化则是因人口结构，与法律和政治制度与社会意识形态的变化紧密地联系在一起的，而且也是的确需要的。"②库兹涅茨还研究了制度对不同行业的影响，在《各国的经济增长》一书中用截面方法考察了总产值中部门份额的国际比较后，分析结论表明，除了国家大小、需求结构、工艺技术以外，制度也是影响部门及细分部门人均产值在人均总产值中的份额的因素，"有非经济性的伴随因素，如人口统计的、政治的和其他社会制度的——都可能对生产结构有某些影响。虽然其中有一些不可能显著地影响主要部门的份额，但它们对恰当说明某些细分部门份额的型式，例如对住房收入或公共服务则是有关的"。③

西方经济学家还就财产制度对产业结构的影响进行研究。T. W. 舒尔茨从不同部门对制度的不同需求角度暗示了制度对不同行业的影响，他说："激励是经济增长的结果，对此我们有几个更为一般的看法：……在每户收入都在提高的经济中，对于服务于非

① 西蒙·库兹涅茨：《现代经济增长》，北京经济学院出版社 1989 年版，第 404 页。

② 西蒙·库兹涅茨：《各国的经济增长》，商务印书馆 1999 年版，第 400 页。

③ 西蒙·库兹涅茨：《各国的经济增长》，商务印书馆 1999 年版，第 143 页。

农部门的经济活动的合约与财产安排的需求会相对于农业部门相连的合约与财产权利的需求而增加(这是一个很重要的看法)。”① 根据舒尔茨逻辑，非农部门对合约与财产制度的需求大于农业部门的合约与财产制度的需求，这实际上包含了这样一个意思，即随着人均收入的提高，制度对非农部门的影响大于农业部门。路易斯·德阿莱希从制度影响人的行为的角度进行研究，认为财产制度影响产业结构以及影响途径。他说：“不同的经济制度体现不同的财产结构，它们使决策者面临不同的获利机会，从而影响了他们有条不紊地作出选择。如财产权制度影响了对这样一些经济方面的考虑：如产品的数量、质量和价格，投入数量与总和费用，新的生产技术的开发和采用；产业结构；对目前和未来资源消费的分配。”②

到了20世纪90年代末，西方经济学家对产权制度与产业结构关系的研究更为细化。约翰·维克斯和乔治·亚罗研究了在产品市场是竞争性的且并不具有较大外部性的条件下，所有权转移到私人部门往往对管理者激励和产业绩效产生有利影响。他们认为，所有权很重要，正是在这个意义上，产权结构变化对企业行为有十分显著的影响效果。而产业结构的调整往往是通过企业决策行为实现的，因此产权结构变化最终将影响产业结构的调整。从我国特定的转轨发展时期来看，可竞争市场的适用范围很小，因为各种进入壁垒太多，既不能自由进入或退出市场或某一行业，因而制约了自愿从低效益部门(企业)向高效益部门(企业)转移。即使是在许多竞争性行业中，在那些不存在很大进入壁垒的产业或市

① R.科斯等：《财产权利与制度变迁》，上海三联书店1994年版，第259页。

② V.奥斯特罗姆等：《制度分析与发展的反思——问题与抉择》，商务印书馆1992年版，第254页。

场中，竞争作用仍然受到产权问题的牵制，市场无法通过竞争使得企业实现自由的退出，因而无法发挥其对效率的积极作用。[①] 正如史蒂芬·马丁和戴维·帕克所指出的，在国家所有权存在的地方，政府总是想方设法去限制市场竞争，或者引进补贴，来保护这些企业。所以在这个意义上，如果产权问题不解决，市场竞争问题不可能相应地得到解决，从而产业结构无法适时地得到调整。[②]

8.2.2 产权制度和结构对产业结构变动的作用

传统理论往往把影响产业结构调整的因素归结为以下几个方面：如资源和自然条件直接影响一国产业结构的形成和变化、技术进步、产业政策、收入变化以及国际贸易等。但是，对于一个经济转型的国家而言，在影响产业结构调整的体制性诸因素中，尤以产权制度和结构最为突出。产业结构调整不可避免具有一些特有的体制特征，比如：(1)受到市场与政府双重调节和影响；(2)受到中央政府与地方政府对部分产权的双重控制；(3)产业结构调整的微观经济主体产权缺位或残缺；(4)投融资体制改革仍没到位的资本市场和风险投资。从制度变迁的角度来分析产业结构的变动，产权制度对产业结构变动的作用有以下几个方面：

(1)产权制度变迁推动产业结构调整

在一定的历史条件下，制度是产业结构变动的内生变量，在不同的制度安排下产业结构运行的轨迹可以完全不同甚至相反。产业结构变动的本质是各产业主体利益的再分配，因而产业结构合理化调整不能使用休克疗法，只有在新制度逐步建立并得以不断

---

① John Vickers, and George Yarrow(1998), *Privatization: An Economic Analysis*, MIT Press.

② Stephen Martin, and David Parker(1997), *The Impact of Privatization: Ownership Corporate Performance in UR*, Routledge, London.

完善的基础上，结构合理化调整才有效率。[①] 产权制度变迁之所以会对产业结构变动产生影响，是因为产权制度变迁直接影响着经济活动的决策主体结构、信息传递方式、动力结构的选择、调节方式选择的变化，从而推动产业结构、企业规模的一系列变化。[②] 改革开放以来，我国三次产业发生了明显的变迁，产业变迁的根本原因在于劳动分工和制度安排的变化，包括个人职业专业化 、机器生产与标准化、规模经济、产权与交易费用等因素，同时，服务业的增长基本上表现为交易部门和增加人力资本价值部门的增长。[③]

(2)产权制度变迁推动产业结构升级

随着改革开放的深入，我国产业结构的不合理及其低水平不断凸显，其关键问题在于宏观经济体制和微观企业制度的缺陷，因此，结构调整的关键在于制度创新。不同所有制经济在产业布局上具有不同的调整特点。[④] 经济转型期，我国产业结构难以优化的原因是由于以往我国在结构调整中轻视了存量调整，因此必须加快存量调整即通过产权改革，促进产权流动来优化我国产业结构。[⑤]

(3)产权制度变迁影响不同行业的绩效

体制转轨过程中不同行业的行为和绩效不同，这与产权制度

---

① 沈玉良：《制度变迁与结构变动——上海产业结构合理化研究》，上海财经大学出版社 1998 年版。

② 郭克莎、王延中主编：《中国产业结构变动趋势及政策研究》，经济管理出版社 1999 年版。

③ 贾根良：《产业变迁的制度解释》，《南开经济研究》1996 年第 1 期。

④ 沈坤荣：《改革二十年我国所有制结构变动对产业结构变动的影响分析》，《管理世界》1999 年第 2 期。

⑤ 邓伟根、蒋盛辉：《结构调整与产权改革》，《中国工业经济》1996 年第 1 期。

变迁存在关系。由于体制转轨向其他方面推进的顺序和速度不同,转轨不配套、不衔接造成了对不同行业的不同影响。比如,产品市场和要素市场转轨不同步,在产品市场价格放开但要素市场仍实行管制,其价格低于市场价格的情况下,必然导致要素供给方大量建立加工企业,以获得在市场价格下本应获得的要素收益。而且,国有企业由于历史负担沉重及严重的退出障碍,造成已有许多企业已处于低效益甚至亏损状况下,新进入企业仍可获得满意回报,造成了"一边亏损,一边积压,一边建设"的现象。① 在中国,产权结构和市场结构一起共同决定着产业或市场绩效。往往进入壁垒最低的市场,具有较高的产业绩效。然而并非进入壁垒越高,绩效就越低,较高的进入壁垒可以产生因垄断带来的高利润。既无垄断又无竞争优势的那些产业或市场,则处于最差的绩效状态。②

产权制度及其结构是一种制度安排,各种不同的所有制形式在其产权构成、产权主体目标以及竞争比较优势等方面都存在着较大的差异,这就使得不同的所有制形式对不同产业的适应程度有很大差异,从而会对产业的资源配置效率产生显著的影响。产权制度和结构对产业结构变迁的作用是通过以下途径实现的③。

第一,产权主体目标的不同影响着产业结构的差别。不同所有制形式的差异首先表现为产权主体及其目标的差异。不同产权主体目标的差异决定了它们的产业指向存在差别。一般而言,私

---

① 江小涓等:《体制转轨中的增长、绩效与产业组织变化》,上海三联书店1999年版,第211页。

② 刘小玄:《中国转轨过程中的产权和市场——关于市场、产权、行为和绩效的分析》,上海三联书店、上海人民出版社2003年版,第112页。

③ 张亚斌:《中国所有制结构与产业结构的耦合研究》,人民出版社2001年版,第86～89页。

有产权主体将按利润最大化原则来选择产业；而公有产权主体在进行产业选择时，还必须考虑到社会经济协调发展与政治目标。所有制主体的目标差异在客观上规定了不同所有制形式的产业分工。

第二，产权主体激励与约束机制的差异性影响着产业的适应性。在私有制企业中，由于产权安排具有明确的排他性，产权边界清晰，因而容易形成约束机制与激励机制的对称结构。随着企业规模的扩大与企业制度的变迁，产权主体不断增多，并出现了委托—代理关系，即所有者委托代理人进行经营管理。而在国有制企业中，由于其产权安排的非排他性，产权内生的激励机制与约束机制的对称结构较弱，内部达成一致的交易费用较高，因而决策的效率较低，对市场变化的敏感度较低。不同所有制产权主体的上述特点，决定了它们在适应产业性质方面存在着很大的差异。

第三，产权主体的竞争优势差异性影响着产业定位。混合所有制与国有制是多个产权主体的联合，因此能够顺利地实现资金、技术的组合，具有资金、技术等方面的竞争优势。不过，在我国经济转型期对于其他制度安排的产权主体而言，则可能遇到资金、技术、规模经济、绝对费用等因素的限制。对于市场机制尚不完善的发展中国家来说更是如此。在中国，产权和市场并不是独立的，在不同的产业，两者之间存在着程度不等的相关性。不同的产权制度决定各自不同的产业定位。并且产权结构、经济体制与产业政策等的变动，使经济运行机制和经济环境发生重大变化，并进而导致产业间的份额、产业组织、产业的区域分布发生变化。①

① 刘小玄：《中国转轨过程中的产权和市场——关于市场、产权、行为和绩效的分析》，上海三联书店、上海人民出版社 2003 年版，第 136 页。

8.3 产权结构演化引发产业结构变迁的实证分析

8.3.1 数据样本与研究方法

通过不同的产权[①]构成对于产业结构调整的影响以及影响程度的实证分析，研究不同产权主体下各行业总产值增长率的差异，发现产权主体的差别是造成不同企业赢利能力差别的主要因素，并对相关结论作出解释。

(1)样本选择

这里主要选择煤炭采选业、石油和天然气开采业、有色金属矿采选业、食品制造业、饮料制造业、烟草加工业、纺织业、电气机械及器材制造业、电力供应业炼焦、煤气及煤制品业10个行业自1985年到2003年的产业绩效及所有制结构变化等数据进行分析[②]。样本数据主要来自于《中国统计年鉴》、《中国工业经济统计年鉴》和全国工业企业普查。

---

① 但在我国目前的情况下，由于产权这个概念无法做到非常明晰与量化，因此在下文中尽管产权构成与所有制结构概念存在着明显的区别，但为了更好的量化分析，主要还是用所有制结构来分析。

② 选择这10个行业的理由：张军把行业归类为三个主要工业部门：轻工业、化学工业和重工业（轻工业：食品、饮料、饲料、纺织、服装、毛坯、木材与竹子、家具、造纸、印刷以及文教等；化学工业：石油、焦炭与煤气、化学制药、化学纤维、橡胶、塑料以及非金属矿产品；重工业：黑色金属冶炼、有色金属冶炼、金属产品、机械制造、交通设备、电器设备、电子与通讯、仪表以及其他制造业），见张军：《中国的工业改革与经济增长：问题与解释》，上海三联出版社、上海人民出版社2003年版。本文采用其分类方法。我们分别从轻工业、化学工业和重工业中选出所有制结构变化相对比较显著的10个行业。

(2)研究假设

首先,我们知道不同所有制及产权主体目标的差异决定了他们的产业指向。一般说来,私有产权主体根据利润最大化原则来选择产业,哪一种产业的预期利润率高,就会进入哪一种产业,而公有产权主体在进行产业选择时,不仅必须考虑到社会经济协调发展目标,同时还由于政府的因素而无法自由进退。

其次,不同产权主体也决定了他们在适应产业性质方面存在很大的差异:例如对于小规模的私人企业来说,由于具有产权激励约束效应强、决策效率高、对市场变化很敏感等特征,因而比较适应于竞争激烈、产品差异大的非耐用消费品行业和零售商业、餐饮等服务业;而国有企业则较适合于产品比较标准化、规格化、产品差异较小、需求对象较稳定的产业。混合所有制与国有制,因为十多个产权主体的联合,能够实现资金、技术的组合,所以一般而言具有资金、技术等方面的竞争优势,因而资金、技术不大可能对其构成进入的壁垒;而对于其他制度安排的产权主体来说则可能遇到资金、技术、规模经济、绝对费用等壁垒的限制,所以不同的产业往往具有不同的产权构成。

因此,我们提出如下几个基本假设:

基本假设1:不同的产权构成将影响行业的绩效,工业企业的总产值增长率差异主要源于产权的差异,而非所处行业的差异,即使同一行业也会因产权主体的不同而呈现绩效的差异。

基本假设2:产权构成的不同使得企业主体对于市场具有不同的敏感度,从而根据行业绩效进行产业结构调整或重新选择产业。在我国转型时期,这就意味着某种所有制经济最适宜于相对密集地分布在这一产业,而另一种所有制经济则最适宜于分布在另一产业。当通过所有制结构的变迁与产业结构的演进这两个运动过程相互磨合,逐步接近甚至达到各种所有制经济形式都相对密集地分布于其最适宜发展的行业这样的一种状态。

基本假设3:不同的产权构成使得产业结构调整的难易程度也不相同。产权主体的不同,政府的政策倾向往往也有差别(如行业进入退出壁垒),从而直接影响在行业绩效不佳时企业是否能够适时地做出调整。

诺顿(Naughton1992,1995)曾经提出:集中的计划经济体制下的产业结构可以被看做是用难以逾越的进入屏障和对现有企业的援助计划构成的垄断。处于垄断地位的国有企业①他们既不用担心潜在的竞争者的进入,也不用担心消费者的退出和抗议。改革后,由于降低了进入工业行业的屏障和取消了对非国有企业的不公平待遇,企业间的竞争加强了,乡镇企业取得了令人瞩目的发展。很显然,用一个竞争的产业结构来取代垄断的产业结构,应当成为中国经济改革不可缺少的一个组成部分。诺顿(Naughton,1992)恰当地描绘了受国有企业支配和政府垄断的产业结构的特征。这个体制被严格的进入屏障所保护,国有企业在这个体制下得到了巨额的"垄断租金"。然而,这个进入屏障在1979年和1984年得以缓和,结果随之而来的是,乡镇企业向各工业行业的进入。如果乡镇企业比国有企业更有效率,更追求利润,那么,它们的进入无疑会有利于消除"垄断租金"。

基本假设4:不同的产权主体使得企业面临着不同的金融抑制,即企业在金融市场、资本市场上融资的难易程度有所区别,如产业规模化发展面临的矛盾及其改革②。

---

① 这里的处于垄断地位的国有企业和海什曼(Hirschman,1970)所讨论的自由市场经济中的垄断企业并不完全相同。

② 洪银兴、刘志彪、范从来:《转轨时期中国经济运行与发展》,经济科学出版社2002年版,第240页。

(3)研究方法与模型的选择

将采用固定效应板面数据模型对1985～2003年各工业部门行业分组绩效的解释因素进行分析。

我们所建立的行业分组层次绩效解释基本模型为：

$$P_{iT}=f(C_{it},O_{it},P_{it})$$

函数形式为：

$$P_{it}=B_0+B_1CHA_{it}+B_2OWNSTR_{it}+B_3Policy_{it}+\sum_{it}$$

在上式中，下标i表示第i个行业，t表示第t年的数据。

首先，行业绩效(P_{it})：在评价行业绩效的指标选择上，我们用行业内工业生产总值增长率这一指标来衡量。

其次，行业特性(CHA)：行业的特征因素，包括技术的复杂性和进入壁垒等都是影响企业工业产值增长率的变量。

再次，行业产权结构($OWNSTR$)：用行业内国有及国有控股企业、集体企业和三资企业工业总产值比重来衡量。

最后，产业政策($POLICY$)：用行业市场化程度以及在资本市场上融资难易程度来衡量。

8.3.2 实证分析

(1)统计性描述：中国工业部门工业总产值增长率差异的分析和观察

虽然中国的工业改革对工业企业赢利能力产生了显著的影响，但是这种影响在不同的所有制部门却是有显著差别的。不同所有制类型和不同规模的企业之间在绩效上存在着显著的差异。在理论上不难理解，导致国有企业的利润率较低的主要因素除了所有制之外，还有一些与国有企业主要分布的行业特征相关的因素。比如，国有企业主要分布在重化工业部门，而这些部门一般而言资本相对比较密集。在中国这样的劳动力相对富裕的经济中，资本密集技术的赢利能力会受到很大的约束，所以与使用劳动相对密集技术的乡镇企业相比，国有企业部门的工业总产值增长率要逊色得多①。由于这里主要研究所有制及产权变动对于产业结构调整的影响，因此我们暂时不考虑行业特征对于工业企业赢利能力的影响，而是着重分析同一行业内不同产权构成对于工业企业绩效的影响。

下面从纵向分析不同产权类型工业企业总产值增长率的变化：

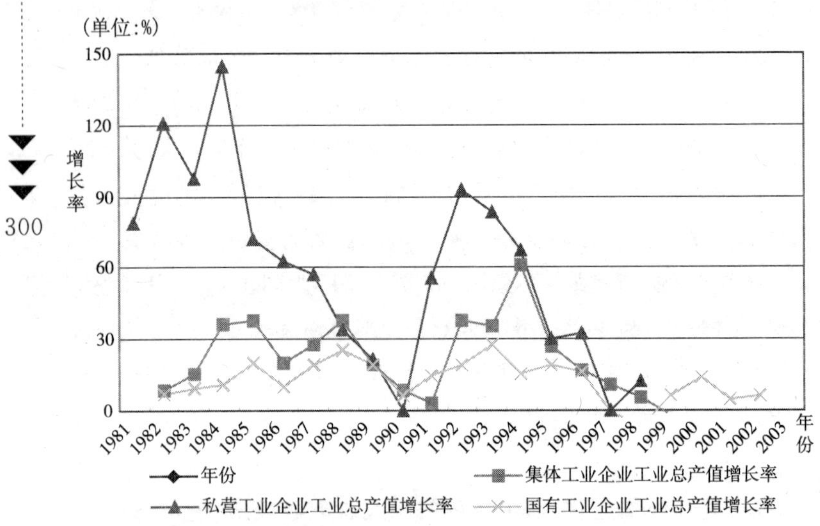

图 8—1　不同产权类型工业企业总产值比率比较图

资料来源：《中国统计年鉴》(2003 年)。

由图 8—1 可知：私营企业的总产值增长率比较明显②，集体企业次之，国有企业增长幅度最小。私营企业工业总产值增长率

---

①　张军：《所有制、厂商规模与中国工业企业利润率的决定：解释及其政策含义》，《转型与增长》，上海远东出版社 2002 年版。

②　由于 2000 年以后的《中国统计年鉴》中没有私营工业企业的工业总产值增长率，因此图中私营企业工业总产值增长率曲线突然中断。

在 1984 年出现了大幅波动，主要原因在于原来的基数过低。而且自 1998 年后私营企业开始进入高科技领域，并参与国有企业新一轮改革，把参与国企改组改造与寻求放开市场准入结合起来，以此进入到一些过去限制准入的行业；同时积极利用资本运作实现跳跃式发展。因此私营企业工业总产值增长率明显上升。

同时 1998～2001 年，国家对纺织、煤炭、冶金、轻工和石化等行业实施了总量调控，一些高污染、高能耗、低产出的“五小”企业逐渐被淘汰出局。其中，煤炭采选行业产业活动单位数比 1996 年减少 1.5 万个，下降 34.4%，从业人员减少 153.8 万人，下降 24.1%；木材及竹材采运行业减少 1306 个，下降 33.4%，人员减少 34.8 万人，下降 47.1%；有色金属矿采选行业减少 2473 个，下降 26%，人员减少 28 万人，下降 27.9%；非金属矿采选行业减少 1.3 万个，下降 27.7%，人员减少 76.8 万人，下降 38.3%等等①。通过这些措施，改善了行业供求关系，使得国有企业自 1998 年后工业增长率明显提高。

表 8—2 分行业的所有制结构

（单位：%）

年份 / 企业 / 行业	1985			1995				2002②		
	国有企业和县级以上集体企业	乡镇企业	三资企业	国有企业	集体企业	乡镇企业	三资企业	国有及国有控股企业	集体企业	三资企业
煤炭采选业	88.054	11.578	0.368	66.51	18.59	27.99	0.21	87.97	10.910	1.12
石油和天然气开采业	100	0.000	0.000	95.38	0.05	0.02	4.04	92.10	0.008	7.89

① 资料来源：第二次全国基本单位普查。

② 由于 2004 年《中国统计年鉴》没有集体企业工业总产值的情况，所以采用 2002 年的数据进行分析。

续表

行业＼企业＼年份	1985			1995				2002		
	国有企业和县级以上集体企业	乡镇企业	三资企业	国有企业	集体企业	乡镇企业	三资企业	国有及国有控股企业	集体企业	三资企业
有色金属矿采选业	90.494	8.723	0.783	45.60	32.52	44.56	0.53	50.35	48.07	1.58
食品制造业	92.874	5.778	0.149	30.50	23.23	40.56	24.21	32.28	12.95	54.77
饮料制造业	88.066	9.873	0.560	47.92	16.66	23.01	21.12	54.72	7.29	37.99
烟草加工业	99.604	0.072	0.324	96.55	2.48	0.50	0.55	98.61	0.93	0.45
纺织业	87.358	9.336	0.222	33.24	33.73	41.60	15.01	37.94	22.31	39.75
电气机械及器材制造业	83.576	9.849	0.118	18.63	32.85	39.47	19.87	24.15	23.34	52.51
电力供应业	98.690	1.204	0.106	77.41	4.47	2.79	13.75	81.09	1.15	17.76
炼焦、煤气及煤制品业	94.340	4.285	1.375	88.74	3.13	3.27	3.36	70.17	1.64	28.19

数据来源：根据《中华人民共和国 1985 年工业普查资料》（简要本），中国统计出版社，第 44 页、第 104 页、第 308 页；《中华人民共和国 1995 年工业普查资料》，中国统计出版社 1996 年版，第 8 页、第 14 页；《2003 年中国统计年鉴》，中国统计出版社 2004 年版整理而得。

由表 8—2 可见：经过多年的改革和发展，国有资本在所有行业或领域都占据绝对控制地位的状况已有很大改变：在一般竞争性行业[①]，国有资本的比重下降较大，如食品制造业和饮料制造业，三资企业比重分别由 1985 年的 0.14％和 0.56％增加到 2002

① 竞争性行业和垄断性行业的界定以要素流动以及市场进入和退出机制为特征来衡量。石油加工及炼焦业、卷烟工业、煤气的生产和供应业以及通信等行业为垄断性行业。

年的 54.77%和 37.99%;在"涉及国家安全的行业"、"自然垄断行业"和"提供重要公共产品和服务的行业"中,国有资本都占有绝大部分的份额。

改革开放以来,轻工业始终坚持市场取向的改革。特别是从1988 年以来,轻工业在管理体制改革方面,一直在尝试和推进从部门管理向行业管理的转变。因此在轻工业中国有资本比重下降比较明显;重工业方面,尽管国有资本比重在某些行业中有所下降,但往往仍占主要地位。

(2)样本行业的所有制结构进入市场的经验检验

按照鲍莫尔于 1982 年提出可竞争市场[①]的理论,可竞争性市场主要具有以下特点:进入或退出完全自由。即相对于在位企业来说,进入时并未遇到生产技术或产品质量的不利条件;对于新进入者或潜在进入者来说,并不存在成本优劣的差异。因此,它们的成本函数是一致的,进入并不涉及沉没成本[②],所以也没有退出成本。在我国,由于国有企业没有独立的财产,不是独立的产权主体,产权归国家所有。因而国有企业间无法进行产权交易,制约了自愿从低效益部门(企业)向高效益部门(企业)转移,既不能自由进入或退出市场或某一行业,特别是在存量结构调整中,大多数企业依然缺乏相应的财产处置权,无法根据市场需求结构变动调节生产能力结构。加上政府为了保护自己的所有者权益面对许多行业实行政策性垄断,形成行业的行政性条块分割。这些都导致必然出现"过度竞争"或"冷反应"和企业技术创新能力不足,无法适应当今日益加快的产业调整周

① W. J. Baumol(1982):"Contestable Markets: An Uprising in the Theory of Industry Structure", *American Economic Review*, 72:1～15.

② 沉没成本是指要素一旦完成配置,无法由现在或将来的任何决策所能改变的成本。

期的现象。

在中国当前这种混合的所有制结构下，决定企业是否退出一方面有市场选择的力量（如效率因素），另一方面还取决于企业所有制的性质，政府所有制为企业的生存提供了保护层。而且，在政府所有的企业中，行政隶属关系越高，净资产负债率对企业退出的影响也越不明显。[①] 目前我国国有企业的垄断力量最主要来自对于某些产业的进入障碍，这种障碍的产生主要有以下原因：(1)政策性障碍。任何企业要想进入一个产业，尤其是在一定规模水平上的进入，都需要得到政府的批准。(2)融资筹资的障碍。在资本市场得不到较大程度开放的条件下，这种资本市场的进入壁垒在某种程度上将是维持产品市场垄断的重要前提。(3)对原有的既定势力范围市场的保护。

表 8—3 产业中主导行业所占比重的变化

行业 \ 项目 \ 年份		1985		1995		2003	
		所占比重[②](%)	企业单位数(个)	所占比重(%)	企业单位数(个)	所占比重(%)	企业单位数(个)
轻工业	纺织业	29.55	22000	29.06	25686	29.2	14863
	食品加工业	5.20	79800	19.22	30711	8.67	4636
	皮革	3.43	7700	6.15	10468	8.61	4578
	烟草加工业	6.53	300	6.33	423	8.46	255
	造纸	4.84	4600	6.40	13890	9.56	5570

① 张维迎、周黎安、顾全林：《经济转型中的企业退出机制》，《经济研究》2003 年第 10 期。

② 所占比重是指该行业的工业生产总值占其所在产业的工业生产总值的比重。

续表

行业	项目 \ 年份	1985		1995		2003	
		所占比重(%)	企业单位数(个)	所占比重(%)	企业单位数(个)	所占比重(%)	企业单位数(个)
化学工业	化学原料及制品制造业	21.51	4800	23.280	28371	30.97	13803
	石油加工及炼焦业	27.67	500	12.360	2734	20.89	1323
	石油和天然气开采业	11.98	128	8.700	134	4.35	112
	医药制造业	—	—	5.850	5388	9.68	4063
重工业	黑色金属冶炼及压延加工业	13.32	3700	14.070	7299	12.50	4119
	电子工业	8.91	4100	9.730	7997	19.84	5856
	电气机械及器材制造业	—	—	9.976	19671	9.90	10400

数据来源:根据《1986年中国统计年鉴》,中国统计出版社;《1996年中国统计年鉴》,中国统计出版社;《2004年中国统计年鉴》中国统计出版社整理而得。

结合表8—3产业中主导行业所占比重的变化我们可以看出:对于竞争性行业而言,如食品制造业、饮料制造业、纺织业、皮革、电气机械及器材制造业,随着行业生产总值的变化,企业单位数的变动比较明显,说明不同所有制构成的企业主体对于市场有不同的敏感度,从而进行产业结构调整或重新选择产业,即选择退出某一行业或重新进入另一行业。而对于垄断性行业而言,如烟草加工业、石油和天然气开采业、医药制造业,尽管行业生产总值发生变化,但一方面由于这些企业的进入与退出壁垒比较高,另一方面这些企业的盈亏责任不明晰,使得企业主体缺乏调整行业选择的积极性和可行性,因此这些企业的单位数都没有很明显的变化。从而支持了前文提出的基本假设2:产权构成的不同使得企业主体对于市场有不同的敏感度,从而进行产业结构调整或重新选择产业。

表 8—4　主要工业行业非国有企业进入程度

年份 企业数 行业	1997			2001			2002		
	非国有企业①（个）	国有企业数（个）	行业亏损面（%）	非国有企业数（个）	国有企业数（个）	行业亏损面（%）	非国有企业数（个）	国有企业数（个）	行业亏损面（%）
食品制造业	10215	4089	27.40	2939	1624	26.54	3317	1298	23.10
饮料制造业	9974	2737	23.80	1931	1376	30.26	2141	1146	32.40
烟草加工业	109	289	20.80	44	276	29.06	44	243	84.29
纺织业	18453	3391	31.50	9908	2157	23.53	11436	1812	7.40
电气机械及器材制造业	15505	2268	27.67	7201	1474	19.97	8100	1285	8.02
煤炭采选业	9716	1810	7.45	1399	1204	21.36	1677	1135	25.07
石油和天然气开采业	31	52	10.80	20	70	7.77	16	68	67.45
有色金属矿采选业	2809	788	14.30	793	517	18.70	818	473	21.98
电力供应业	7688	4476	15.78	757	4116	26.20	888	4058	71.00
炼焦、煤气及煤制品业	1103	258	29.90	68	252	48.40	86	243	61.80

资料来源：根据《中国工业经济统计年鉴》1998 年、2003 年第 468 页数据整理得到。

由表 8—4 可见：竞争性行业中，如食品制造业、纺织业、电气机械及器材制造业，企业数量会随着亏损面的大小而适当的做出调整。尤其是纺织业、电气机械及器材制造业，随着企业数量的变化，行业亏损面分别由 1997 年的 31.5%和 27.67%下降到 2002 年的 7.4%和 8.02%。而垄断性行业往往数量变化不是很明显，如烟草业、石油和天然气开采业、电力供应业。在这几个行业中，

① 由于我国统计年鉴自 1998 年后口径有所变化，2002 年企业数是指全部国有及规模以上非国有工业企业主要经济指标，与 1997 年的全部独立预算行业企业单位数无法直接地比较。但我们还是能从两组数据中发现企业数量变化的基本趋势。

企业数量变化不是很明显，但行业亏损面却不断扩大。如烟草加工业的行业亏损面由 1997 年的 20.8% 扩大到 2002 年的 84.29%，石油和天然气开采业的行业亏损面由 1997 年的 10.8% 扩大到 2002 年的 67.45%，电力供应业的行业亏损面由 1997 年的 15.78%扩大到 2002 年的 71%。垄断性行业尽管绩效不断下降，却由于所有制结构中国有资本占主导地位，企业主体无法实现自由进入与退出。以石油和天然气开采业为例，在我国，石油产业的进入壁垒主要是政策性壁垒，表现为政府的严格进入管制。中华人民共和国 1986 年颁布并执行的《矿产资源法》(后于 1996 年 8 月进行了修改)明确规定"矿产资源属于国家所有，由国务院行使国家对矿产资源的所有权"。"国有矿山企业是开采矿产资源的主体"。"开采石油、天然气、放射性矿产等特定矿种的，可以由国务院授权的有关主管部门审批，并颁发采矿许可证"。除了政策性壁垒外，我国石油产业还存在资源性壁垒、技术性壁垒、规模经济壁垒、巨额的资金及沉淀费用壁垒等。如果用经济学术语来讲，就是准入成本相当高，因此新的竞争主体很难实现自由进入与退出。

从表 8—4 可以看出行业中所有制结构的不同会影响其退出与进入该行业的难易程度。从而支持了前文提出的基本假设 3，即产权主体的不同，政府的政策倾向往往也有差别(如行业进入退出壁垒)，使得产业结构调整的难易程度不同。

长期以来，我国对金融体制和金融市场改革一直采取"金融二元论"(financial dualism)的政策①。对国有企业和非国有企业，实行两种不同的外源资金供给方式，限制非国有企业从国有金融系统中得到资金。特别是 1995 年以前，国有银行对国有企业的信贷

① 郑江淮:《产权制度约束下的非国有企业资金供给》,《经济管理·新管理》2001 年第 4 期。

支持是被当做任务来完成。在信贷资金分配过程中，国有企业的需求必须得到优先满足，剩余信贷指标分配给集体企业，只有极少部分配置到私营和个体企业。

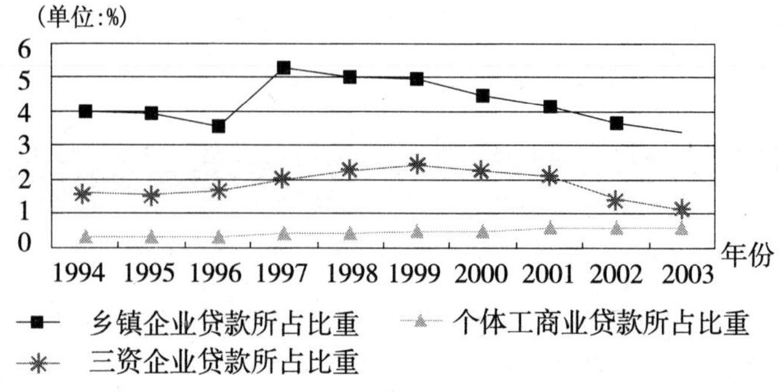

图 8—2 我国金融机构信贷资金运用情况图

数据来源：根据 1995、1998、2001、2004 年的《中国统计年鉴》整理得到。

如图 8—2，尽管金融机构对非国有经济的信贷投入逐年增加，但 1998 年以来由于国有银行信贷管理体制改革[①]，增加了非国有中小企业建立融资关系的困难，所以乡镇企业和三资企业的贷款比重在 1999 年左右出现了下降趋势。及至 2003 年，乡镇企业、个体工商业和三资企业的贷款仅占贷款总额的 5.14%。

在这种情况下，由于受制于正式的国有金融体系和缺乏有效的非国有金融体系，非国有企业唯有利用社会网络进行自我融资或通过其他非金融机构实现融资。

---

① 其中一项改革是为了减少坏账，增加资金贷出，国有银行开始向业绩较好或有实力的大企业倾斜。如通过订立数额较为宽松的授信度的形式，非国有中小企业融资困难成为这种制度的代价。另一项改革是为了防范金融风险。中国人民银行取消信贷额度的限制，同时改革国有银行内部机构，上收贷款审批权限。

表 8—5 自我融资是中国私营企业的主要融资方式

（被调查企业的份额，单位：%）

经营年限 \ 融资方式	自我融资	银行贷款	非金融机构	其他渠道
短于 3 年	92.4	2.7	2.2	2.7
3～5 年	92.1	3.5	0.0	4.4
6～10 年	89.0	6.3	1.5	3.2
长于 10 年	83.1	5.7	9.9	1.3
总计	90.5	4.0	2.6	2.9

资料来源：Neil Gregory, Stoyan Tenev, and Dileep M. Wagle, *China's Emerging Private Enterprises: Prospects for the New Century*, Washington: International Finace Corporation, 2000.

2003 年国家统计局对 2434 家私营企业融资情况的调查显示，有近 4%私营企业的流动资金部分来自高利贷，其中有近 1%企业流动资金中 25%以上是靠高利贷筹措的。高利贷利息正常为年息 18%～25%，从而大大增加了私营企业的资金成本①，从而不利于非国有企业实现产业规模化发展。由表 8—5 可见，无论是短期融资还是长期融资，我国私营企业都主要依靠自我融资而非银行贷款，银行贷款在其融资方式中所占的比重平均仅为 4.0%。

综合图 8—2 和表 8—5 可知：不同的产权主体使得企业面临不同的金融抑制，即企业在金融市场、资本市场上融资的难易程度有所区别，从而支持了前文提出的基本假设 4。

(3)样本行业的所有制结构的绩效回归分析与统计检验

利用统计软件 SPSS 进行回归分析，得出的回归结果如表 8—6 所示：

① 资料来源：国家统计局 2003 年 10 月企业调查队专题调查资料。

表 8—6 影响产业绩效的因素

行业	所有制结构	Coefficients	标准误差	R Square	Significance F
煤炭采选业	国有及国有控股企业	−0.042	0.243	0.003	0.866
	集体企业	−0.207	0.574	0.041	0.741
	三资企业	1.603	2.242	0.145	0.526
石油和天然气开采业	国有及国有控股企业	−0.930	0.680	0.171	0.206
	集体企业	1.420	1.550	0.217	0.428
	三资企业	−1.040	0.895	0.310	0.327
有色金属矿采选业	国有及国有控股企业	0.142	0.058	0.395	0.038
	集体企业	0.071	0.077	0.221	0.424
	三资企业	0.309	0.221	0.393	0.257
食品制造业	国有及国有控股企业	−0.190	0.065	0.491	0.016
	集体企业	0.274	0.131	0.590	0.129
	三资企业	0.523	0.168	0.762	0.053
饮料制造业	国有及国有控股企业	−0.004	0.078	0.038	0.995
	集体企业	−0.136	0.045	0.745	0.059
	三资企业	1.108	0.435	0.646	0.101
烟草加工业	国有及国有控股企业	3.100	1.85	0.237	0.128
	集体企业	0.145	0.608	0.018	0.825
	三资企业	−18.030	13.130	0.385	0.263
纺织业	国有及国有控股企业	−0.076	0.070	0.116	0.306
	集体企业	−0.111	0.112	0.245	0.396
	三资企业	0.951	0.294	0.776	0.048
电气机械及器材制造业	国有及国有控股企业	0.044	0.052	0.071	0.426
	集体企业	−0.113	0.049	0.632	0.107
	三资企业	0.387	0.153	0.679	0.858

续表

行业	所有制结构	Coefficients	标准误差	R Square	Significance F
电力供应业	国有及国有控股企业	−0.156	0.325	0.025	0.642
	集体企业	0.073	0.037	0.018	0.826
	三资企业	3.72	2.080	0.516	0.172
炼焦、煤气及煤制品业	国有及国有控股企业	−0.122	0.292	0.018	0.687
	集体企业	−0.03	0.165	0.014	0.848
	三资企业	−0.157	0.568		0.801
合计	国有及国有控股企业	−0.54557	0.144927	0.6116	0.540
	集体企业	0.54172	0.265101	0.4618	0.843
	三资企业	0.113586	0.149301	0.604	0.466

注：置信区间为5%。

资料来源：根据表8—2和表8—4数据运用固定效应板面数据模型计算得到。

由分析结果可以看出：

就同一行业不同所有制结构而言，食品制造业、饮料制造业以及纺织业等竞争性行业的绩效与国有资本呈弱负相关关系，与非国有资本呈正相关关系。尤其是饮料制造业和纺织业，行业绩效与非国有资本相关系数分别为1.108和0.951。由此可见竞争性行业往往偏好于混合产权或私有产权。而像烟草加工业、有色金属矿采选业等垄断性行业其绩效则与国有资本呈正相关关系，即随着国家资本的增加其产业绩效未必下降，反而可能出现增长，与非国有资本却呈强负相关关系。同时我们也可以看到，在垄断性行业中如电力供应业、石油和天然气开采业等其行业绩效与国有资本呈负相关关系，若仅从经济学理论角度考虑，这些行业应该逐步稀释国有资本以提高经济绩效。但由于这些行业是属于提供重要公共产品和服务的行业，因此，基于政治等因素，国家必须保证在这些行业中国有资本占有较大比例。

就同一所有制不同行业而言，国有资本占主导的行业如煤炭采矿业、石油和天然气开采业、有色金属矿采选业、烟草加工业、电力供应业以及炼焦、煤气及煤制品业，除有色金属矿采选业和烟草加工业之外，行业绩效与国有资本所占比重呈弱负相关关系。而在非国有资本占主导的行业如食品制造业、纺织业，行业绩效与非国有资本呈正相关关系。

因此表8—6的分析结果支持了我们在前文提出的基本假设1：不同的产权构成将影响行业的绩效，工业企业的总产值增长率差异主要源于产权的差异，而非所处行业的差异，即使同一行业也会因产权主体的不同而呈现绩效的差异。

但这个结论 R^2 和 Significance F 都比较低，主要原因在于我们在分析产权对于产业绩效影响时，用的是所有制结构变化指标，这个指标与产权比重的变化并不是十分的吻合。

综上所述，前面提出的四个基本假设都在一定程度上得到了验证。说明不同的产权构成从不同的侧面影响着产业结构调整：如企业的工业产值增长率、市场中不同的敏感度以及资本市场上融资的难易。并且得出：不同竞争性质的行业，其产权构成对于行业绩效的影响并不完全相同，进而对于产业结构调整也具有不同的影响：对于竞争性的行业，非公有产权对于产业结构调整具有正效应；而对于垄断性行业，非公有产权对于产业结构调整的影响不是很明显。

但是，随着我国市场经济的发展，市场经济要求一切要素和资源的配置、流通市场化，社会产业结构和行业结构是不断变化和发展的，各行业的性质和地位在不同时期也是不断变化的，究竟哪些行业始终是竞争性行业，哪些行业只能属于非竞争性行业，并没有一个不变的定式。因此在现代市场经济条件下，一些过去属非竞争性行业的现在已变成或正在变成竞争性行业，竞争性行业已不仅仅只包含各类加工业和服务业这些一般竞争性行业，许多基础产业、支柱产业有的已经具有很高的竞争程度，如汽车、化工、机电、电子技术等；有的则正在不断市场化、竞争化，如部分交通运输业、邮电通信业等。因此随着垄断性行业市场化、竞争化程度的变化，非公有产权对于其产业结构调整的影响将不断加深。

主要参考文献：

John Vickers, and George Yarrow(1998): *Privatization: An Economic Analysis*, MIT Press.

Stephen Martin, and David Parker(1997): *The Impact of Privatization: Ownership Corporate Performance in UR*, Routledge, London.

W. J. Baumol(1982) :"Contestable Markets: An Uprising in the Theory of Industry Structure", *American Economic Review*, 72:1～15.

Estrin, Saul, Roserear, Adam: "Enterprise Performance and Ownership: The case of Ukraine", *European Economic Review*, Volume: 43, Issue: 4～6, April, 1999, pp. 1125～1136.

Zuobao Wei, Oscar Varela, M. Kabir Hassan: "Ownership and Performance in Chinese Manufacturing Industry", *Journal of Multinational Financial Management*, 12 (2002) 61～78.

Nell Gregory, Stoyan Tenev, and Dileep M. Wagle: *China's Emerging Private Enterprises: Prospects for the New Century*, Washington: International Finace Corporation, 2000.

Gregory C. Petrakos, 1997: "Industrial Structure and Change in the European Union", *Eastern European Economics*, Vol. 35, No. 2: 41～63.

Aimin Chen, 2002: "The Structure of Chinese Industry and the Impact From China, swtoentry", *Cimparative Economic Studies*, zliv,. No. 1: 72～98.

H. 钱纳里等:《工业化和经济增长的比较研究》,上海三联书店 1996 年版。

洪银兴、刘志彪、范从来:《转轨时期中国经济运行与发展》,经济科学出版社 2002 年版。

刘伟:《工业化进程中的产业结构研究》,中国人民大学出版社 1995 年版。

刘小玄:《中国转轨过程中的产权和市场——关于市场、产权、行为和绩效的分析》,上海三联书店、上海人民出版社 2003 年版。

张军:《中国的工业改革与经济增长:问题与解释》,上海三联出版社、上海人民出版社 2003 年版。

大土冢启二郎、刘德强、村上直树:《中国的工业改革——过去的成绩和未来的前景》,上海三联出版社、上海人民出版社 2000 年版。

卢荻:《变革性经济增长——中国经济的结构与制度分析》,经济科学出版社 2001 年版。

张亚斌:《中国所有制结构与产权结构的耦合研究》,人民出版社 2001 年版。

张军:《所有制、厂商规模与中国工业企业利润率的决定:解释及其政策含义》,《转型与增长》,上海远东出版社 2002 年版。

沈坤荣:《改革二十年我国所有制结构变动对产业结构变动的影响分析》,《管理世界》1999 年第 2 期。

张维迎、周黎安、顾全林:《经济转型中的企业退出机制》,《经济研究》2003 年第 10 期。

刘伟、李绍荣:《产业结构与经济增长》,《中国工业经济》2002 年第 5 期。

谢千里等著:《所有制形式与中国工业生产率变动趋势》,《数量经济技术经济研究》2001 年第 3 期。

战明华:《我国产业结构的变迁与互动:特征与结构效应》,《经济科学》2004 年第 1 期。

木志荣:《私营企业融资困难的成因及对策分析》,《中国经济问题》2004 年第 2 期。

张宏军:《非国有企业的融资障碍及对策研究》,《生产力研究》2004 年第 5 期。

郑江淮:《产权制度约束下的非国有企业资金供给》,《经济管理·新管理》2001 年第 4 期。

9 公有产权制度演化条件下现代服务业发展的分配效应

随着改革开放的发展,我国收入分配制度发生了深刻的变化。从纯粹的按劳分配向按生产要素分配转变。要素参与分配是通过价值规律的客观作用来进行和实现的。实行按生产要素分配,已不仅仅是收入分配的问题,它还涉及产权制度、市场体系、价格机制和竞争机制等问题。要素价格市场化是生产要素按贡献分配的现实基础,资源配置市场化是要素分配机制形成的前提,产业结构软化是生产要素按贡献分配的实现机制。随着产权制度的变迁,第三产业特别是现代服务业快速发展,产生了明显的分配效应。现代服务业主要是依托于信息技术和现代管理理念而发展起来的,资本、知识和技术相对密集的行业。现代服务业具有高技术性、知识性和新兴性特征,所以这些服务行业需要的是具有相关专业知识的高素质人才,其劳动属于高智能的复杂劳动,因此,从理论上说,他们在收入分配中能够获得更多的份额。当然,现实中在不同的时期、不同的地区,现代服务业发展的分配效应也会出现相应的特征。

9.1　产权演化、要素价格市场化与分配制度

9.1.1　产权演化与收入分配的一般分析

在商品交换关系存在的条件下，生产要素归不同所有者所有，相应的也就要采取按要素分配的形式。生产要素所有权与按要素分配形式是相互作用的。一方面，所有权关系是形成分配关系的基础。生产要素所有权归要素所有者，要素所有者凭借自己拥有的所有权参与分配，取得利润；另一方面，分配关系又是通过所有权关系来实现的。要素所有者获取生产要素是为了取得一定的所有权收益。产业资本家组织生产，必须通过签订合约，获得要素所有者让渡的要素占有权和使用权。当然，这又必须以让渡一部分剩余生产物为代价，这正是要素所有者获取生产要素的目的。

20 世纪下半叶以来，世界各国社会经济发生了巨大的变化，商品交换关系更加复杂化，市场化成为现代社会经济的基本特征。特别是随着所有权与经营权的分离，以及占有权、使用权、收益权、处置权等所有权的衍生权的出现，所有权的相对地位显著弱化，生产要素产权关系对收入分配的作用明显增加。因此，将按生产要素分配归结为要素所有权的理论来解释现代市场经济活动是不够的。必须从更为广阔的产权角度去分析、研究新的经济问题。产权概念是从西方引进的。产权经济学认为，产权不是指一般的物质实体，而是指人们对物的所有所引起的相互认可的权利关系。现代西方产权经济学家阿尔钦说，"产权是一种通过社会强制而实现的某种经济物品的多种用途进行选择的权利"。① 菲吕博腾(E.

① 科斯等:《财产权利与制度变迁》，上海三联书店、上海人民出版社 1994 年版，第 166 页。

G. Furubotn)等人认为,“产权不是指人与物之间的关系,而是指由物的存在及关于它们的使用所引起的人们之间相互认可的行为关系。…… 它是一系列用来确定每个人相对于稀缺资源使用时的地位的经济和社会关系”。①

生产力快速发展推动了产权的社会化,一方面产权在高度分解的基础上所有权的功能相对弱化;另一方面,在所有权基础上衍生的其他权利的功能趋于强化,关系更加复杂化。产权的基本内容为财产的所有权、占有权、使用权、支配权、收益权、继承权和不可侵犯权等等,其中,所有权是最基础的产权,决定着其他一切权利,并由此来界定人们在经济活动中的受益和受损以及他们之间相互补偿的规则。产权实际上是一束权利,其中不同的权利可以分解和组合,不同权利的组合能够形成不同的产权结构。不同的产权结构直接影响着收益权的实现,也就是说,不同的产权结果影响着收入分配。因此,要素产权理论比要素所有权理论更具现实解释力,能够将现代经济活动中错综复杂的利益关系进行合理的界定。

在商品经济的初期,各种权利常常集中于所有者,产权中的各种权利合而为一。因此,此时的收入分配形式相当简单。随着商品经济的发展,产权中各种权利出现了分离,而且会衍生出新的产权。比如,“在把借贷资本的支配权移交给产业资本家的时间内,就把货币作为资本的这种使用价值——生产平均利润的能力——让渡给产业资本家”。② 借贷资本所有权借此获取利息。因此,一切资产和生产要素的收益权都具有其所有权的某种实现形式,劳

① E. G. 菲吕博腾等:《产权与经济理论:近期文献的一个综述》,《财产权利与制度变迁》,上海三联书店 1994 年中译本,第 204 页。

② 马克思:《资本论》第 3 卷,人民出版社 1975 年版,第 393 页。

动力也不例外。

随着经济本身的快速发展和科技革命的日新月异，产权关系不仅是一种物质要素的产权关系，而且人自身的创造力、知识、能力也具有了财产和资本的性质，是类似于物质要素的产权关系。而人自身的创造力、知识、能力等作为生产要素在价值创造过程中的作用又是一些动态变量，这就使得生产要素产权关系对价值分配决定作用更为复杂。我们认为，可以从质和量两个方面来考虑。从质的方面来看，“按生产要素分配”实质上就是按生产要素的产权进行分配，进入分配的不仅仅是生产要素的所有者，还包括拥有使用权、处置权、收益权等其他产权的拥有者，这些都是构成分配中对生产成果的索取权；从量的方面来看，生产要素在生产过程中的贡献是不同的，从这个意义上说，按生产要素分配就是按生产要素的贡献分配。就一般情况而言，生产要素的质量越好、数量越多，其贡献自然就越大。

产权的多元化改革必然导致收入分配制度的变迁。新中国成立以来，我国收入分配制度经过几次变革之后，最终确立了党的十六大提出的“按劳动、资本、技术和管理等生产要素按贡献参与分配的原则，完善按劳分配为主体、多种分配方式并存的分配制度”，形成了有中国特色的收入分配制度的演进路径。“生产要素按贡献分配”的制度安排，必将深化我国经济改革，加快经济的发展。首先，确立生产要素按贡献分配的制度安排，能够进一步推动所有制结构和产权制度的调整与完善。随着所有制结构和产权制度的调整、完善和生产要素市场的发展，必将会促进投资主体的多元化和分配方式的多元化。生产要素按贡献分配的新的制度安排会进一步从分配角度促进私营资本的投入，加快所有制结构的调整和完善，并在实践中使各种生产要素投入的结构更加合理化、多样化、市场化。其次，确立生产要素按贡献分配的制度，有利于让一切创造财富的源泉充分涌流。生产要素按贡献分配是社会主义经济条件下一种有效的分配制度安排。从微观经济学角度看，这种制度安排不仅有利于使生产要素所有者实现生产要素回报的最大化，而且有利于刺激要素所有者扩大稀缺要素的供给量，促使现有资源的良性供给并得到最大限度的有效利用。同时，也刺激要素所有者的积极性、主动性、创造性，加大人力资本的投资。

9.1.2 要素价格市场化是生产要素按贡献分配的现实基础

要素是商品,有其自身的价值和价格。价格是市场经济的一个重要的杠杆,几乎一切经济活动都需要通过价格来测度和调节。价格机制的作用支配着众多的经济主体的行为,使他们根据市场供求所引起的价格变动来决定其资源的投向和规模,并由此引导资源合理流动、优化配置和产业结构的合理调整。价格市场化主要是指要素价格市场化。市场机制引导资源合理配置的原理在于市场机制作用的展开,可以通过价格和供求的变化,以及市场竞争中的优胜劣汰,影响和改变市场中主体的行为。在市场交换过程中,要素所有者通过市场交换获得了货币收入。

市场经济中的收入分配是在要素交换过程之中发生的经济关系。由于市场主体出于自身利益的考虑,将不断地重组和改变资源配置的存量与增量,从而自动决定生产要素在各部门和企业的投放比例,灵活地引导资源在各行业各部门的自由流动,使全社会的资源配置不断地逼近优化目标,取得资源配置的效率。当一种生产要素发生交换时,作为要素的使用者的企业,支付给要素所有者的需求价格表明了企业对该要素在生产过程中作用的看法和在社会财富创造中的贡献所做出的评估。个人或组织只有将自己拥有的生产要素进行交换而成为了市场主体,才能成为独立的经济利益主体参与分配，进而获得经济收益。要素的市场交换过程，也就是对要素所有者的收入分配过程；要素的交换方式，同时也就是要素所有者的收入分配方式。因此，价格成为收入分配的手段和实现形式。

随着我国经济改革的发展，产品价格市场化已基本完成，市场价格机制已初步形成。中国市场化取向的改革，在20世纪80年代是以价格改革为主线逐步展开的。到20世纪90年代初，国家逐步放开了竞争性商品市场的价格，大部分工业消费品、农产品和生产资料基本实现了市场定价。① 显然，这对于培育并形成优胜劣汰的市场竞争机制起到了积极的作用。在市场经济中，投入生产要素并进行商品生产经营活动的直接目的是为了获取价值增殖。在商品生产经营活动中，实现了价值增殖的生产要素就形成了资本。生产要素是进行商品生产经营不可缺少的条件，因此，要素的产权拥有者必须参与收益分配。这就是生产要素参与收入分配。

资源属于基础性要素，而决定性的要素是人力和资金。要素价格一般是指使用要素的价格，购买者仅有一定期限内的使用权。要素的价格取决于要素的供求，而要素的供求又取决于产品市场。市场化要素价格是一个自动的信号显示指标，反映了供给主体和需求主体从不同的角度对同一要素的综合评价，市场越复杂，不确定性越大，价格的信号显示功能就越重要。因此，要素价格内含了社会对要素贡献大小而作出评估的信息量。要素价格是要素产权拥有者取得要素收入的基本形式。只有通过竞争形成的市场价格才能比较客观、具体和准确地反映资源的稀缺程度，进而比较科学

① 周振华、杨宇立：《收入分配与权利、权力》，上海社会科学院出版社2005年版，第390页。

地决定要素的聚集程度。由市场形成要素价格，是发挥市场对资源配置起基础性作用的关键。资金价格——利率水平应由市场上资金的供求状况决定，才能促进资金的有效配置；汇率水平要由外汇市场的供求关系决定，以增强汇率杠杆有效调节外汇资源；劳动力“价格”——工资真正实现市场化，才能使劳动力资源得到合理配置和有效利用；土地价格的市场化，对于促进土地资源的合理配置也是非常重要的。在现代经济中，要素的内容也在不断拓展，因此，要素价格市场化机制不仅采取直接定价的机制，而且采取间接定价的机制，这是由各种具体的生产要素的性质和功能决定的。[①]企业剩余就是人力资本的间接价格，与直接定价相比，它能更加合理地显示人力资本要素对社会财富的贡献。上述人力资本又主要表现在技术和管理要素所有者取得收入的形式上，技术和管理要素是通过企业剩余这样一种间接定价的方式来体现技术和管理要素收入的。

从本质上看，要素价格只有实现市场化才能成为要素贡献的测量器[②]，同时要素参与分配的实质是要素所有者参与社会财富的分配。首先，价格是在竞争性的要素市场的前提下市场经济活动参与者之间信息传递和沟通的基本方式，也是要素交换过程中经济主体之间的物质利益分配关系的反映。其次，价格是要素资源稀缺程度的反映，更是激励人们从事生产并发现新的生产可能性的最基本因素。再次，根据要素边际生产率分配理论，只有在自由竞争性要素市场的情况下，企业才会把要素使用到其边际成本与边际收益相等为止。这里的边际成本就是要素价格，表示要素

---

① 周其仁：《市场里的企业：一个人力资本与非人力资本的特别合约》，《经济研究》1996 年第 6 期。

② 刘学敏：《中国价格管理研究》，经济管理出版社 2001 年版，第 97 页。

收益的大小，而边际收益就是要素对社会财富的贡献。[①] 可见，要素配置是否合理、要素的不同配置方式影响着分配结果。在市场经济条件下，生产要素相对价格的高低反映生产要素的稀缺程度，因而它成为生产者选择资源组合和特定的生产技术的根据。

9.2　资源配置市场化、产业结构变迁与现代分配机制

9.2.1　资源配置市场化是要素分配机制形成的前提

资源配置市场化是要素分配机制形成的前提。资源配置市场化就是利用市场的作用，通过优胜劣汰的竞争机制，以价格信号调节资源的种类和数量，协调供求关系，从而实现资源优化配置。

从历史和现实的角度看，政府和市场机制在资源配置方面都有其各自的优势和弊端。在市场经济条件下，资源主要通过市场配置，而不是通过政府配置，因而要压缩政府对资源的配置，由政府配置的资源是少量的。资源配置逐渐从政府集权向市场机制扩展和转移，是经济转型国家经济体制改革的共同经历。中国的资源配置市场化进程的基本特征是：随着体制改革与开放的深化，配置资源的个人权利（即要素配置的选择权）呈现从政府集权逐渐由体制内向全民扩展与转移，决策权缓慢趋向社会参与、机会均等和所有者自主选择的态势。[②] 资源配置市场化具有以下特征：一是经济关系市场化，即配置资源一切行为以“看不见的手”来调节；二是产权关系独立化，资源配置主体具有清晰的产权，成为真正意义

① 敖华：《生产要素参与分配的理论依据、难题和途径》，《生产力研究》2005 年第 2 期。

② 周振华、杨宇立：《收入分配与权利、权力》，上海社会科学院出版社 2005 年版，第 400 页。

上的法人实体,参与市场经济活动过程;三是生产经营自主化,生产经营者在国家法律、政策规定的范围内自由选择资源配置方式和企业生产方式,追求经济利益的最大化;四是经济运行开放化,资源配置市场化的结果是实现资源在不同地域之间的自由流动。

分配机制是由生产方式决定的,或者说是由资源配置方式决定的。不论怎样的经济体系,分配都不是一个孤立的、独立存在的部分,分配本身也不是决定性因素,相反"消费资料的任何一种分配,都不过是生产条件本身分配的结果。而生产条件的分配,则表现生产方式本身的性质……既然生产的要素是这样分配的,那末自然而然就要产生消费资料的现在这样的分配"①。任何一种资源配置方式都必须考虑两个基本的经济问题:一是生产要素如何投入的问题;二是作为生产结果的产出如何分配的问题。前者是决定生产要素由谁投入,以何种方式投入;后者是决定谁来分享生产的结果,如何分享。

只有按生产要素分配,才能使企业真正成为市场经济的微观基础,企业才能做到自主决策、自主经营、自我发展、自我约束、自负盈亏,刺激生产要素所有者更加积极地对生产进行投入,从而扩大生产规模,改进生产技术,拓展生产领域。这样,才能对生产进行持续的和扩大的投入的激励,从而构成一个社会经济持续发展和具有效率的基本条件。这就是说产出的分配方式和分配结果必须体现要素投入者的利益。否则,会因为要素所有者缺乏必要的激励而导致要素投入不足的现象,社会经济就达不到应有的发展水平。在社会主义市场经济条件下,包括生产资料、劳动力、科技、管理、知识、信息等生产要素,都是由不同的经济活动主体通过市场来投入,个人既作为劳动力要素的所有者,也可作为其他要素的

① 《马克思恩格斯全集》第19卷,人民出版社1963年版,第23页。

所有者参与生产和分配。

资源配置方式决定着要素分配方式，反过来要素分配机制也影响着资源配置方式。这可以从两个方面来分析：一方面，社会经济的持续发展要求分配方式是与要素的投入方式（资源配置方式）相一致的，实行谁投入谁受益，从而保证经济运行效率；另一方面，任何社会的最终分配结果都需要一定程度地不依赖于要素产权初始分布状态而体现公平。这实际上也就是效率和公平的问题。解决这一问题，在社会生产力发展的不同阶段方法是不同的。

我国按照发展社会主义市场经济的要求，积极探索资源配置市场化，资源配置市场化的意识基本形成，氛围日趋浓厚，机制已初步建立。不过，由于资源配置市场化起步较晚，仍处在由政府主导资源配置逐步向市场主导资源配置的转轨阶段，资源配置机制仍存在着一些问题。值得注意的是，在资源市场化的过程中出现了"资源伪市场化"的现象，也就是说，在市场化资源配置的形式下，存在着非市场化配置。比如，一些资源掌控部门对应采取招拍挂转让的资源实行协议转让、逃避竞争等现象依然存在；一些资源主管部门在招拍挂过程中，未严格按照规定公布出让信息，有意降低公开范围，致使许多竞争者未能及时得到信息。同时，规划、审计、设计、代理等中介服务资源配置的市场化进程缓慢，很大一部分还是由业主主导分配，自行委托，缺乏有效的竞争。在这种现象的背后的根本原因是收益机制不健全，这也就导致了"资源部门化"出现。到目前为止，行政事业性资产不仅"单位所有"，而且没有完整的产权登记及评估定价，甚至部分行政事业性资产长期体外循环。因此，必须建立健全公开透明、公平竞争的资源配置市场化运行机制，强化政府对资源配置市场化工作的监管，充分发挥引导、服务、管理、监督作用，加大监管和惩处力度，采取切实有效的措施推进资源配置市场化的发展，提高市场化配置资源的有效性。

资源配置也就是生产要素的配置，是通过一定的产业结构实现的。生产要素的配置不是抽象的，而是通过向不同产业部门的具体投入来体现的。在产权制度改革之后，生产要素的配置主要是通过市场进行的。在不同的产业部门配置怎样的生产要素以及以怎样方式进行配置，直接决定着生产结果的分享。

9.2.2 产业结构软化是生产要素按贡献分配的实现机制

产业结构总是随着经济发展的变化而处于不断变动的过程中。20 世纪中期特别是 70 年代末期之后，随着高新技术产业（微电子技术、计算机技术、新材料技术、信息技术、激光技术、航天技术和生物工程技术等新技术）的迅速发展，出现了产业结构软化的趋势。[①] 伴随着工业经济向知识经济的转变，产业结构软化趋势日渐明显，并呈现出有别于工业经济时代产业结构转变的新特点。

产业结构软化包含了两个层次的含义：第一层次是指在产业结构的演进过程中，软产业（主要指第三产业）的比重不断上升，出现了所谓“经济服务化”趋势；第二层次是指随着高加工度化过程和技术集约化过程，在整个产业过程中，对信息、服务、技术和知识等“软要素”的依赖程度加深，“软要素”发挥的作用越来越重要。围绕知识的生产、分配和使用在社会生产和再生产过程中，体力劳动和物质资源的投入相对减少，脑力劳动和科学技术的投入相对增加。产业结构软化程度是可以通过产业软化度和产业结构软化度进行量化的，产业软化度可以如下表示：

产业软化度＝无形投入/总投入＝（软投入＋劳动成本）/全部产出

产业结构软化度可以表示为：

---

① Ikeo, Aiko: Japanese Economics and Economists since 1945, Routledge Curzon, 2000.

产业结构软化度＝第三产业总产值/国民生产总值＝无形产品的总产值/国民生产总值＝第三产业就业人数/就业总人数

软化度的取值范围是0～1，越接近1，表示软化程度越高。可以把软化度指数在40%～60%的产业称为低软化产业；而软化度指数大于60%的产业称为高软化产业，软化度指数小于40%的产业称为硬产业。①

产业结构软化是一个由工业时代传统的以物质生产为关联的硬件产业结构向以技术、知识生产为关联的软件产业结构转变的过程。20世纪80年代以来美国产业结构的演变表明，产业结构软化主要表现为以下三个方面：(1)高新技术产业化、信息化。随着知识产业的发展，技术密集型和知识密集型产业得到蓬勃发展，劳动密集型产业所占比重会趋于下降，柔性生产将逐渐替代批量生产，信息、生物和纳米技术将成为影响未来科技进步与产业升级的核心技术。发达国家和部分新兴工业国家将主要从事知识密集型和技术密集型产业。信息化是产业结构软化重要表现，从劳动过程来看，是一个生产过程和劳动过程不断由信息变换控制物质变换的过程；从产品结构来看，是一个产品的价值构成中信息价值不断增加的过程；从传统产业的信息化改造角度来看，是一个农业信息化、工业信息化和服务业信息化的过程。② (2)知识型服务业成为经济增长的基础产业。知识型服务业③在国民经济中起着越来越重要的作用。第一产业和第二产业在国内生产总值比重下降、第三产业比重上升。在美国，知识产业中83%以上集中于金融与保险、信息与通信和企业服务等行业，20世纪90年代以后，

---

① 李健：《论产业结构软化》，《北京理工大学学报》1999年第4期。

② 马云泽：《产业结构软化理论研究》，中国财政经济出版社2006年版，第145页。

③ 包括金融、信息、咨询服务等。

美国实际国内生产总值增长的70%左右来自第三产业。服务业迅猛发展很大程度上得益于信息服务业的长足发展。目前,全球信息服务业产值已占整个信息业的38%,并以两位数的增速迅速发展。到2003年,全球信息服务业产值已达7220亿美元,成为信息业中的第一大产业。(3)以高新技术改造后的传统产业开拓了发展的新空间。以高新技术改造传统产业,不仅使已失去竞争优势的劳动密集型产业,如纺织业、服装业、建筑业正在转变为资本和技术密集型产业,而且使钢铁、汽车、化工等资本密集型产业转变为技术密集型产业。20世纪90年代以来,美国用高新技术改造传统产业,使其全面升级,劳动生产率明显提高,制造业成为推动美国经济扩张的第一大产业。同样,使传统服务业信息化和知识化,推进实体经济与网络技术的结合,是现代经济的新增长点。

上面的分析表明,产业结构软化的重要原因是现代服务业的发展。现代服务业是在工业化比较发达的阶段产生的,主要依托于信息技术和现代管理理念而发展起来的,知识和技术相对密集的服务业,具有三大基本特征:高技术性、知识性和新兴性。如信息传输、计算机和软件服务业、金融保险业、房地产业、租赁和商务服务业、科学研究、技术服务业和文化服务业。

服务业在现代国民经济体系中的分类中属于三次产业中的第三产业,总体上被视为除第一产业(农林牧渔业)、第二产业(采掘业、制造业、电、煤气和水的生产和供应业、建筑业)之后的剩余产业之和。由于第三产业包罗万象,为了方便进行国民经济核算和产业政策制定,需要对第三产业(即广义服务业)作进一步的分类。如果从发展阶段和运用新技术角度来划分,可以分为传统服务业和现代服务业;若从生产和消费的角度来划分,可以分为生产性服务业和生活消费性服务业。生产性服务的实质内涵是按产出物的目的地来区分生产性服务和消费性服务，产出物中有实质价值的部分通过市场部门卖给了其他生产者，而没有直接到达最后消费者的服务属于生产性服务。各个国家和地区对生产性服务业的行业范围有着不同的划分标准。而且在不同的发展阶段，生产性服务的内容并不是一成不变的。目前上海市经委把教育培训业、人才中介业、金融保险业、房地产业、物流业、会展业、信息服务业、技术服务业和商务服务业定为生产性服务业的范畴。

随着我国产权制度的改革和产业结构的变迁，现代服务业迅速发展。我国正处在工业化的进程中，根据产业结构升级的配第一克拉克定律、霍夫曼定理，第三产业比重会呈现出迅速提高的趋势。加之我国是一个劳动力近乎无限供给的发展中大国，这表明第三产业发展速度必然加快。服务业的特点决定了绝大服务业具有竞争性，非公有经济成分比较大。我国公有产权制度改革对服务业的发展具有直接的推动作用。

首先，服务企业改制的推进，民资外资的引入，资源配置的优化，促进了服务业发展。这个促进过程可以分总量和结构两个角度来分析。从总量分析，这个角度主要是从服务业增加值和服务业企业等总量指标的增加来衡量服务业的发展。随着服务国有企业产权制度改革的深化，通过规范上市、引入民营资本和外资资本和相互参股等形式，许多服务国有企业改制成股权多元化的有限责任公司和股份有限公司，从而提高了经营管理效益，促进了服务业整体水平的提升。在“国退民进”的整体发展中，民营经济的活力得以释放，服务企业迅速发展，服务业增加值不断上升。从结构分析，这个角度主要是从现代服务业相对于传统服务业的比重上升等结构优化来衡量服务业的发展。服务企业在改制的进程中，提升了服务的理念，专业化分工进一步细化，提高了服务产品的质量，增加了知识、技术等新兴要素，传统服务企业向现代服务企业改造，优化了服务业内部结构。

其次，服务业的发展，进而带动了人们就业总量的增加和就业结构的变化，从而对收入分配产生了影响。因此，服务业发展是通过就业效应来影响收入分配的变化。这个收入分配效应的内在机制也可以从服务业发展的总量和结构两个来考虑。从总量角度来看，根据经济理论和各国发展的实践经验表明，服务业的就业弹性远高于制造业和农业，服务业的发展能够创造更多的机会，优化劳动力资源的配置。由于服务业中的许多服务部门要求顾客参与，服务产品具有差异性，难以实现标准化和机械化生产。所以即便资本有机构成提高了，在服务业中资本对劳动力的排斥作用也没有制造业、农业明显，反而会提供新的服务供给，刺激新的服务需求，从而有利于服务业就业容量的扩大。再者，服务业行业多，门类广，劳动密集、技术密集、知识密集行业并存，就业和创业的方式灵活多样，能够吸纳大量的和不同层次的人员就业。社会就业率的上升，由此带动了人们收入的增加。所以说服务业的发展，吸纳了大量的劳动力，让更多的人在经济增长的过程中分享到更多的份额。当然，人们收入水平的提高，也激发了服务有效需求，对服务业的发展有正向驱动作用，从此层面上看两者是相互促进的。从结构角度来看，服务业可分为传统服务业和现代服务业。传统服务业主要是一些劳动密集型行业，如餐饮业、批发零售业等等；现代服务业主要是依托于信息技术和现代管理理念而发展起来的，资本、知识和技术相对密集的行业，如信息传输、金融保险业、房地产业等等。现代服务业具有高技术性、知识性和新兴性特征，所以这些服务行业需要的是具有相关专业知识的高素质人才，其劳动属于高智能的复杂劳动，薪酬水平高，他们在收入分配中获得了更多的份额。因此，在这个层面上简单劳动和复杂劳动的区别

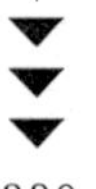

扩大了传统和现代劳动者之间收入分配差距。随着现代服务业比重的上升，对复合型人才的需求也将增加。

三者关系图：

图 9—1 产权改革、服务业发展与收入分配的关系

9.2.3 分配理论的发展与现代服务业发展的分配效应

收入分配一直是经济学理论研究的重要内容。纵观收入分配的研究历史，以 20 世纪 50 年代和 20 世纪 80、90 年代为分界，可以将收入分配理论的演变分为三个阶段。20 世纪 50 年代之前，无论是古典、新古典、后凯恩斯学派还是剑桥和奥地利学派，都沿袭了李嘉图的研究思路，倾向于把分配理论作为价值理论的一个分支。20 世纪 50 年代以后，收入分配理论研究的重点从价值理论转向对经济增长中的收入分配变化及其规律的研究。随着发展经济学逐步成为经济学中的一个独立分支，收入分配和经济增长成为重要课题。这一时期，比较重要的理论贡献有卡尔多的分配——增长模型、刘易斯模型和库兹涅茨模型。

新剑桥学派的卡尔多模型开创了收入分配与经济增长研究之先河，认为稳定的均衡价值可以通过调整资本和劳动的不同储蓄率来实现，因此收入在资本和劳动之间的适当分配比例是保持经济均衡增长的重要条件。刘易斯和库兹涅茨更加深入地研究了经济增长和收入分配之间的关系。刘易斯研究了在一国由农业国向工业国变迁、产业结构由第一产业向第二产业提升的过程中，收入分配起到了怎样的作用。他的“无限劳动供给模型”(1954)认为，经济增长是生产要素从低生产率部门向高生产率部门流动的过程。在这个过程中，由于收入分配的差距，导致劳动要素从低收入的农业部门向高收入的城市工业部门流动。因此，收入不均等是启动和加速二元经济增长的必要条件，同时收入分配不公也是经济开始增长的必然结果。库兹涅茨在1955年的后续研究作出了开拓性的贡献。他的实证研究认为在经济发展的过程中收入分配差异的变化轨迹是先上升后下降的，经济起飞阶段收入分配差异拉大，经济发展达到一定高度后，收入分配差距会形成平顶并由此下降，如此形成一条“倒U”形曲线。

20世纪90年代，无论是规范的研究模型还是实证分析的模型，其讨论都集中在收入分配对经济增长的影响中。大多数人的共识是，收入分配的不平等并不直接对经济增长产生影响，而是间接地通过影响经济增长的直接因素——资本、劳动力和技术而对经济增长起作用，或可以说是通过影响投资和需求来影响最终的经济增长。这一时期，美国收入分配的理论与实践也与以往有了很大的差异。20世纪90年代以来美国劳动者的状况发生了显著变化。农民人口不断减少成为长期趋势。传统工业产品也已经不再是美国制造业的主角，取而代之的是计算机及其运行所需的软件。异质劳动这一因素在职业与行业工资差别的研究中显得尤为突出。自1980年以来，学者们对行业工资差别进行了大量实证研究，试图确定这些差别是否与竞争性劳动力市场相一致，试图为其他的工资决定理论提供支持①。

考察收入分配理论的研究进程，不难发现这样一个理论框架和演进路径：从内因分析到外因分析，从单因素分析到多因素分析，将不断变化发展的经济现实反映至收入分配理论中，使之更为

---

① B. Kreuger and Lawrence Summers, 1998; William T. Dickens and Lawrence F. Kats, 1987.

丰富和具有对现实的指导意义。如从古典理论最初的劳动力因素对收入分配格局的影响发展到包含劳动力、资本、自然资源、人力资本、技术等多生产因素的影响，反映了多种生产要素对生产过程的共同影响和制约作用；从仅分析生产要素这一内因的影响扩展至经济转型、产业结构演化等外因的影响，则反映了经济发展等宏观因素在收入分配中作用的增强。而服务业的发展与收入分配关系的理论研究正遵循了这样的理论框架和演进路径：从生产要素角度来看，它包含了劳动、知识、人力资本等多因素分析；从宏观和微观角度来看，它又是经济重心由第二产业向第三产业转移的现实写照。

根据里根时期美国的一项调查，服务部门的增长引起了中等收入者的相对衰落，这是由于需要低技术、支付低报酬的工作迅速增加，同时服务部门也提供了许多需要高技术、支付高报酬的工作，而一般技术要求和报酬等级的传统工作的增加没有同这种趋势保持一致，高报酬和低报酬的工作不平衡发展的现象被看做是“双峰主义”。这一趋势终将使一条两边凸出而中间凹下的收入分配曲线取代传统的钟形收入分配曲线（如图 9—2 所示）。

Barry Bluestone 和 Bennett Harrison（1986）研究了 1973、1979 和 1984 年美国所得与就业资料，以测度收入分配随时间推移的变化，发现 1979—1984 年间提供的新就业量有五分之三属于低工资，而前一时期还不到五分之一，同时高等和中等收入阶层的增长是比较小的。Barry Bluestone 指出，制造业的特征是高的平均工资和低的工资差异，而服务业的特征是低平均工资和高的工资差异，当服务业发展，就业从制造业向服务业转移时，平均工资下降，工资差异上升。但是，马文·H. 科斯特尔斯和默里·罗斯（1988）用与 Barry Bluestone 和 Bennett Harrison（1986）同样的资料，几乎得出相反的结论。

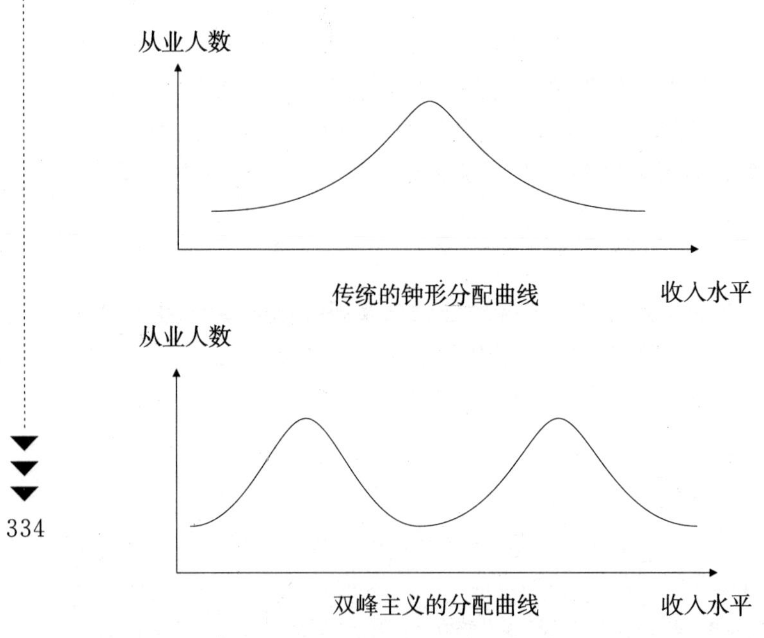

图 9—2 传统的钟形分配曲线和双峰主义的分配曲线

此外，Robert Fiala 利用 1960—1980 年包括发达国家和不发达国家在内的 42 个国家的数据进行实证检验，得出服务业（低技能、低报酬的服务业，以个人服务业为代表）比制造业更容易提高不平等的程度，而且在不发达国家这种效应较发达国家更为明显。

作为发展中大国的中国，具有经济转型和快速成长的双重特征，那么，随着服务业的发展、收入分配的变化与发达国家的经验相比，是基本一致还是存在差别？为此，以中国经济发展最发达地区之一的长三角地区为对象，对服务业发展的收入分配效应进行研究。长三角地区尽管是中国经济发展最发达地区之一，但是，发展也不平衡，而起步时间不长，与发达国家相比仍有相当大的差距。

9.3 长江三角洲服务业发展的收入分配效应研究

9.3.1 长江三角洲地区服务业发展水平、内部构成的变化与服务业产值增长

近年来，长江三角洲地区三次产业结构不断调整优化，服务业发展迅速，有力地推动了经济增长。根据 2006 年的统计数据，长三角 16 城市服务业共实现增加值 16299.91 亿元，在三次产业中的比重达到 41.3%，其中上海服务业增加值比重达到 50.6%，南京、舟山、杭州、宁波均在 40%以上，最低的泰州也达到了 32.1%。服务业发展不仅推动经济增长，也通过劳动力就业结构的变化影响收入分配。2005 年，长三角 16 城市服务业从业人员占全部从业人员的比重为 36.2%，其中上海市服务业从业人员占全部从业人员的比重达到 55.6%。尤其是在新增从业人员中，服务业从业人员占据了更大的比例。服务业从业人员比重的上升和服务业内部就业结构的变化都会对收入分配产生直接和间接的影响。这里主要是通过服务业就业结构变化来考察收入分配效应的，因此在分析中将着重从劳动力和就业角度分析服务业的发展水平和结构变化，服务业产值增长水平和结构变化将不是分析的重点。

随着经济总量的增长和人均收入水平的提高，人们对商品和劳务的需求结构也会发生变化。由于最大产出原则的作用，产出结构必然会随着调整。而产出结构的调整，只有通过投入要素在各产业部门间的再配置来实现。由于劳动力是生产要素中最重要、最活跃的部分，因此，投入要素在部门间的再配置最终都是通过劳动力在产业间的重新配置来实现的。这样就引起了就业结构的转换，当第三产业快速发展时，企业将以技术替代劳动，以人力

资本替代物质资本，从而引导劳动力随之向第三产业的转移和劳动力在第三产业内部分布的变化。

1. 长江三角洲地区服务业发展水平及内部构成的变化（劳动力和就业角度）

(1)发展水平

首先考察长三角服务业就业水平在历年的变化情况，如图 9—3 所示，1992 年至 2004 年的 12 年中，长三角服务业就业水平基本保持了稳步增长的态势，从 25%左右上升至 35%左右，上升了约 10 个百分点，说明长三角地区服务业吸纳就业的能力在逐年提高，更多的劳动力从第一产业和第二产业中转移出来，在服务业各个行业就业，从而对以往的收入分配模式产生影响。这与服务业发展的一般规律是相吻合的，在经济发展的更高阶段，人们对于有形产品的需求相对下降，而对于服务的需求相对上升，服务业将占据三次产业就业的更大比重。例如，OECD 国家在 1975 年至 1995 年的 20 年间，服务业就业比重大约上升了 20 个百分点。

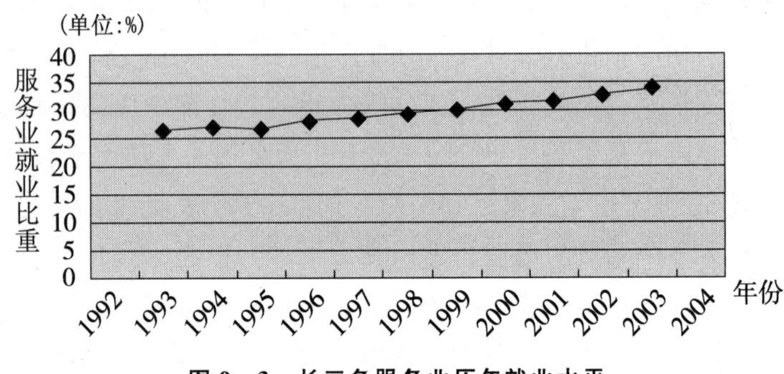

图 9—3　长三角服务业历年就业水平

其次，经过改革开放以后 20 年的发展，长三角服务业的就业水平仍然是偏低的，甚至低于 OECD 国家 1960 年的水平(43.1%)，这与长三角地区服务业发展的起点比较低和目前所经历的重工业化阶段有关。由此可知，本文所讨论的长三角服务业对收入分配的影响，也是在服务业就业水平仍比较低的阶段做出的。

(2)内部结构

在服务业就业比重上升，第一、二产业就业比重的下降的同时，服务业内部各个部门的就业结构也在发生变化。由于2002年服务业的分类指标发生了变化，本文分别讨论2002年之前和之后的服务业就业结构。

表9—1为2002年之前的服务业就业结构。1997年至2002年间，服务业中大部分行业实现了就业的增长，包括地质勘查水利管理业、金融保险业、房地产业、社会服务业、卫生体育福利业、教育文化广播影视业、科研综合技术服务业、机关和社会团体，仅有两个部门的就业在此期间是下降的，即交通仓储邮电业和批发零售贸易业。

交通仓储邮电业和批发零售贸易业这两个传统服务部门1997年合计占服务业就业比重的59.33%，2002年仅占服务业就业比重的27.01%，不到1997年的一半，下降幅度非常显著。尽管这两个行业仍然是吸纳劳动力就业的主体行业，但是在经济增长中的地位和作用在持续减弱。

而金融保险业和房地产业(不包括建筑业)这两个现代服务部门尽管所占比重的份额仍然比较低，2002年在服务业中合计仅占10.68%，在全部产业中的就业仅占了3.48%，但是这两个部门就业的增长在这6年中是非常显著的，尤其是金融保险业的就业比重提高了两倍多。由于服务业就业比例在三次产业中的提高，新兴服务业就业比重提高的效应被进一步放大。这种新兴服务业将成为服务业就业增长和发展的主推动力。

上述变化体现了现代服务业比重的上升和传统服务业比重的下降，反映了长三角地区在1997～2002年的6年中就业结构的提升和优化。从业人员从传统服务部门中转移到现代服务部门中，提高了劳动力利用效率，有利于整个社会经济增长和社会发展。

这也表明，长三角地区服务业的发展并非双峰主义理论所讨论的那样，服务业的发展导致了低技能、低收入的低端服务业和高技能、高收入的高端服务业大规模扩张，事实上，从表 9—1 中可以发现，长三角地区的服务业发展呈现了这样一种态势：与高端服务业（以现代服务业为代表）的扩张相伴随的是低端服务业（以传统服务业为代表）就业比重的持续下降。

表 9—1　1997～2002 年长三角服务业就业结构

（单位：%）

年份	1997	1998	1999	2000	2001	2002
地质勘查水利管理业	0.54	0.89	0.82	0.76	0.73	0.83
	0.15	0.26	0.25	0.24	0.23	0.27
交通仓储邮电业	18.05	11.67	11.99	11.30	10.76	11.10
	5.13	3.40	3.58	3.52	3.41	3.62
批发零售贸易业	41.28	29.46	27.03	24.90	24.05	15.91
	11.72	8.58	8.10	7.75	7.62	5.19
金融保险业	2.44	4.14	4.92	5.08	5.74	7.55
	0.69	1.21	1.47	1.58	1.82	2.46
房地产业	1.50	2.24	2.39	2.43	2.62	3.13
	0.43	0.65	0.71	0.76	0.83	1.02
社会服务业	11.68	13.18	13.91	17.05	17.60	14.54
	3.32	3.84	4.17	5.31	5.57	4.74
卫生体育福利业	4.91	7.62	7.91	7.83	7.87	9.22
	1.40	2.22	2.37	2.44	2.49	3.01
教育文化广播影视业	10.94	18.03	17.91	17.66	17.80	21.75
	3.11	5.25	5.36	5.50	5.64	7.09
科研综合技术服务业	2.09	2.98	3.12	3.07	3.02	3.57
	0.59	0.87	0.93	0.96	0.96	1.17
机关和社会团体	6.58	9.78	10.01	9.91	9.81	12.40
	1.87	2.85	3.00	3.09	3.11	4.04

注：数据根据历年中国城市统计年鉴人口分组整理得到。每一栏中上行为该行业在服务业中的就业比重，下行为该行业在全部三次产业中的就业比重。

表 9—2 为采用新的分类指标以后，长三角地区就业人员在服务业中的分布情况，并且同所有城市合计的就业人员在服务业中的分布情况作了一个比较。

表 9—2 2004 年长三角就业人员在服务业中的分布

项目 行业分布	长三角合计（万人）	占服务业的比重（%）	城市合计（万人）	占服务业的比重（%）
合计	551.47	100	5734.14	100
交通运输、仓储和邮政业	70.11	12.71	555.80	9.69
信息传输、计算机服务和软件业	11.60	2.10	137.60	2.40
批发和零售业	61.99	11.24	651.74	11.37
住宿和餐饮业	23.13	4.19	195.23	3.40
金融业	42.38	7.68	340.54	5.94
房地产业	19.88	3.60	140.96	2.46
租赁和商务服务业	27.12	4.92	210.98	3.68
科学研究、技术服务和地质勘查业	23.51	4.26	217.54	3.79
水利、环境和公共设施管理业	15.42	2.80	166.61	2.91
居民服务和其他服务业	5.75	1.04	87.01	1.52
教育	106.77	19.36	1363.36	23.78
卫生、社会保障和社会福利业	57.61	10.45	464.76	8.11
文化、体育和娱乐业	11.95	2.17	122.38	2.13
公共管理和社会组织	74.25	13.46	1079.63	18.83

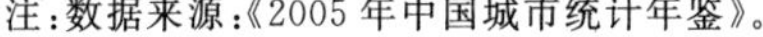

注：数据来源：《2005 年中国城市统计年鉴》。

由表 9—2 可知，在服务业的 15 个行业分类中，长三角就业人员比重较高的五个行业分别是教育（19.36%）、公共管理和社会组织（13.46%）、交通运输、仓储和邮政业（12.71%）、批发和零售业（11.24%）和卫生、社会保障和社会福利业（10.45%）五项共占服务业就业人数的 67.22%。所有城市合计中就业人员比较高的五个行业分别是教育（23.78%）、公共管理和社会组织（18.83%）、批

发和零售业(11.37%)、交通运输、仓储和邮政业(9.69%)和卫生、社会保障和社会福利业(8.11%),五项共占服务业就业人数的71.78%。所以长三角就业人员在服务业中的分布与全国所有城市合计的分布是基本一致的,但全国所有城市合计的分布更为集中。

与全国所有城市合计相比,长三角在金融业、房地产业、租赁和商务服务业、科学研究、技术服务和地质勘查业、交通运输、仓储和邮政业、住宿和餐饮业、卫生、社会保障和社会福利业、文化、体育和娱乐业中的就业人员比重更高,这一方面反映了由于经济更为发达,长三角地区生产性服务业和娱乐消费行业较全国所有城市合计相比更为发达,另一方面也反映了长三角服务业就业结构需要提升,在住宿和餐饮业这种传统性服务业中仍然聚集了较多的劳动力资源,而信息传输、计算机服务和软件业这种现代服务业就业比重相对较低,不利于长三角收入分配向更高级的阶段发展。

2. 长江三角洲地区服务业产值增长

表9—3反映了改革开放以后,长三角地区服务业产值的发展趋势。

表9—3　1978~2006年长三角服务业产值增长

年份	1978	1990	2000	2002	2004	2006
服务业产值在GDP中的比重(%)	18.37	27.16	41.02	41.91	39.54	41.30
服务业产值(万元)	100.63	653.46	6543.97	8374.20	11377.36	16299.91

在表9—3列出的几个重点年份中,从绝对数量来看,服务业产值在各个年份都不断增长,由1978年的100.63万元增加至2006年的16299.91万元;从相对比重来看,1978年改革开放以

后，服务业比重有了显著的上升，2006 年服务业产值在 GDP 中的比重大约是 1978 年的 2 倍多，但 2000 年以后，服务业比重没有保持上升的态势，而是在 40％上下徘徊，2004 年服务业的比重甚至比 2002 年低了 2 个百分点。2006 年长三角服务业比重略高于全国（39.5％），但显著低于 OECD 国家（1995 年为 68.2％）。服务业增加值比重在 GDP 中比例的停滞原因众说纷纭，尚无定论，它与目前实行的重工业政策、经历的重工业化阶段有关，也与收入差距导致服务业需求不足有关，还有观点提出服务业的“成本病”一说（Baumol 和 Fuchs）。

9.3.2 长江三角洲地区服务业发展的收入分配效应的实证检验

这里利用长三角的数据来检验服务业收入分配的双峰效应是否存在。以长三角历年收入水平的基尼系数来表征收入分配的差距，如果服务业的发展扩大了收入不平等的程度，则服务业发展对于基尼系数的影响应是显著的正效应。

1. 数据和方法

本文采用城镇居民人均可支配收入、农民人均纯收入的历年基尼系数来表示长三角收入分配的不平等程度。城镇居民人均可支配收入和农民人均纯收入的基尼系数来自《长三角经济增长差异的实证分析》一文。服务业的发展以第三产业从业人员占全部从业人员的比重来表示，由于统计口径在这一期间发生了变化，本文同时参考了《长三角和珠港澳统计年鉴》、《中国城市统计年鉴》、《上海市统计年鉴》、《江苏省统计年鉴》和《浙江省统计年鉴》，尽量保证数据在不同年度和不同地区的可比性。

根据库兹涅茨的倒 U 性假说，认为收入分配的不平等程度与人均 GDP 密切相关，在人均 GDP 发展的较低水平，收入分配的不平等程度和人均 GDP 正相关，而在人均 GDP 发展的较高阶段，收入分配的不平等程度又将随着人均 GDP 提升而下降。因此，在本文的回归分析中，将会剔除人均 GDP 对于收入分配的影响，来考察服务业发展对于收入分配的效应。

因此，本文中的回归方程为

$$G_I = b_0 + b_1 Service + b_2 lnperGDP + b_3 lnperGDP^2$$

G_I为因变量，$I=1$，2 分别为城镇居民人均可支配收入、农民人均纯收入的基尼系数，*Service*、ln*per*GDP、ln*per*GDP^2 为自变量，*Service* 为第三产业从业人员占全部从业人员的比重，ln*per*GDP 为人均 GDP 的自然对数，ln*per*GDP^2 为人均 GDP 自然对数的平方。样本期为 1994～2004 年。

2. 实证结果

EXCEL 进行的回归分析结果为

$$G_1 = 79.68 - 0.72 Service - 55.76 \ln perGDP + 11.38 \ln perGDP^2$$
$$(-1.91) \qquad (-2.06) \qquad (2.02)$$

$R^2-adj=58.55\%$，$F=5.71$

括号中的数值为各变量的 t 统计值，所有变量在 10%上的显著性水平上通过检验；

$$G_2 = 57.25 - 0.49 Service - 39.68 \ln perGDP + 8.00 \ln perGDP^2$$
$$(-2.12) \qquad (-2.38) \qquad (2.30)$$

$R^2-adj=90.00\%$，$F=31.20$

括号中的数值为各变量的 t 统计值，所有变量在 10%的显著性水平上通过检验。

实证结果表明，与库兹涅茨假说相一致，变量 lnperGDP^2 前的符号是正的，人均 GDP 对收入分配的不平等程度的影响经历了方向性的变化，在经济发展的较低阶段，人均 GDP 越高，收入分配的差距越大，而在经济发展的较高阶段，人均 GDP 的提高带来了收入分配差距的缩减。

变量 service 的系数都是负的，服务业的发展与基尼系数即收入不平等程度的反向关系说明了服务业的发展与双峰主义理论所预料的结果恰恰相反，随着服务业就业比重的提升，收入分配的不平等程度在下降，这与前一部分的分析是一致的。

通过两个回归结果的比较还可以发现，对于调整后的可决系数，方程 2 比方程 1 要高的多，这说明服务业的发展和人均 GDP 的增长对于农民人均收入的不平等程度的解释力度，相比城镇人均居民可支配收入的不平等程度更大。可能的原因是农村地区服务业的发展伴随着城市化进程，服务业就业的扩大将劳动力从农林牧渔类低收入产业转移出来，而在城镇地区，服务业就业的扩大是劳动力从第二产业中转移出来，因此对于收入分配的影响也是不同的。

3. 分行业的实证结果

为了更进一步地考察服务业对于收入分配的影响，本文将服务业分为传统服务业和现代服务业分别进行检验。考虑到数据资料的限制，本文没有将服务业中的每一个行业都包罗进去，而是选取了几个代表性的行业进行考察。传统服务业选取了批发和零售业、交通运输、仓储和邮政业为代表，现代服务业选取了金融业和房地产业为代表。

A. 以批发和零售业作为自变量

$$G_1 = -8.25 + 0.13S1 + 1.59\ln per\mathrm{GDP} - 0.08\ \ln per\mathrm{GDP}^2$$

$$(2.37)\qquad (2.82)\qquad (-2.77)$$

$R^2-adj=79.40\%$，$F=10.00$

括号中的数值为各变量的 t 统计值，所有变量在 10%的显著性水平上通过检验；

$$G_2 = 1.03 + 0.07S1 - 0.21\ln per\mathrm{GDP} + 0.01\ln per\mathrm{GDP}^2$$

$$(2.07)\qquad (-0.59)\qquad (0.66)$$

$R^2-adj=62.06\%$，$F=4.82$

括号中的数值为各变量的 t 统计值，所有变量在 10%的显著性水平上均未通过检验。

B. 以交通运输、仓储和邮政业作为自变量

$$G_1 = -9.38 + 0.0023S2 + 1.85\ln perGDP - 0.09\ln perGDP^2$$
$$(2.71) \qquad (3.20) \qquad (-3.17)$$

$R^2 - adj = 82.53\%, F = 12.03$

括号中的数值为各变量的 t 统计值，所有变量在 10%的显著性水平上通过检验。

$$G_2 = -0.23 + 0.0016S2 + 0.059\ln perGDP - 0.030\ln perGDP^2$$
$$(2.07) \qquad (-0.59) \qquad (0.66)$$

$R^2 - adj = 84.96\%, F = 14.18$

括号中的数值为各变量的 t 统计值，$\ln perGDP$、$\ln perGDP^2$ 在 10%的显著性水平上未通过检验，但 $S2$ 通过了 5%的显著性水平检验。

A 和 B 的回归结果表明，传统服务业就业比重与收入分配的不平等程度呈现正相关关系，无论是城镇居民可支配收入，还是农民人均纯收入，尽管在数量上有所差异，这种影响的方向是相同的。传统服务业比重下降，收入分配将趋于更加平等。

C. 以房地产业作为自变量

$$G_1 = -5.03 - 0.00959S3 + 0.9826\ln perGDP - 0.047\ln perGDP^2$$
$$(-1.18) \qquad (1.63) \qquad (-1.58)$$

$R^2 - adj = 63.36\%, F = 5.03$

括号中的数值为各变量的 t 统计值，所有变量在 10%的显著性水平上均未通过检验。

$$G_2 = 2.39 - 0.0075S3 - 0.466\ln perGDP + 0.0237\ln perGDP^2$$
$$(-1.85) \qquad (-1.55) \qquad (1.60)$$

$R^2 - adj = 57.70\%, F = 4.18$

括号中的数值为各变量的 t 统计值，所有变量在 10% 的显著性水平上均未通过检验。

D. 以金融业作为自变量

$$G_1=-5.96-0.0031S4+1.17\ln perGDP-0.056\ln perGDP^2$$

$$(-0.64)\qquad(1.15)\qquad(-1.14)$$

$R^2-adj=55.11\%$，$F=3.86$

括号中的数值为各变量的 t 统计值，所有变量在 10% 的显著性水平上均未通过检验。

$$G_2=2.63-0.00133S4-0.51\ln perGDP+0.0255\ln perGDP^2$$

$$(-0.46)\qquad(-0.84)\qquad(0.86)$$

$R^2-adj=25.32\%$，$F=1.79$

括号中的数值为各变量的 t 统计值，所有变量在 10% 的显著性水平上均未通过检验。

C 和 D 的实证结果中，现代服务业就业比重前的符号正如预期为负，即现代服务业的扩张带来收入分配不平等程度的下降。但是这两个方程的拟合程度都比较低，而且变量均未通过 10% 的显著性水平检验，这说明现代服务业对于收入不平等的程度，其影响不显著。这可能是由于现代服务业发展的两种影响：一方面，在现代服务业中就业的劳动力，收入水平趋向于更高，导致收入向高端的聚集；另一方面，在劳动力由传统服务业向现代服务业的转移过程中，劳动力收入由低收入水平向高收入水平变迁。这两种影响相互抵消的结果使得现代服务业中就业增加对于收入分配不平等程度的作用不显著。此外，金融业和房地产业中，变量对于收入分配不平等程度的解释力度，城镇都明显强于农村，说明在农村，现代服务业还没有承担起改变收入分配模式的重任。

总之，服务业发展显著地降低了收入分配的不平等程度，这是两种力量的合力：传统服务业就业比重下降和现代服务业就业比重上升。在劳动力由传统服务业向现代服务业转移的过程中，收入分配更加平等化。

9.4 服务业发展的收入分配效应的内在机制

9.4.1 现代服务业发展收入分配过程的知识作用与劳动生产率特征

现代服务业的快速发展建立在对新知识、新技术的使用，特别是创造性使用的基础上。在知识经济时代，所有的经济活动或多或少是基于某些知识的，而现代服务业是与一些高度专业化的知识紧密联系在一起的，具有更强的知识获取要求。知识对经济增长的作用日益重要，已经被认为是提高劳动生产率和实现经济增长的引擎。

现代服务业发展的收入分配过程中，知识起到了桥梁的作用。知识要素化大大降低了经济对自然资源的依赖性；知识要素化实现了边际收益递增，知识在劳动者体内和生产过程中的聚集，使劳动者和生产成为知识型人力资本和创新型生产开发，两者结合构成了效益倍增的知识化生产。因此，知识要素化可以为劳动者带来更高的报酬。同时知识经济也促进了高新技术的发展与运用，它不仅具有较强的就业倍增效应，提高了就业水平，而且其收入水平远高于其他产业。大力发展现代服务业能够促进知识的积累和流动。现代社会知识的产生部分依赖于现代服务业，转移和扩散则主要是通过现代服务业完成的。

这里通过劳动力素质分布特征来阐释现代服务业发展收入分配中的知识作用，而劳动力素质分布特征则从劳动力受教育程度这一角度来考察，利用全国分行业就业受教育程度的数据来拟合教育指数 E。

$$E=I_1\times 0+I_2\times 6+I_3\times 9+I_4\times 12+ I_5\times 15+I_6\times 16+I_7\times 19$$

I_1 至 I_7 分别代表不识字或识字很少、小学、初中、高中、大专、本科和研究生在各行业中的就业比重，0，6，9，12，15，16，19 分别为各自的受教育年限。

图 9—4 为根据各行业教育指数绘制的柱状图，可以看出，受教育年限最长的 3 个行业均位于服务业，同时，受教育年限最短的 3 个行业均属于第一、二产业，服务业的整体受教育程度较高。就服务业内部而言，受教育程度较低的行业分布于传统服务业，如住宿和餐饮业、批发和零售业、居民服务和其他服务业和交通运输、仓储和邮政业，受教育程度较高的行业多分布于现代服务业，如教育、科学研究、技术服务和地质勘探、信息传输、计算机服务和软件业、金融业和房地产业。

由劳动力素质分布特征图可知，由于现代服务业的高技术性和知识性特征，在吸纳劳动力时，现代服务业对于劳动力自身知识、技能要求较高，使得低素质、低技能的劳动力多在低门槛、低报酬的传统服务业中就业。当劳动力从第一、二产业向第三产业转

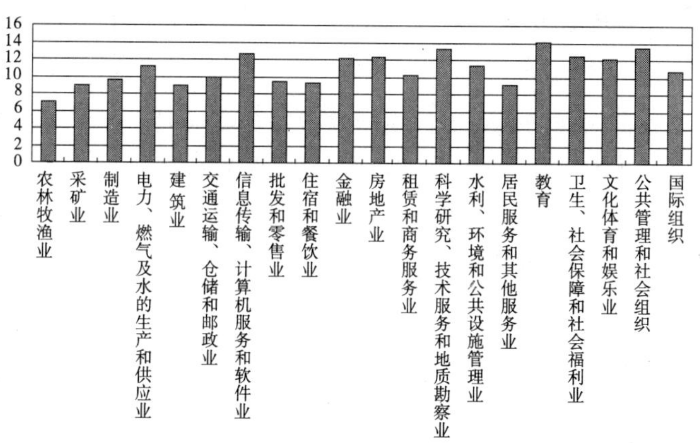

图 9—4　全国各行业劳动力素质分布特征

移时，由于劳动力素质的限制，更可能向传统服务业而非现代服务业转移，结合行业报酬分布特征，传统服务业正是服务业内部行业报酬分布的盆地。尽管这种转移可以带动就业，但明显不利于提升产业结构、提高劳动力收入水平和收入分配公平。

关于服务业的劳动生产率特征，Baumol 提出了著名的“成本病”理论。他区分了经济活动中的两个主要部门：一个是技术型的“进步部门”，在此部门中，创新、积累和规模经济带来了单个资本产出的不断增长；第二个部门是“停滞部门”，在此部门中，劳动生产率的固定不变导致了单个资本产出的增长来自于生产过程本身。他认为在停滞部门中，工作过程本身就是最终产品，资本和技术没有发挥作用的空间，这以服务业为代表；而在进步部门中，劳动只是重要的投入之一，资本和技术能带来生产率的大幅提高，这以制造业为典型。

但 Baumol 只是孤立地研究了服务业生产率的增长，却没有看到服务业尤其是现代服务业发展对于促进农业、工业生产率增长的作用。比如说科研服务业，其本身具有一定的规律性，难以出现生产率的飞跃提高，但它对于促进实物生产部门的生产率提高具有举足轻重的作用。此外，Baumol 忽略了信息技术发展对服务业生产率增长的影响。

其他部门如制造业部门生产效率的提高很有可能是通过对服务产品的消费来实现的，而这些生产率的增长无法在服务部门内部得到衡量。Nusbaumer(1987)认为，服务业维系着整个经济系统的运转。实物产品的价格中包含了越来越大比重的服务投入的成分。尤其是生产者服务业在经济发展中起着举足轻重的作用。Herbert G. Grubel and Michael A. Walker(1989)的研究发现，第二次世界大战后发达国家经济的实际增长，几乎全部是来自于生产者服务或中间投入服务。

9.4.2 现代服务业专业化形式与收入分配

生产要素是进行生产活动,创造物质财富必不可少的条件。人类的生产活动是一个不断循环、不断扩大规模、周而复始的动态过程。在这一过程中,经济增长不断地由依靠要素数量的扩张转向依靠要素质量的提高。个人收入分配实际上就是经济活动中的生产者、经营者等要素投入者以投入多少要素、投入要素的稀缺程度以及要素的实际产出率为依据,参与产出的分配的过程。从经济发展史看,无论是农业时代还是工业时代,都使人的体力片面发展。农业时代,人的体力和土地是最重要的生产要素,人丁兴旺是经济增长的关键。工业时代,资本、能源和机器是重要的生产要素。然而,随着对资源的大量开采和对机器的大量使用,大批的劳动者离开了土地成为机器旁边从事物质生产的工人,脑力劳动和体力劳动也随之分化,精神生产只是少数人的专利。20 世纪后半期以来,随着知识经济的逐渐兴起,经济增长的源泉也逐渐地由土地、资本和劳动三要素转向劳动、资金、技术、知识、人才、管理、教育等多种要素。随着知识的积累与技术的运用,随着教育的发展,人才的大量培养,管理在经济增长中占据更加重要的地位,生产中熟练劳动力所占比例的增加,人们不仅可以通过劳动的投入获得劳动收入,还可以通过知识和技能等多种要素的投入获取更加丰厚的回报。

分工和专业化促进了现代服务业的产生。市场一体化程度和市场容量的增大,企业专业化程度和全社会企业多样化程度的提高等都与分工和专业化相关联。随着社会分工向着高度专业化及一体化方向发展,各种服务性劳动也从生产部门中分离出来,成为独立的部门,形成了种类繁多、层次复杂的社会服务部门,服务行业的独立化、信息化、标准化使得服务业以现代化的面貌出现。服务业的多层次结构,对不同素质水平劳动力具有吸纳能力。分工和专业化使现代服务业作为就业主渠道的作用愈加明显，现代服务业的发展与高素质劳动力的就业形成良好互动。专业化与产业分工传统的计划经济体制下，企业大而全的现象十分普遍，生产和为生产服务的职能都由企业自己包办。这种包办虽然减少了企业为获取服务而产生的交易环节，但体制僵化、效率低下和人浮于事的弊端实质上降低了生产的效率。相应的，提供服务的服务业的发展必然受到严重制约。斯蒂格勒认为，一个企业的活动包含了许多职能，分工和专业化过程，就是企业职能不断地分离出去由其他专业化的企业专门承担这些职能的过程。随着经济增长与分工深化，原先在公司或家庭内部提供服务转变为从市场上购买服务。服务的提供量可能与以前没有什么两样。但不同的是，这些服务变得市场化了，而且专业化程度的提高还导致了服务的较高质量和较低的平均成本，进而导致对这些服务的需求和生产的增加。从产业形成的角度来看，服务业就是专门从事生产或生活服务的企业的集合。服务业中每一个行业或部门的出现都是分工发展的产物，更是专业化的结果。专业化和分工能够使企业降低成本和集中核心业务，促进了生产和交易效率的提高。交易效率对分工演进和经济发展有着极其重要的影响，交易费用系数越低，分工水平越高；反之则越低。当交易效率改进时，分工会发生演进。现代服务业的兴起和发展与信息技术和知识经济的发展密不可分，但从产业发展层面来讲是专业化与产业分工的结果。随着分工的细密化，专业化水平上升，服务业迂回生产链条加长，每个链条上中间产品数增加、生产率上升。同时，服务业中新技术不断出现，商业化程度、贸易依存度、经济结构的多样化程度提高，在原有的服务业中，逐渐分化出新的服务行业。也就是说，现代服务业的发展是社会分工进一步发展的必然结果，是一国分工发展水平的表现，专业化和分工的发展促进了现代服务业的发展。

一般来说，分工和专业化导致现代服务业从传统产业中剥离，成为单独的行业，这将打破原有的平均化的分配格局，导致收入分配差距扩大。收入分配制度必须承认在分工与专业化生产和比较利益差别基础上形成的收入差距，这种差距是经济发展自身所允许并客观存在的，其本身就是经济发展的构成部分，因而是有利于推动经济增长的收入差距，相对公平的收入分配制度应当承认这种差距。另一方面，如前文所论证的，长三角服务业发展并没有带来收入分配的显著扩大。这可能是因为在低收入阶段，传统农业部门在国民经济中占主导，经济结构简单、行业少、劳动同质性大。劳动差别从而收入的差别不可能很大。随着经济的发展，现代部门逐渐扩张，行业、专业和职业等的构成必将复杂化、多样化于是劳动的异质性增强，人们在劳动效率、劳动的质量方面的差别必将扩大，从而收入的差别也随之扩大。然而在经济发展的高阶段，行业结构更加多样化，分工更加细密，此时大多数劳动都需要使用复杂劳动，所以劳动的异质性减小，由此收入差别也逐渐缩小。长三角服务业发展可能处于后一个阶段。

合理的产业结构和劳动力结构能保证经济增长既符合经济发展过程中结构演化、升级的要求，又能使经济增长为相对公平的收入分配奠定坚实的物质基础。另一方面，公平、合理的收入分配结构既有利于促进要素效率的提高，有利于要素资源的优化配置，又有利于产业结构和劳动力结构的优化和高级化，从而有利于推动经济持续、稳定、协调增长。通过产业政策引导产业结构的合理转换，扶持新兴的现代部门的产业，调整夕阳产业，谋求产业部门和企业的合理布局及资源的最佳配置，实现收入分配的合理化。

9.4.3 现代服务业发展收入分配效应的激励功能

收入分配不仅具有公平效应，而且具有效率的激励功能。在现代企业制度条件下，人力资本在企业价值创造中的作用越来越重要，是对知识和技术要素的激励。知识和技术要素是创新的结果，也是现代经济发展的关键，要通过收入分配制度激励知识和技术创新。现代服务业发展对于收入的分配效应有利于激励人力资本的形成，有利于调动劳动者创新、发明的积极性，有利于激励个人不断追加人力资本投资，提高人力资本存量以获得更多的收益。使劳动者可以依靠自身非物质的要素即人力资本参与收入分配，它是以知识、技术在物质财富生产过程中的贡献为依据参与分配。促进整个社会重视知识，有利于促进我国经济的长期发展。在知识经济时代，人力资产收益主要来自知识，而知识来自教育，来自学习的创新，因此，这种分配效应会促进教育的发展。收入的差异会激起人们之间谋求相对高收入的竞争。这种竞争，一方面扩大了某些高收益部门的优质要素供给，另一方面使就职于高收益部门的人更努力工作，避免被进入者替代。同时，它还促使企业之间在产品、技术方面努力创新。随着收入分配效应的深化，我们看到这种市场经济中收入分配的一般功能在中国越来越明显地发挥着激励效应。就收入差异对个人努力的激励来讲，可以总结出三个方面：一是直接激励人们在原有生产活动中劳动积极性的提高；二是激励人们在选择、寻找新的劳动就业岗位或职业方面的努力；三是给不同职业、岗位的收入信息，刺激人们之间的择业的博弈，促使和诱导为培养自身素质及专业技术进行人力资本投资方面的持续竞争。

以下再从四个方面讨论激励效应。第一，效率激励效应，激起了劳动者的劳动热情。劳动收入差距是劳动效率和劳动报酬相对应的必然结果，劳动者收入的提高，意味着劳动者投入劳动的效率提高，从而激励劳动者在经济活动中通过更多的劳动投入，获取更多的劳动报酬，刺激社会就业量的增加。第二，效率激励效应强化了人们的市场竞争意识，刺激部分社会成员产生创新动机和敢冒风险的冲动。既然分配中执行效率与报酬相对应的原则，且这一原则形成的收入差距又被社会所承认，于是，勤劳、创新、敢冒风险就成为人们从事经济活动的首选途径，成为人们获得收入的合理、有效的手段。因此，人们为了获得更高的收入，就会积极主动地向社会提供更多劳动，积极在社会经济活动中寻找增加收入的机会。在现实经济中，这一现象表现为劳动者和较高素质人才向效益好的部门、企业流动，推动国民经济增长。第三，效率激励效应强化了人们积极投资人力资本的主动性。市场经济在收入分配过程中，效率与报酬对应，必然使分配结构重心偏向高素质人才，使一般性的劳动需求减少。这在一方面使人们为了追求高收入而不断主动加大人力资本的投入，激励更多的人进入大专院校参加各种学习、培训，以期在提高自身人力资本成本的同时，也提高了人力资本在经济活动中的效率，获得高收入；另一方面，为未来社会经济增长提供了更多的高素质人才，为生产技术类型的复杂化和产业高级化发展奠定了必要生产要素。第四，效率激励效应促使人们在经济活动中随着收入的增加而将劳动收入逐渐转化为非劳动生产要素，为经济增长积累新的非劳动要素条件。当非劳动生产要素参与分配，并成为收入增长的主要因素时，谁投资谁受益不仅被社会主义市场经济所承认，而且将成为这一经济运行的基本原则。在社会主义初级阶段，非劳动生产要素和劳动要素相比，显得更为稀缺，非劳动要素给其所有者带来的收入及非劳动要素积累增长的速度，远远大于劳动要素收入和劳动增长的速度。这就激励人们在经济活动中，积极投入劳动并将其获得的收入转化为非劳动生产要素，然后再次投入到经济活动中去，从而推动经济增长。

服务业尤其是现代服务业发展带来收入分配的变动会产生激励效应。因为收入分配从利益导向出发，为经济利益主体实现利

益最大化提供动力。收入分配通过利益分配与再分配，为生产者、消费者及政府主体提供了巨大的物质刺激，从而激励利益主体的积极性和创造性，提高经济活动的活力和效率。因为收入分配格局的变化，有利于利益主体围绕经济利益高低和利益差别进行竞争，在生产要素市场上，生产要素为了获得更高回报，要素市场的竞争就会围绕高收入行业和部门进行，从而使现代服务业生产要素通过优胜劣汰实现更富效率的配置，同时，生产要素从低收入行业向高收入行业转移，现代服务业和传统服务业此升彼降，整个服务行业实现更富效率的配置。收入分配的实现就是物质利益目标的实现，物质利益目标的实现意味着要素主体和其他利益主体的经济行为和目的达到了，从而新的利益目标就会吸引和激励利益主体更加积极地投入到经济活动中，使经济活动更富效率和动力。

主要参考文献：

Peter B. Evans; Michael Timberlake: "Dependence, Inequality, and the Growth of the Tertiary: A Comparative Analysis of Less Developed Countries." *American Sociological Review*, Vol. 45, No. 4. (Aug., 1980), pp. 531～552.

Thomas J. Kirn: "Growth and Change in the Service Sector of the U.S.: A Spatial Perspective". *Annals of the Association of American Geographers*, Vol. 77, No. 3. (Sep., 1987), pp. 353～372.

Moshe Semyonov; Richard Ira Scott: "Industrial Shifts, Female Employment, and Occupational Differentiation: A Dynamic Model for American Cities, 1960—1970". *Demography*, Vol. 20, No. 2. (May, 1983), pp. 163～176.

Robert Fiala: "Inequality and the Service Sector in Less Developed Countries: A Reanalysis and Respecification". *American Sociological*

Review, Vol. 48, No. 3. (Jun., 1983), pp. 421～428.

Robert Fiala: "Labor Force Structure and the Size Distribution of Income Within Countries, 1960—1980". *International Studies Quarterly*, Vol. 31, No. 4. (Dec., 1987), pp. 403～422.

Peter J. Damesick: "Service Industries, Employment and Regional Development in Britain: A Review of Recent Trends and Issues". *Transactions of the Institute of British Geographers*, New Series, Vol. 11, No. 2. (1986), pp. 212～226.

Alan T. Udall: "The Effects of Rapid Increases in Labor Supply on Service Employment in Developing Countries". *Economic Development and Cultural Change*, Vol. 24, No. 4. (Jul., 1976), pp. 765～785.

Barry Bluestone: "The Impact of Schooling and Industrial Restructuring on Recent Trends in Wage Inequality in the United States". *The American Economic Review*, Vol. 80, No. 2, Papers and Proceedings of the Hundred and Second Annual Meeting of the American Economic Association. (May, 1990), pp. 303～307.

Robert Fiala: "The International System, Labor-Force Structure, and the Growth and Distribution of National Income, 1950—1980". *Sociological Perspectives*, Vol. 35, No. 2, Studies in the New International Comparative Political Economy. (Summer, 1992), pp. 249～282.

Lloyd D. Bender: "The Role of Services in Rural Development Policies". *Land Economics*, Vol. 63, No. 1. (Feb., 1987), pp. 62～71.

马克思:《资本论》第1、2、3卷,人民出版社1975年版。

《邓小平文选》第3卷,人民出版社1993年版。

《中共第十六次全国代表大会文件汇编》,人民出版社2002年版。

洪银兴、葛扬、秦兴方:《〈资本论〉的现代解析》,经济科学出版社2005年版。

周振华、杨宇立等:《收入分配与权利、权力》,上海社会科学院出版社2005年版。

姚先国:《劳动力产权与劳动力市场》,浙江大学出版社 2006 年版。

刘学敏:《中国价格管理研究》,经济管理出版社 2001 年版。

葛玉辉:《人力资本产权及其制度创新研究》,上海财经大学出版社 2006 年版。

徐善长:《生产要素市场化与经济体制改革》,人民出版社 2005 年版。

钟若愚:《走向现代服务业》,上海三联书店 2006 年版。

许江萍、张洪:《我国新兴服务业发展政策研究》,中国计划出版社 2003 年版。

谢伏瞻:《中国收入分配的现状及对策分析》,《管理世界》1994 年第 2 期。

黄泰岩:《个人收入分配制度的突破与重构》,《经济纵横》1998 年第 11 期。

东涛等:《论体制转型期的居民收入分配》,《改革》1996 年第 5 期。

周其仁:《市场里的企业:一个人力资本与非人力资本的特别合约》,《经济研究》1996 年第 6 期。

利广安:《收入分配体制改革的回顾与展望》,《中央财经大学学报》1998 年第 9 期。

陈希敏、白永秀:《论十六大报告对收入分配理论的新发展》,《经济学动态》2003 年第 1 期。

刘丁:《制度变迁与收入分配》,《社会科学辑刊》2001 年第 3 期。

曾光、伟林:《长三角城市经济增长差异的实证分析》,《浙江社会科学》2006 年第 6 期。

郑凯捷:《长三角城市群产业结构中服务业发展问题的分析研究》,《上海投资》2005 年第 12 期。

赵农华:《上海第三产业发展推动劳动就业增长的实证分析》,《统计研究》2002 年第 2 期。

叶耀明、刘红:《上海服务业内部结构特征分析》,《上海经济研究》2007 年第 1 期。

冯虹:《收入分配与城市利益阶层分化的相关性研究》,《管理世界》2006

年第 4 期。

曹子坚:《受益群体的置换与持续推进改革》,《改革》2005 年第 7 期。

杨来春、廖春:《论我国服务业的结构优化及重点行业选择——从产业关联度、成长性及就业吸纳力等方面谈起》,《求实学刊》2004 年第 1 期。

赵忠良:《我国经济增长、社会不平等和公共支出相关关系的实证分析与政策建议》,《湖南社会科学》2006 年第 6 期。

程大中、陈福炯:《中国服务业相对密集度及对其劳动生产率的影响》,《管理世界》2005 年第 5 期。

王劲松、史晋川、李应春:《中国民营经济的产业结构演进(之一)——兼论民营经济与国有经济、外资经济的竞争关系》,《管理世界》2005 年第 10 期。

李琪、盖建华:《我国现代服务业发展的动态演进分析》,《未来与发展》2007 年第 1 期。

后　　记

始于1978年的中国改革开放已经进行了整整30年。中国30年改革开放取得了举世瞩目的成就。中国的改革开放，一方面是经济体制不断市场化的过程，另一方面是经济发展不断工业化的过程。而两个方面是基于公有产权制度改革之上的。中国的公有产权制度改革是一个历史演化的过程，当然也是一个非常复杂的过程。它不仅包括人们对公有产权制度认识的演化，也包括公有产权制度本身的演化，还包括随着公有产权制度的演化而带来的国有企业发展、经济增长、产业结构变迁以及收入分配的变化。因此，本书不仅从公有产权制度本身改革展开研究，而且力求从国有企业发展、经济增长、产业结构变迁以及收入分配变化等方面的研究来解释公有产权制度演化的经济绩效。

在写作本书过程中，参阅了大量相关的国内外文献，研究者渊博的学识和睿智的思维给予了我很多的启迪，本书尽可能地将那些有用的成分吸收进来，在此特向这些专家和学者们致谢！我的研究生许亚芬、完小夏、周伟参加了本书实证部分的研究。人民出版社的郑海燕女士提出的修改意见和不断督促，为本书增色不少，在此一并表示深深的感谢！

由于本人才疏学浅，因而错误和疏漏之处在所难免，为此，也恳请读者不吝赐教。

作　者
2009年4月10日
于南京大学

策划编辑:郑海燕
封扉设计:肖　辉

图书在版编目(CIP)数据

经济转型期公有产权制度的演化与解释/葛扬 著.
-北京:人民出版社,2009.5
(经济转型与经济发展前沿文丛)
ISBN 978-7-01-007670-6

Ⅰ.经…　Ⅱ.葛…　Ⅲ.公有制-产权-经济体制改革-研究-
中国　Ⅳ.F121.21

中国版本图书馆 CIP 数据核字(2009)第 011763 号

经济转型期公有产权制度的演化与解释
JINGJI ZHUANXINGQI GONGYOU CHANQUAN
ZHIDU DE YANHUA YU JIESHI

葛　扬　著

人民出版社 出版发行
(100706　北京朝阳门内大街 166 号)

北京瑞古冠中印刷厂印刷　新华书店经销

2009 年 5 月第 1 版　2009 年 5 月北京第 1 次印刷
开本:880 毫米×1230 毫米 1/32　印张:11.875
字数:294 千字

ISBN 978-7-01-007670-6　定价:28.00 元

邮购地址 100706　北京朝阳门内大街 166 号
人民东方图书销售中心　电话 (010)65250042　65289539